JN438052

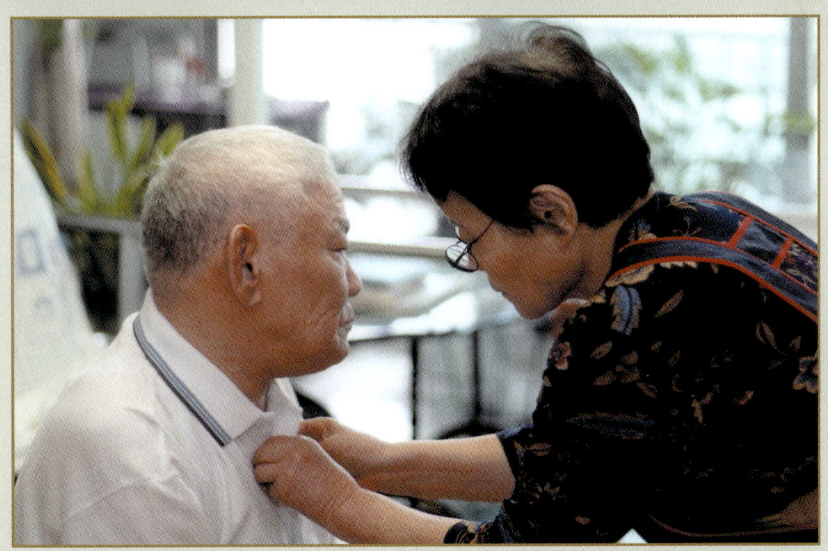

부인 기병효 여사의 지극한 간병을 받는 필자

破閑雜想錄

파 한 잡 상 록

—병원용 철 침상 위에서 사계절을 보내며—

晩晴 梁徽承 日誌

6

(2009. 2. 15～2009. 12. 31)

을지출판공사

■ 서문

사무사(思無邪)의 세계를 추구

- 양휘승 씨의 문학 작품 세계 -

윤 해 규
〈을지출판공사 대표〉

이 책의 저자 양휘승 씨의 경력은 뒤표지 안쪽에 있어 생략한다. 옛날부터 선비들은 글을 배우면 운문이나 산문을 썼다. 이 책의 저자 양휘승 씨도 틈날 때마다 운문과 산문 등을 써서 이미 20여 권의 저서를 상재(上梓)한 선비다.

나와의 인연은 양휘승 씨의 외종제요, 나의 위 항렬이며 학교 동기 동창인 죽마고우 윤재협 씨로부터 맺어졌다. 나는 발행인으로서 인연을 따라 이 책 첫머리에 글을 올리게 되어 기쁜 마음으로 한편 한편 글들을 대해 보니 그의 생각과 생활의 단편들이 영상으로 내 마음을 움직인다.

양휘승 씨가 쓴 글들은 자연과 인정의 아름다움을 예찬하거나 나와 다른 사람들의 삶을 성찰하고 사회 현실을 직시하고 비판하면서 쓰고 즐김으로써 투병 중인 자신의 고통을 극복하고 영혼을 맑게 다스리고 있는 현 사회에서 보기 드문 대기만성의 선비다. 그러므로 글은 양휘승 씨에게 인격의 표현이자 지식수준의 요체가 되었다.

우리 사회가 서구화 디지털 시대로 치달으면서 운문이나 산문 등은 어느덧 전문적인 문인들이나 쓰고 즐기는 '글 오라기' 정도가 되고 말았다. 이것들이 언제나 아름다운 것이라 생각하면서도 보통사람들의 생활에서 저만큼 멀리 있는 것으로 되어 버렸다.

이 책의 저자 양휘승 씨를 비롯하여 여러 가지 직업이나 생각을 가진 사람들이 창작에 몰두하는 것은 그 문학작품들이 보통 사람들의 생활 속에 자리하고 그 속에서 "사무사(思無邪)의 세계를 추구한다"는 점에서 우리 사회를 더 한층 밝고 명랑하게 할 것임에 틀림없을 것이다.

양휘승 씨는 그가 평소 느끼고 생각했던 것들을 글로 써 두었다고 한다. 그러므로 그는 전문 글쓰는 사람이 아니라 요즘 흔한 말로 하면 전업 문인이 아니라 아마추어 문인이라고 할 수 있다. 또한 그의 선조고와 선고가 남긴 한문으로 집필된 글들을 번역하고 있다.

양휘승 씨의 글들에서 일관되게 흐르는 정신은 사람과 사물에 대한 애정과 걱정의 확인이라고 할 수 있다. 이것들은 한결같이 맑고 깨끗하고 희망적이다. 이 책의 글들에서 어떤 기교나 말에 대한 희롱없이 진솔 담백하게 감정을 자연스럽게 써 감으로써 오히려 부담없이 독자의 마음을 움직이는 힘이 있다.

또한 그의 글들에서 그가 체험한 구체성은 물밑에 잠복해 있을 뿐 겉으로 확실하게 드러나지 않는다. 드러나는 것은 다만 인간에 대한 본질적인 사랑과 희망의 메시지다. 그가 팔순을 넘긴 연세로 추구하는 것은 연륜과 작가정신의 가치가 같다는 것을 보여주고 있다.

양휘승 씨의 이 많은 저술의 출간을 계기로 축하와 격려와 함께 하루빨리 건강을 회복하여 더 큰 정진과 더 좋은 글을 기대하는 바이다.

2011년 가을

■ 자서

긴요한 역사의 한 장이 될 수도 있다

- 우리 가정사로 남겨지기를 바란다 -

신체가 마비된 지 일 년여 지루한 병상에만 누워 있자니 너무나 무료하고 심심해서 머리에서 떠오른 잡상(雜想)을 종이에 끼적거려 보려고 간병인의 도움을 받아 의자에 앉았다. 참으로 오랜만에 볼펜을 잡으려고 시도했지만 손이 말을 듣지 않았다.

그로부터 3개월 남짓 매일 볼펜 쥐는 연습부터 시작하여 글씨 쓰는 훈련을 거듭했으니 지성이면 감천이라고 겨우 글씨를 쓸 수 있었으나 아직까지는 글씨에 힘이 없고 획에서 획으로 옮겨 가는데 자꾸만 질질 끌려 가는 듯한 자국이 남는다.

그래도 여기서 그만두면 다시는 글씨를 쓸 수 없을지도 모른다는 두려움에 그저 매일같이 글씨 연습을 한다는 생각으로 그날그날 떠오르는 생각들을 종이에 적어본 것이 일지 형식이 되어 5년 가까이 이어져 온 것이다. 내용에 체계가 있고 계획된 글은 아니며 그저 토막글에 지나지 않지만 손가락 마비를 지연시키는 데는 큰 도움이 되었다고 본다.

병상에 누워 두문불출로 지낸 내가 무슨 소잿거리가 있겠는가마는 유일하게 벗 삼은 라디오에서 내 나름대로 세상 돌아감을 캐치할 수 있었다. 신체는 마비되어 부자연스럽지만 두뇌만은 아직 건재하여 상상할 수 있으니 자질구레한 일들을 말이 되든 되지 않든 구애 없이 적어 보았으니 이것도 시간이 지나고 보니 어느새 노트 일곱 권이 신기하게도 메워졌다. 티끌 모아 태산이라는 말이 실감나는 순간이었다.

일지를 적다 보면 자신의 행동을 선도할 수 있고, 또한 반성의 계기도 만들어져 먼 훗날 다시 봤을 때는 그때 그런 일도 있었구나 하고 까맣게 잊었던 사연들이 떠오르는 경우도 있을 것이다. 그리고 지금은 무심코 적어 놓은 사연들이 오랜 세월이 흐른 후에는 긴요한 역사의 한 장이 될 수도 있다는 것을 선인들로부터 나는 배워 왔다. 일기나 일지는 아무런 부담 없이 쓸 수 있는 산문이라서 좋다.

지난 5년간에 쓴 노트를 되돌아보니 너무나 정돈이 안 되어 중학교에 다니는 손녀에게 일기 쓰는 요령과 습관을 가르쳐 줄 겸 컴퓨터로 타이핑을 의뢰하였다. 정리해 두었다가 혹시 기회가 되어 활자화하면 다음 자손들에게는 가정의 역사가 될지도 모른다는 생각에 오늘도 글을 이어 나갈 것이다.

2011년 가을
수락산 아래 우거에서
양 휘 승

차 례 (2009. 2. 15 ~ 2009. 12. 31)

2009. 2. 15 (日)

노년을 아름답게 보내자

그동안 쭉 써 오던 잡상록을 보름간 중지하고 휴식을 취했더니 단박에 정신생활에 지장이 온 듯하여 몸의 신진대사마저 원활하지 못한 것 같았다. 하는 수 없이 다시 무엇인가 소재를 찾아내어 기록하면서 노년의 공허와 외로움을 달래보기로 했다. 병상에 누운 뒤에서부터 하루도 빠짐없이 계속 써 오던 일지를 그만둘까 생각한 것이 애초에 잘못이었다.

갑자기 할 일이 없어진 것 같았는데 마치 실직을 당해 아무런 할 일이 없어진 기분이 들어 삶의 의미마저 상실한 느낌이었다. 그동안 그만큼 무료한 시간을 보내면서 노트 한 장에 내 온 삶의 의미를 부여한다는 자체가 얼마나 서글픈 일인가? 몸이 무용지물이 된 후로는 뚜렷한 소일거리를 찾지 못했으니 한 장의 노트에 글을 메우는 일도 말년에는 자구책의 일환이 될 수밖에 없었다.

그래서 또다시 매일같이 레파토리를 찾아 끼적거려 볼 생각이다. 노년을 아름답게 살기란 그리 쉬운 일이 아니겠으나 그대로 자신에게 알맞고 할 수 있는 일을 찾아서 지속하는 것이 중요하다. 그리고 모든 일은 담담이 긍정적으로 받아들이고 욕심을 버리는 것이 매사에 좋다고 본다. 이러한 태도야말로 말년의 아름다움으로 장식할 수 있는 길이 되리라 믿는다. 진정한 부자는 물질보다는 맑은 정신과 올바른 이성에 있다고 본다.

2009. 2. 16 (月)

노인과 젊은이들의 사고(思考)

시대를 막론하고 노인층과 젊은이들의 사고는 갈등을 빚기 마련이다. 아니 어쩌면 유사 이래 영원히 일치할 수 없는 평행선을 달리며 풀 수 없는 항구적인 숙제인지도 모른다. 요즈음 자세히 살펴보면 어느 가정을 막론하고 노인들의 수명이 연장되어 자식들과 함께 살든지 아니면 독립된 가정을 구성하고 사는데 신구간의 갈등 없이 화목하게 지내는 가정이 무척이나 드문 것 같다.

그 원인을 살펴보면 몇 가지가 있는데 신구간의 첨예한 세대차이가 첫 번째 원인이고 다른 하나는 서로간의 이해부족과 물질로 인한 갈등 때문이다. 부모에 대한 무관심과 자식들에 대한 지나친 간섭이 얽히고설켜서 상호간에 스트레스가 심하게 쌓이고 결국 갈등으로 이어지는 경우가 대부분인 것 같다.

이러한 갈등을 극복하고 원만한 가정을 이루기 위해서는 노인들은 지금까지의 고정관념과 타성을 과감히 탈피하고, 젊은이들은 효도의 개념은 없을지라도 상식과 똑바른 이성으로 최소한의 윤리와 도덕관을 가질 필요가 있다고 본다. 노인들은 구태의연하지 말고 변화하는 시대를 인식하고 살아가야 마음이 편하다. 또한 분수를 지키는 것만이 자신의 안정을 지키는 일임을 잊어서는 안 된다. 그 길만이 상호 간의 갈등과 불평을 예방하는 길이다.

갑작스런 요통

며칠 전 자고 일어나니 심하게 허리가 아파서 도저히 통증 때문에 일어날 수가 없었다. 한바탕 아내와 큰 실랑이를 하고 나서야 간신히 일어날 수 있게 되었다. 늙으면 조금만 몸에 무리가 와도 이러한 이변이 생기곤 한다. 며칠 전에 운동량을 평소보다 조금 늘렸더니 허리에 무리가 간 모양이다.

병원에서 소염진통제를 지어다 먹고 허리에 부항을 뜨고 파스를 붙이니 통증이 조금 가라앉나 싶었더니 이번에는 소변이 나오질 않는다. 그렇지 않아도 배설이 시원치 않아 이뇨제와 카두라를 복용해 신진대사의 명맥을 유지하고 있는데 강한 진통제까지 복용하게 되니 배설에 이상이 와서 애를 먹었다.

진통제를 중단했더니 조금씩 소변이 나오기 시작했는데 이제는 조금만 숨을 잘못 쉬어도 허리 통증이 심해지니 찜질과 물리치료로 통증을 완화시킬 수밖에 없다. 참으로 아파보지 않으면 이러한 고통을 상상조차 하지 못할 것인데 병든 노처가 오만 시중을 다 들고 있으니 고생이 이만저만 아니다. 내가 아프지 말아야 아내의 고생이 덜어진다.

2009. 2. 17 (火)

할머니들의 모임

어제는 친척 할머니들이 한 달에 한 번씩 모여 마음의 회포를 풀고 가는 날이다. 20년 전부터 집에서 모여 친목을 도모한 친척 여자들 10명 정도가 매달 식대를 지참하고 와서 점심을 먹고 놀다 가는데 그동안 3명 정도가 탈락을 하고 아직도 7명 정도가 명맥을 유지하고 있다.

이렇게라도 모임을 만들어 가는 게 노인들의 유일한 낙이고 희망이 될 것이다. 모이는 멤버라야 누님과 형수, 그리고 생질부에 외종과 이종 누님이시다. 모여서 담소라야 가정사와 이웃에 관한 이야기, 과거사에 관한 이야기가 대부분이지만 하나도 미래지향적이고 희망적으로 밝게 마무리하고 제시하는 사람이 없다.

그중에서도 미아리 누님이 제일 가정사에 불만이 많은 것 같고 말년의 생활유지가 흔들리고 있는 것 같다. 망구(望九)의 나이에 소싯적 남편의 덕이 없어 노후대책을 확실히 못해 놓으면 아무리 자식들이 7남매나 있어도 노후생활은 불안하고 불만족스럽기만 하나 보다.

누구나 자기 분수를 지키고 안분하기가 여간 어려운지라 눈에 보이는 타인들의 풍요로운 처지와 자신의 처지가 비교되는 것이 현실의 갈등이 되기도 하리라!

한국 종교 지도자의 선종

어제 오후에 김수환 추기경이 향년 87세로 선종하여 하느님의 품안으로 안기셨다. 그는 가난한 농민의 아들로 태어나 1950년대 초기에 신부 서품을 받아 한국 최초의 추기경 자리에까지 오른 천주교의 큰 별이자 정신적인 지주셨다.

그동안 신병으로 몇 년째 병고로 신음하시다 드디어 하느님이 데려 가시니 우리 교인뿐 아니라 국민 대다수가 애도하고 있다. 각 종교를 초월한 각계각층의 인사들이 조의를 표하려고 명동성당에 모여들고 있다. 장래식은 5일장으로 천주교장으로 거행된다고 한다.

사람은 위선 없이 대중을 위해 선한 일을 행하면 저렇게 사후에도 모든 사람들의 추앙을 받는 것이다. 우리 한국은 위대한 종교지도자가 가서 애도에 쌓여 있는데 북한은 김정일의 67회 생일을 맞이하여 장거리 미사일을 발사한다고 축제분위기에 쌓여 있으니 한반도에는 늘 희비가 엇갈리고 있다.

우리 민족이 우매한 탓으로 동서 강대국들의 이데올로기의 희생이 되어 급급하고 있는 현상은 어쩌면 당연한 인과응보인지는 모르나 어리석은 민족이 앞을 내다보지 못해 받는 시련치고는 너무나 가혹한 것 같다.

2009. 2. 18 (水)

오바마 정권의 북핵 정책

미국 민주당 정권이 들어섰어도 여전히 6자 회담 틀 안에서 문제를 해결하되 필요하다면 오바마 자신이 직접 김정일과 면담할 수도 있다는 적극적인 자세를 보이고 있다.

출범한 지 채 한 달이 못 되어 힐러리 클린턴 국무장관이 동남아 4개국(인도네시아, 일본, 한국, 중국) 순방 외교를 하고 있는 가운데 북한이 핵을 완전히 포기하면 국교정상화와 경제원조도 활발히 할 수 있음을 시사하였다.

그러나 북한은 회담의 조건을 보다 유리하게 진행하기 위해 장거리 미사일까지 쏘아 올리려다 미국의 첩보위성에 포착이 되었다. 이번에도 만약 발사를 강행하면 공중요격도 불사하겠다고 하니 북한의 태도가 주목된다.

그러나 이상한 것은 중국과 러시아의 북한에 대한 태도가 애매모호하고 미온적이어서 무슨 생각을 가지고 있는지 종잡을 수 없다. 과연 북한이나 남한이나 일본 및 대만도 핵을 보유함을 용납할런지 의문시 되는 것이다.

2009. 2. 19 (木)

액자글씨와 그림

어느 집이고 그 집안에 들어서면 벽에 글씨나 그림이 걸려 있으면 먼저 글에 눈길이 가게 된다. 우리 집도 처남인 유당이 글씨를 써 보내 주어서 두어 개가 벽에 걸려 있다.

이번에도 글씨 두 점을 보내 주었는데 돈이 생기면 액자를 만들어 걸어 놓고 정신적인 교훈으로 삼아야 되겠다. 이번에 써 준 글씨는 예전에 우리 아버지께서도 항시 교훈으로 말씀하신 양심에 부끄러움이 없이 살아가라는 글귀였다.

단구무괴어심(但求無愧於心 : 다만 마음에 부끄러움이 없음을 구할 뿐이다)란 휘호와 옛날 서산 대사 유정 스님의 선시 한 수를 써 보내준 것이다. '답설야중거(踏雪野中去 : 눈 덮인 들판을 걸어갈 때는), 불수호란행(不須胡亂行 : 부디 난잡하게 걸어가지 말게나), 금일아행적(今日我行跡 : 오늘 내가 간 이 발자취는), 수작후인정(隨作後人程 : 후인들의 길잡이가 되기 때문이리라)' 백범 김구 선생이 애용한 시이기도 하다.

뜻이 있게 살아간 집안에는 글씨 한 폭, 그림 한 점이라도 벽에 걸려 있어야 마음에 수양을 하면서 살아갈 수 있지 않나 하는 생각을 해 본다.

2009. 2. 20 (金)

성직자의 생활

모든 성직자의 일생은 고달픈 직업이다. 끊임없는 사랑과 봉사로 이웃에 자비를 행하여만 그 직분을 다했다고 세인들이 칭할 것이다. 고 김수환 추기경은 성직자로서 그 직분을 충실히 이행하고 가셔서 40만 명의 조문 행렬이 애도하는 가운데 교황장으로 장례미사가 치러지고 용인성당묘지에 안장되었다.

일생을 사리사욕 없이 오로지 하느님의 사자로서 직분을 다하셨으니 모든 사제들과 교인들의 귀감이 될 것이다. 그는 생전에 사제 월급으로 나온 250만 원도 개인 용도로 쓰는 일 없이 다달이 불우 이웃들을 위해 쓰시고 마지막 세상을 뜨시면서도 안구까지 기증하시고 가셨다.

남을 위해 먼저 솔선수범해 보임으로써 많은 사람들이 그 본을 따라 장기 기증을 하고 있다고 한다. 이왕 죽으면 부패해서 없어질 몸의 일부를 고통 받고 있는 이웃에게 나눠줄 수 있는 용기는 참으로 하느님의 축복이라 할 수 있다.

우리 국민들도 김수환 추기경에게 감화를 받아 선량한 생활을 할 수 있기를 간절히 바래본다. 일시적인 감정에 집착하지 말고 오래 오래 그분의 선량한 업적을 추모해서 이웃을 사랑하는 마음을 실천했음 한다.

2009. 2. 21 (土)

인생 팔십이 되고 보니

오늘은 형수님의 팔순(八旬)이라 아내는 오전 일찍 성남으로 갔다. 혼자서 집을 지키면서 미리 차려 놓고 간 점심을 먹으며 생각에 잠겼다. 우리가 우리 시대를 살면서 과연 무엇을 해 놓고 80이란 고령을 살아왔는지 아무런 보람 없이 세월만 보낸 것 같아 아쉽기만 했다.

그래도 자식들이 있어 생일을 축하해 준다니 그저 하느님께 감사할 따름이다. 나도 2년이 지나면 80에 이르지만 늙은이의 일은 내일을 예측할 수 없다. 지금도 성치 못한 몸으로 거동조차 못하고 있으니 생명이 붙어 있어도 살아있다고 할 가치가 없다.

사람이 업적은 없어도 무병장수라도 하면 본인은 물론이고 자손들에게도 짐이 되지 않겠지만 그것도 마음대로 되지 않는 것이 세상사이다. 거기에 경제력마저 없다면 사는 것이 고욕일 수밖에 없다.

사람에게 있어 돈이란 죽을 때까지 가지고 살아야 됨을 통감한다. 자립을 못하는 말년은 자존심도 챙길 수 없는 비참한 삶만 주어질 뿐이다. 후회하면 이미 때는 늦은 것이다.

2009. 2. 22 (日)

노년기의 질환

80을 넘겼어도 건강에 자신을 가지셨던 맥동 누님이 요즈음 며칠 사이에 갑자기 몸에 이상이 생겼다. 말수가 줄어들고 기억에도 조금씩 문제가 생기는 것을 보면 누구나 나이가 들면 건강에 자신을 할 수 없나 보다.

그래서 국립의료원에서 정밀조사를 했는데 뇌의 기억순환계통이 좁아졌다 커졌다 하여 언어 신경에 이상이 왔다고 한다. 그토록 건강했던 누님이 그러하니 인생은 나이가 들면 서서히 꺼져가는 것이 아닌가 싶다. 인체가 쇠약해지면 자연 장기에 이상이 오거나 순환기 질환이 생겨 결국 사망에 이르고 만다.

맥동 누님은 그래도 남편이 건재하고 자식들이 서둘러 병원에 입원시켜 원인 규명이라도 했으니 불행 중 위안이 된다. 요새는 뇌의 치매증세도 서서히 진행시키는 약이 나왔다고 하니 조금은 위안이 되지만 한 번 이상이 생기면 원상복구가 어려우니 나이에는 항우장사도 어쩔 수가 없다.

2009. 2. 23 (月)

독서의 진수

우리가 신체의 건강을 위해서 다양한 식단으로 영양을 섭취해서 활발하게 활동을 하듯이 정신 건강을 위해서는 양서를 많이 읽어야 지혜롭고 인간다운 삶을 영위할 수 있다. 그런데 날이 갈수록 우리나라 사람들은 책읽기를 등한시한다고 한다. 선진국 대열에 들어선 나라 중에서도 가장 독서율이 떨어진다고 한다.

컴퓨터는 잘 두드려서 다양한 정보는 많이들 알고 있지만 막상 정신적인 심오한 지혜는 결핍되어 인간성마저 황폐화되고 있다. 급격한 산업화로 인해 너 나 할 것 없이 기술교육에만 역점을 두다 보니 자연 인문학은 소외당해서 사회는 날로 혼탁해지고 경쟁으로만 치닫고 있다.

워낙이 점수따기식 경쟁에만 추중하다 보니 대학생이 되어도 전공에만 전념할 뿐 폭넓은 교양을 쌓지 못해 절름발이 지식인이 양산되고 있다고 한다. 풍요로운 정신세계를 가지려면 동서양의 고전을 많이 읽어야 하는데 우리나라 사람들은 값싼 연속극이나 스포츠에는 열을 올려도 독서는 외면하는 편이다.

이웃 일본만 하여도 7~80%의 사람들이 취미생활로 독서를 즐기는 데 반해 우리나라는 한심하게도 책을 멀리만 하니 정신건강이 허약해질 수밖에 없다.

2009. 2. 24 (火)

의외의 배려

프랑스에 살고 있는 운경이가 우체국으로 미화 970불을 부쳐 우리 돈으로 142만 5천 원을 찾아왔다. 그 성의를 생각해서 받기는 했는데 아무리 생각해 봐도 내가 이런 돈을 받을만한 명분이나 구실이 없기에 마음이 편칠 않다.

내가 생활이 궁핍해서 동정으로 보내준 것도 아닐 테고 제 딴에는 소설을 출판하는 데 일조하라고 보낸 것 같은데 출판을 못하면 못했지 돈을 받으면서까지 출판할 성질의 것도 못 되니 차라리 이 돈을 간직했다가 관절염으로 고생하고 있는 미국의 운자에게나 조금 더 보태서 보내주는 것이 내 마음이 떳떳할 것 같다.

그렇지 않아도 이모님 생각을 해서라도 언제부터 돈이 생기면 다만 1,000불이라도 약값에 보태라고 부치고 싶었지만 실천을 못하고 있었는데 환율이 올라가면 실행을 하련다. 남에게 받는 것보다는 주는 기쁨이 훨씬 더하다는 것을 실감하기에 베풀며 살고 싶은 것이다.

2009. 2. 25 (水)

내가 염원했던 생각

나도 젊은 시절 한때는 꿈에 부풀고 희망을 가질 때가 있었다. 그러나 그것은 잠시의 망상에 불과했고 현실에 제약받고 살다 보니 공부보단 당장의 호구지책에 매달려야만 생존이 가능했다. 그래서 삶의 수레바퀴에 뒤엉켜 질곡의 세월을 보내야만 했고 그러한 암울한 시기다.

장장 60년이 지나서야 겨우 숨을 돌릴 수가 있었으니 그때부터서라도 독서를 하기 시작하였다. 늦깎이로 공부를 시작하여 변변치 못한 책도 몇 권 써 봤지만 역시 만족에 이르지는 못하였다.

그래서 말년에 병상에서나마 내 생애 아쉬웠던 점들을 소설로나마 아름다운 이상향을 그려보는 것이 염원이었다. 앞으로의 세상을 어둡고 우울하게 생각하는 '디스토피아(Dystopia)' 보다는 낫겠다 싶어 나의 '유토피아(Utopia)'를 엮어 보기도 했지만 역시 역부족이었다. 실력의 한계를 느낀 것이다.

고대 그리스의 플라톤이나 중세 영국의 토마스 모어는 국가적인 유토피아를 제시했고, 근세 독일의 마르크스는 인류를 위해 진보적인 유토피아를 제시하여 문제의 인물이 되었지만 나란 존재는 그릇이 아주 적어서 일개 개인의 유토피아도 제시하지 못했다. 그래도 말년에 병석에서나마 책을 읽으면서 소일을 할 수 있었던 것을 하느님께 감사하며 살고 있다.

2009. 2. 26 (木)

북한의 미사일 발사설

북한은 이번에 미국 첩보위성이 미사일 발사 준비를 발견함으로써 비밀이 노출되자 궁여지책으로 인공위성 발사를 연기한다고 발표했다. 이를 가지고 미국을 비롯한 서방 선진국들에서는 말들이 분분하다.

설사 장거리 미사일이 아니고 인공위성이라 할지라도 UN의 결의에 위배되는 절차를 범하고 있으므로 발사를 즉각 중지하라고 요구하고 있다. 북한은 군사용 장거리 미사일인 대포동 2호를 쏘아 올린 전례가 있어 이번 미사일 역시 핵탄두를 장착하기 위한 운반용 미사일 실험으로 간주하고 있는 것이다.

따라서 북한은 이를 과시라도 하듯 미사일 발사 기지를 김 국방위원장이 시찰 관람했다고 선전하면서 미사일 발사를 기정사실화 하고 있다. 북한은 평화적인 생존 수단보다는 무력으로만 생존을 도모하려는 속셈을 참으로 헤아리기 어렵다.

앞으로 북미간의 귀추가 주목되며 미사일 발사를 강행할 경우 대응정책이 무엇인지가 관심거리이다. 피차간 평화공존의 길은 없는 것인지 깊이 생각해 볼 문제이다.

2009. 2. 27 (金)

이번 2월 임시국회도 순탄치 못하다

우리나라 국회는 민의를 충분히 반영도 못할뿐더러 잦은 여야 대립으로 생산적인 국회도 못 되는 것 같다. 언제나 쟁점 법안들의 안건을 가지고 여야가 합의를 도출하지 못하고 극한 대립으로만 치닫는 인상을 보여주는 것이 다반사이다. 참으로 국민들은 실망을 금치 못하며 정치에 거는 기대는 없어져만 간다.

이러한 원인이 어디에 있으며 누구의 탓인가를 따질 것도 없이 특이한 국민성에서 기인하는 게 아닌가 싶다. 정치인들은 집권당이 야당으로 바뀌면 무조건 반대를 하고 보는 것이 습관화되었고 야당이 집권당이 되면 독선과 아집으로 밀어붙이기식으로 일관하는 악습만 되풀이하고 있으니 민생문제는 뒷전에서 잠잘 수밖에 없다.

이번 2월 임시국회도 여야가 격돌하여 파행만 거듭하고 있으니 타협이나 합의의 상생정치는 기대하기 어려울 것 같다. 우리나라 민주주의 역사는 60여 년이 되어 가지만 아직도 미숙한 점이 많으니 앞으로 몇백 년이 지나야 제대로 된 궤도에 오를지 요원하기만 하다.

2009. 2. 28 (土)

성장환경과 직업관

동서양의 문인이나 문호들 중에는 그 성장 과정에 있어 순탄하게 부유한 환경에서 자란 사람이 있는가 하면 불우한 환경에서 역경을 극복하며 성장한 사람들도 있다. 그래서 그들의 문학작품 중에도 많은 환경의 영향력이 미치고 있는 것을 볼 수 있다.

아무런 굴곡 없이 순탄하게 청소년기를 보낸 사람들의 작품 속에는 서정적 낭만주의 성향의 작품이 많고 역경 속에서 성장한 문인들의 작품에는 자전적이고 사실주의적인 작품이 많은 것을 보게 되는데 모두가 환경의 지배를 아니 받을 수 없다는 것을 가르쳐 준다.

어떤 환경을 거쳤느냐에 따라 세상을 보는 안목도 다를 것이며 사회를 통찰하는 각도도 판이하게 차이가 나기 때문에 사상이 다분화 되고 다양해질 수밖에 없을 것 같다. 비단 문인들뿐만 아니라 일반 사람들 역시 직업과 성격 형성에 있어 자라온 환경을 무시할 수 없다.

그래서 옛날부터 인간은 환경, 특히 가정환경을 중시하고 살아온 것 같다. 그러나 환경은 임의로 선택할 수가 없는 것이다.

2009. 3. 1 (日)

연민의 정이 가는 누님들

나의 누님은 네 분이 계셨다. 그중 큰누님이 제일 가난하게 사셨는데 다행히 말년에는 자식들을 잘 둔 덕으로 안락한 생활을 하시다 돌아가셨다. 셋째 누님 역시 그런데도 평범한 생활을 유지하셨으나 불행히도 중년에 사고로 돌아가시는 비운을 맞이했다.

그리고 둘째 누님은 그런대로 중년까지는 별 탈 없이 92세까지 장수하셨는데 말년에 자신의 성격을 이기지 못해 홀로 나가 사시다가 종국에는 노인요양소에서 돌아가시게 되니 순탄한 생애라고는 볼 수 없다.

막내 누님 역시 남편의 덕이 없는 데로 시집을 가서 중년 이후로는 말 못할 고생만 하고 지내셨는데도 끝내 말년마저 그 생활이 편칠 못한 것 같다. 자식들이 장성하고 많이 있어도 심기가 편치 못함을 보면 사람은 역시 만 가지 상 중에서 성격과 마음을 편안히 가질 수 있는 상이 으뜸이고 자신의 복을 유지하는 길이다.

구세대 여인들은 뭐니뭐니 해도 남편의 역량 여하에 따라 말년의 행과 불행이 보장되는 것을 주위에서 볼 수 있어 입맛이 씁쓸하다.

2009. 3. 2 (月)

인간 기억의 한계

젊어서 아무리 기억력이 좋은 사람도 나이가 들면 기억력이 상실되고 희미해지는 것은 어쩔 수 없는 자연의 섭리인가 보다. 요즈음 나는 독서를 하여도 금방 읽을 때는 내용을 이해하다가도 책만 덮고 돌아서면 내용의 1/3도 기억할 수가 없으니 늙어서 공부한다는 것이 쉽지 않음을 새삼 깨닫는다.

그래서 공부는 기억력이 왕성한 30대 이전에 하는 게 원칙이라 할 수 있을 것이다. 나이가 들면 옛날에 겪었던 기억은 생생한데 비해 근래의 기억이나 한두 시간 전의 일이 잘 떠오르지 않을 때가 많다.

아마도 평소 뇌의 훈련이나 개발을 하지 않았기 때문에 뇌세포가 발달하지 못하고 사장되어 기능을 못하기 때문이리라. 뇌는 꾸준한 연구 활동을 하고 영속적인 영양공급이 필요한데 이를 못하고 나이가 들면 뇌도 노쇠할 수밖에 없는 것이다. 공부도 젊어서부터 늙어서까지 꾸준히 계속한다면 기억력 상실도 줄어들며 치매도 예방할 수 있을 것이다.

2009. 3. 3 (火)

실존의식(實存意識)

1950년대 후반경부터 우리나라에도 서구에서 불어온 실존주의 철학이 붐을 이루었다. 한때는 카뮈의 '이방인'이다 '페스트', '전락', '시지프스의 신화' 등 여러 저서들이 들어와 전쟁으로 상처를 입은 한국 지식인들의 공허한 정신을 조금이나마 위로해 준 시기가 있었다.

나도 이러한 실존철학이 무엇인지 확실히 이해도 못하면서 그 사조에 휩쓸려 실존문학을 탐독했던 젊은 시절이 있었다. 고달픈 하루의 생활 속에서도 밤이면 까뮈의 저서들을 읽으며 '나는 반항한다, 고로 존재한다'는 철학 용어를 되새겼다. 인간은 무한한 부조리와 불안, 즉 언젠가는 죽어야 할 숙명을 안고서 절망과 초조 속에서 태연히 반복되는 일상을 사는 자체가 부조리하지만 이를 극복하고 현실에 존재하면서 묵묵히 죽음에 반항하며 사는 것이 바로 실존의식인 것이다.

옛날 그리스 신화에 나오는 시지프스의 영감처럼 산 정상으로 무거운 바위를 밀어 올리지만 다음날 그 바위는 다시 아래로 굴러 떨어져 있다. 그러면 또다시 어제와 같이 바위를 산 정상으로 밀어 올리는 일을 되풀이 한다.

바로 이것이 부조리한 인생이자 인간의 숙명이다. 인간에게는 해가 뜨면 매일 반복해야 될 의무가 있다. 나는 젊어서부터 이런 실존의식을 몸소 겪으면서 죽음에 반항하여, 즉 살기 위해 고된 일을 감수해야만 했다.

2009. 3. 4 (水)

재주 없는 모자란 글 솜씨

나에게는 글재주가 없다. 글재주는 대개 타고 나는 법인데, 우리 아버지 때부터 특별히 문장력이 있으셨다는 말을 들은 적이 없었으니 유전과는 거리가 멀다. 그럼에도 불구하고 나는 글 쓰는 것이 싫지는 않다. 그래서 매일같이 일지 한 장씩이라도 적어 보지만 별 기교가 생기지를 않아서 몇 권의 책을 써 보았음에도 신통치가 않다.

물론 독서량과 기초 공부가 부족한 원인도 있지만 타고난 소질에도 문제가 있는 것 같다. 그래서 세련되고 아름다운 문장이 나올 수가 없고 예리한 묘사와 비유 같은 수사를 종이에 옮길 수가 없으니 그저 제자리만 맴도는 어정쩡한 글밖에는 되지 못한다.

사람이 명성을 얻을 만큼 좋은 글을 쓰려면 문장의 연금술사라는 평을 들을 만큼 시시하고 사소한 것도 가공할 수 있는 기교와 재주를 지녀야 하는데 나에게는 그러한 소질이 없다. 그래도 나는 별 진전이 없음에도 죽을 때까지 글 쓰는 것을 포기하지 않고 일지라도 쓰려고 한다.

2009. 3. 5 (木)

고전(古典)을 다시 보는 재미

2000년도 말 미국 방문 때 소일하려고 가지고 갔던 동서양 고전 200선에 대한 해설서 4권을 다시 꺼내어 읽어 보았다. 이 책은 서울대학교에서 동서양의 문학과 철학, 과학과 역사에 이르기까지 불멸의 저서들을 엄밀하게 선정하여 학생들의 교양 총서로 삼고 있는데 지식인이라면 누구나 한번쯤은 읽어볼 만한 교양서이다.

나는 황금 같은 젊은 시기를 놓쳐서 200권에 달하는 고전을 다 읽지는 못했을망정 과연 어떤 책들이 동서양 불멸의 책인지는 알고자 간단하게나마 해설을 곁들어 요약해 놓은 4권의 책을 정독하여 보기로 했다. 소일 삼아 10일에 한 권씩 읽어 나가면서 공부해 보기로 했는데 재차 읽어보니 고전의 내용을 확실히 알 수 있어 독서의 재미가 배가 되었다.

내가 젊어서부터 독서를 맘껏 할 수 있는 여건이 주어져 이러한 양서를 천여 권만 읽었더라면 지금쯤 풍부한 교양과 상식을 지닌 지식인이 되었으리라는 후회를 가져본다. 하지만 흘러간 강물을 거슬러 올릴 수는 없는 법이니 노인의 넋두리에 불과하다. 다시 환생의 세계에서나 가능한 일일 것이다.

2009. 3. 6 (金)

꿈이란 무엇인가?

우리가 말하는 꿈에는 두 가지가 있다. 미래의 희망과 포부를 가져보는 아름다운 꿈이 있고, 일상에서 잠을 자면서 꾸는 꿈이 있다. 미래를 화려하게 장식해 보는 꿈은 어디까지나 정신력의 자극에서 오는 현상이고, 자면서 나타나는 꿈은 일상의 잠재된 무의식이 조금씩 꿈으로 묻어나오는 것이라고 프로이트는 말하고 있다.

그런데 꿈은 여러 가지 형태와 종류로 발현된다. 황당무계한 꿈도 있고, 잠에서 깨고 나서도 역력히 기억되는 꿈이 있는가 하면 전혀 기억이 나지 않는 꿈도 있다. 정신분석가의 말을 빌리자면 조상 대대로 이어 나온 무의식 속에 잠재된 현상의 유전자가 계승되어 꿈으로 나타나는 경우도 있다고 하니 꿈의 분석은 난해한 것이다.

사람은 기억을 다 못해서 그렇지 잠을 잘 때 무수한 꿈을 꾸면서 자고 있다고 한다. 또 사람에 따라서는 꿈이 무엇인가 일상생활에 상징으로 나타나는 경우도 있다. 그 꿈을 꾸면 반드시 일상의 길흉이 현실로 나타나는 경우도 있으니 한 마디로 꿈이란 무어라고 단언하기 어렵다.

2009. 3. 7 (土)

고위 법관의 처신

법관이란 직업은 오직 법과 양심에 의해 모든 사건을 공정하게 처리하고 외부의 간섭을 일체 배제해야만 하는 직업이다. 그런데 요즈음 신 모 대법관이 몇달 전 서울중앙지법원장으로 재직 당시 촛불시위사건을 담당한 일선 판사들에게 사건을 지연시키지 말고 신속하게 처리하라는 이메일을 네 차례에 걸쳐 보낸 사실이 밝혀지는 바람에 여론의 비난을 받고 있다.

더욱이 일선 담당 판사들조차 촛불시위의 적법성 여부를 가려 달라고 헌법재판소에 소청을 내놓은 상황에서 이런 지시가 있었으니 여론은 더욱 끓고만 있다. 대법원 행정처에서도 진상조사에 나서 거취가 주목되고 있고 이 대법원장 역시 구설수에 오르지 않나를 염려하고 있다.

야당 정치권에서는 신 대법관의 자진 사퇴를 요구하고 있고 일반 여론 역시 부적절한 처사라고 질타를 가하고 있다. 고위 법관의 자리를 지키려면 처신을 신중히 해야지 자칫 잘못하면 여론의 타켓이 되어 치명타를 입을 수 있다는 것을 인식해야 할 것이다. 법관은 고고한 지조와 양심으로 지탱해야 할 직업이다.

2009. 3. 8 (日)

21세기 세계경제공황

작년부터 불어 닥친 세계적인 불황은 날이 갈수록 심화되어 미국의 유수한 자동차 회사들마저 도산위기에 처하고 있다. 대기업들도 구조조정에 나서 그 여파로 실업자들이 속출되고 있는 것은 전 세계적인 추세이다.

사회주의 국가인 중국은 시장경제를 도입해서 성장을 유지하면서도 한편으로는 통제경제정책을 써서 성장 속에 불황을 모면해 가려하고 있다. 일본은 상대적으로 자본이 풍부해서 우선 내수경기를 살리기 위해 저소득층에게 월 6만 엔씩 보조를 해주어 소비를 진작하고 있다.

우리나라도 저소득 영세 가구에 생활비를 지원한다고는 하지만 원화가 절하되어 달러 값이 폭등하는 바람에 생필품이 천정부지로 올라 서민들의 허리띠만 더욱 조르고 있다. 유럽을 비롯한 전 세계가 불황의 늪에서 허우적거리느라 그 여파가 연쇄적으로 파급되어 전 세계적인 공황으로 이어지고 있는 듯하다.

2009. 3. 9 (月)

인간은 각종 공해에 시들어 가고 있다

근대의 산업 발달과 기계문명으로 인해 발생된 각종 공해가 대기오염으로까지 번져 인간은 맑은 공기마저 마음껏 마실 수 없는 세상에서 살고 있다.

이 지구상에는 수억 대에 달하는 자동차와 비행기 그리고 수많은 공장에서 배출하고 있는 매연과 유독가스로 인해 공기가 오염되었으니 참으로 무서운 환경오염 속에서 우리는 살고 있는 것이다.

지구상 곳곳에서 매일 생산되는 원유와 가스는 엄밀한 의미에서는 전부가 대기 오염원으로 소모되고 있는 실정이다. 몇 년 전에 태안 앞바다에서 원유가 유출되어 그 일대를 죽음의 바다로 오염시켜 충격을 준 바 있는데 엄밀히 따져보면 정도의 차이가 있을 뿐이지 세계 곳곳이 환경오염으로 찌들어 가고 있다.

그 실증으로 석조건물을 지어 놓고 시간이 흐르면 검게 변색되는 것을 보라! 인간도 그 검은 공기를 마시며 희귀병에 시달리며 생명을 유지하느라 몸부림치고 있다.

2009. 3. 10 (火)

인간이 자연을 사랑해야 할 때가 왔다

18세기에 루소는 사회개혁론을 주장하면서 인간은 '자연으로 돌아가야 한다' 라고 했다. 또 미국의 뜻 있는 인디언 추장들은 자연 훼손에 대한 두려움을 알아야 된다는 경고를 수없이 했음에도 불구하고 인간은 산업화에 박차를 가하여 지구 곳곳의 자연환경을 훼손시켰다.

그러나 한번 파괴된 자연의 원상복구나 치유는 그리 쉬운 것이 아니다. 가장 큰 문제가 되는 것은 그 속에서 인간도 결국은 서서히 신음하며 죽어갈 수밖에 없다는 점이다. 산업의 발달로 문명의 혜택을 얻어 인간의 생활은 점점 편리해졌지만 그 반대급부도 만만치 않음을 우리는 자각해야 한다.

쾌적한 환경을 파괴한 대가로 신선한 공기와 맑은 물을 마실 수 없게 되었고 육체활동의 부족으로 정신적인 나태는 물론 각종 성인병에 시달리는 것을 감수해야만 하니 인간은 지금이라도 환경 파괴를 멈추고 자연으로 돌아가야 한다.

2009. 3. 11 (水)

책은 지식과 교양을 가져다 준다

사람은 밥만 먹고 살 수 없다. 정신의 쾌락을 충족시켜 줄 수 있는 먹물이 머리에 들어가야 비로소 인간다운 생활을 할 수 있는 것이다. 자고로 선각자들을 보면 그들은 모두 좋은 고전을 많이 읽은 사람들이다. 그들은 고전의 지혜를 얻고 선인들의 발자취를 답습하면서 발전해 나간 것이다.

사람은 눈으로 보고 귀로 듣는 것만으로는 자기완성을 도모할 수 없다. 눈과 입을 통해 읽어야 머리에 전달되어 제 구실을 하는 것이다. 초중고교에서의 짜여진 공부는 사람의 기초를 닦는 예비지식에 불과하고 졸업 후 대학 시절부터 다방면의 독서를 많이 해야만 전문 지식인이 된다고 본다. 어느 방면의 책을 많이 읽었느냐에 따라 그 사람의 진로는 설정되고 미래가 보장되는 것이다.

사람이 침착성을 갖지 못하고 건성으로 책을 읽게 되면 반거치기 인생밖에는 살 수가 없는 것이다. 어려서부터 차분하게 마음을 가라앉히고 독서하는 습관이 들여지면 자연 취미로 발전하게 되어 교양과 지식과 수양을 겸비할 수 있게 된다. 또한 독서의 취미가 있는 사람들은 기운이 떨어진 노년기에도 결코 외롭지가 않는 법이다.

2009. 3. 12 (木)

김현희의 기자회견을 보고

지금으로부터 18년 전인 1988년 KAL기를 폭파했던 김현희가 사람들의 머리 속에서 잊혀져 갈 무렵 매스컴에 등장하였다. 과거 김현희에게 일본어를 가르쳤던 일본 여인의 아들이 그녀를 보기 원했는데 이를 정부에서 허용하여 부산의 모처에서 기자회견 형식으로 면회가 이루어졌다.

베레모를 쓴 특별 경호원들의 호위 속에 나타난 중년의 그녀는 KAL기 폭파는 북한의 지령에 의해 이루어진 명백한 테러였다고 다시 한번 고백하였다. 납치한 일본 여인의 안부를 묻는 그녀 아들의 물음에 눈물을 글썽이기도 했는데 악마의 하수인도 인간의 본성은 남아 있었나 보다.

천인공노하게 노동 품팔이를 하고 중동에서 귀국하는 우리 노동자들이 탄 비행기를 노렸던 악마의 하수인은 우리 정보당국에 의해 체포되어 대통령 사면을 받고 철저하게 비밀리에 결혼까지 하여 생을 유지하고 있는 것이다.

88올림픽을 방해할 정치적인 목적으로 수백 명의 무고한 노동자들을 몰살시키는 만행을 저지른 카인의 후예들에겐 분명 하늘의 저주가 내릴 것이다. 인간의 본성에는 악마와 천사가 공존하여 항상 세상을 어지럽히고 있다

2009. 3. 13 (金)

대화가 필요한 노년

대화 상대가 없는 노년은 참으로 고독하기 그지없다. 몸이라도 성하면 이리저리 사람들이 모인 곳에 찾아가 말이라도 섞어 외로움을 달랠 수가 있을 텐데 그도 못하고 누워만 있는 처지는 반지옥이나 다름없는 고독한 삶이다. 이를 방지하기 위해서는 자구책으로 독서에 취미를 가지는 게 상책이다. 책 속의 인물들과 간접대화라도 하면서 고독감을 잊을 수 있다.

어디라도 취미를 붙이면 옛 사람이고 현대인이고 간에 그들의 생각이나 상상을 공유하면서 대화할 수 있어 심심하지가 않다. 늙어서는 오직 책과 벗 삼는 것처럼 다행한 취미는 없는 것 같다. 책을 보는 동안은 따분하지도 무료하지도 않으니 말이다.

그렇다고 무조건적인 독서보다는 평소 알고 싶었던 역사나 상식에 관한 책들을 챙겨 읽으면 훨씬 좋은 효과를 거둘 수 있을 것이다. 소일도 되고 황혼기의 낙도 되니 별 볼일 없는 친구들과 노닥거리며 시간을 보내는 것보다 훨씬 효과적일 것이다. 세상 사회가 돌아가는 것은 매스컴에 의지하면 된다.

2009. 3. 14 (土)

북한 정책에 말려든 미국

미국이 아무리 북한의 핵 개발을 저지하려고 해 봐도 핵은 이미 만들어진 것 같다. 로켓 발사를 못하게 한다지만 인공위성을 핑계 삼아 실험을 강행하면 막을 수도 없으며 북한은 이미 미국 본토까지 공격할 수 있는 미사일 개발 실력을 가지고 있다.

그런데 아이러니하게 미국 한쪽에서는 인도적인 차원을 내세워 식량 원조를 계속 유지하고 있다. 북한은 인민의 식생활보다는 군비증강에 우선 신경을 쓰는 나라이고 체제유지에 전력을 다하고 있다. 핵무기로 강대국과 맞서 생존을 꾀하고 있는데 아무래도 순조로운 생존전략은 아닌 것 같다.

그토록 강경책을 써야만 벼랑 끝에서라도 체제를 유지할 성싶어 궁여지책의 술수만 쓰고 있는 듯한 인상을 주고 있다. 최근 개성공단 종사자들의 출입도 막았다 허용했다 하면서 남한의 신경을 거슬리게 하고 있는데 순리로 국익을 취하는 나라라고는 인정할 수가 없다.

적은 것은 내주고 보다 큰 국태민안을 꾀하는 정책의 안목이 아쉽다고 하겠다.

2009. 3. 15 (日)

일주일 단위의 생활

우리 두 식구의 생활패턴은 일주일 단위로 날마다 같은 일을 반복하며 살아가고 있다. 일요일이면 평소보다 2~30분 늦게 일어나서 아침을 먹는다. 아내는 집안 청소를 한 다음 '하나로마트'에 가서 일주일치 먹을 우유와 과실 등 식료품을 사 오는 것이 주 일과다. 점심을 먹고 나는 목욕을 한다.

그리고 월요일부터서는 아침을 7시쯤에 먹고 아내는 정기적으로 찜질방에 가서 10시 반에 귀가한다. 나는 매일같이 쓰는 일지 한 장을 쓰고 독서로 시간을 보내는 것이 오전 일과로 되어 있다.

화요일과 목요일 그리고 토요일 오전에는 아내가 수영장을 가는 날이고 월, 수, 금요일은 찜질방 가는 날로 정해져 있다. 그리고 수요일은 내가 또 일주일에 두 번씩 목욕을 하는 날로 정했다. 금요일엔 우리 아파트 단지에서 알뜰시장이 열리는 날이어서 일주일간 먹을 식료품을 사 오는 날이다.

그리고 토요일은 석우가 학교 기숙사에서 돌아오는 날이라 저녁을 식구들이 모두 모여 먹는다. 가족이 일주일에 한 번씩 재회하는 날이 바로 토요일인 것이다. 이렇듯 일주일 단위의 생활이 한결같이 정해져 있어 수레바퀴처럼 반복되는 틀 속에서 삶의 의미를 찾아야만 한다.

2009. 3. 16 (月)

시중 경기가 사라져 간 이유

시중 자영업자들의 수지타산이 맞지 않는 원인을 살펴보면 여러 가지로 분류된다. 우선 물가의 상승으로 고객유치가 어려워졌고 부동산의 앙등으로 임대료 부담이 커졌다.

6~70년대까지는 직장에 다니는 봉급쟁이보다 자영업을 하는 장사꾼의 수입이 월등하게 나았는데 지금은 반대현상이 나타나고 있다. 그러니 자영업을 하는 상인들의 아우성이 곳곳에서 터져 나오는 것이다.

사회가 안정이 되고 질서가 잡혀가면 자연 봉급쟁이가 제 몫을 찾게 되어 영세 상인들의 수입을 앞지르고 있다. 대형마켓들은 동네마다 늘어나 박리다매 전략으로 지역 영세 상인들의 밥그릇까지 빼앗고 있으니 돈이 돈을 낳는 세상이다. 소비자들이야 가격이 싸면 그만이니 자연 대형할인마트로 몰려들고 있다.

백화점 역시 요즈음은 수시로 세일을 하여 고객유치를 하고 있으니 영세 자영업자들은 살아남을 수가 없다. 이러한 연유로 지역 상권을 잡고 있었던 수많은 영세 상인들은 설 자리를 잃어만 가고 있다. 거기에 구조조정으로 쏟아져 나온 실업자들의 갈 곳은 어디란 말인가?

자영업밖에는 할 것이 없으니 불경기의 악순환은 되풀이 될 수밖에 없다. 이러한 난국에서 살아남기 위해서는 무엇보다 남과는 차별화되는 특출난 아이디어가 필요할 것이다.

2009. 3. 17 (火)

불특정 테러 행위

중동의 사우디아라비아 옆에 위치한 작은 나라 예멘의 유적지에서 폭탄이 터져 우리나라 관광객 4명이 죽고 3명이 부상을 당하는 불상사가 일어났다. 이러한 테러행위는 특정한 인물을 겨냥한 것이 아니라 중동의 고질적인 테러분자들이 자기네 세력의 존재를 알리기 위한 불특정 다수를 겨냥하고 있다.

적대관계나 이해관계가 전혀 없음에도 불구하고 사람들이 많이 모이는 장소에서 폭탄 테러를 감행함으로써 세인들의 이목을 집중시키고자 하는 목적에서 자행하고 있는 것이다.

유사 이래 중동의 아랍 종족들은 싸우기를 즐겨했으며 죽는 것을 두려워하지 않고 전쟁터에서 죽는 것을 영웅시까지 하는 호전적인 종족들이다. 기원전부터 오늘날까지 끊임없는 아랍과 이스라엘의 싸움이 벌어지고 있는 팔레스타인 지역에는 전쟁과 분쟁만 있을 뿐 평화는 멀기만 하다.

2009. 3. 18 (水)

우리나라는 사상의 양극화 시대

우리 민족은 오랫동안 봉건세습으로만 살아오다가 일본의 식민지가 되어 억압을 받았다. 그러다 타의로 해방이 되고 강대국의 이데올로기의 희생양으로 전락하여 남북으로 갈리는 역사 속에서 살아가야 하는 민족이 되었다.

서구에서는 오랫동안 기독교 사상의 지배와 봉건 세습으로 살아오다가 18세기 들어 프랑스 혁명을 시점으로 민주주의가 싹트기 시작하였다. 더불어 18세기 영국에서 시작된 산업혁명으로 자본주의가 발달하는 과정에서 자본가는 노동력을 착취하여 이윤을 챙기는 폐단이 생기자 마르크스는 이러한 모순을 지적하며 유물론적 변증법으로 노동자를 대변하고 나섰다.

뒤이어 러시아에서는 레닌이 주도한 대대적인 노동자혁명이 일어나 성공을 거두었다. 이후 자본주의 진영에서는 아담 스미스를 위시한 많은 경제학자들이 미비점을 보완하여 오늘날에 이르게 되었다. 이에 반해 구소련의 사회주의는 70여 년간을 마르크스 레닌주의를 수정 없이 신봉하는 바람에 교조주의로 흘러 파쇼와 독재만을 양산하고 결국 한계점에 도달하였다.

생산은 더 이상 늘어나지 않아 인민의 불만은 고조되었고 이론과는 달리 개인의 자유만 박탈당하는 모순이 드러났다. 마침내 1980년대에 이르러 소련을 비롯한 동구권의 사회주의는 차례로 몰락의 길을 걷게 되었다. 그나마 공산주의 국가에서 유일하게 성공을 거둔 나라가 있다면 그것은 바로 중국인데 모택동 이후 자본주의 시장경제를 받아들인 덕으로 경제대국을 향해 발돋움하고 있다.

그런데 유독 우리나라만은 유달리 남한이나 북한 할 것 없이 사상적으로 경직되어 있어 '모 아니면 윷' 식이니 나머지 다양한 '도, 개, 걸'은 설 자리가 없는 것이다. 이러한 편협하고 경직된 사상의 자유 속에서 인간의 발전된 사고방식은 기대할 수 없게 된다.

북한은 남쪽이 지향하는 자본주의와 민주주의를 일방적으로 매도하고 남한에서는 북한의 공산주의를 혐오스럽게 매도하고 있으니 우리 나름의 주체적인 좋은 사상이 나올 수가 있겠는가! 선진국일수록 사상의 자유와 표현의 자유가 보장되는데 우리는 언제나 이러한 자유가 완전히 보장되어 마음대로 사상의 자유를 토론할 수 있을 것인지 요원하기만 하다.

2009. 3. 19 (木)

사는 재미를 만들어 가는 노년

노년이 되면 만사에 의욕이 떨어져서 사는 재미도 없어지기 마련이다. 그래서 주위의 노인들은 서로 무슨 재미나는 일 없냐는 말을 종종 하곤 한다. 모두가 젊어서는 활기차게 일을 하던 사람들인데 늙어서 한가하게 시간만 허비하면서 죽을 날만 기다리다 보니 사는 게 도무지 권태롭기만 한 것이다.

늙어서 이러한 무력감과 권태감을 극복하기 위해서는 무엇인가 의욕을 찾을 수 있는 소일거리를 가지는 게 좋다. 그러면 거기에 몰두함으로써 의욕과 희망도 생겨 시간 또한 지루하지 않게 보낼 수 있는 것이다.

노인으로서 제일 나은 생활태도인 평생 배운다는 자세로 젊어서는 생계에 쫓기느라 거들떠보지도 않았던 고전과 양서를 읽는 취미를 한 번 가져보는 것을 권하고 싶다. 독서를 함으로써 수양도 되고 지식도 쌓여가며 소일거리도 되니 노년기의 자구책으로서는 최고가 아닌가 싶다.

2009. 3. 20 (金)

좋은 글은 오래 간다

좋은 글귀나 문장은 수백 년이 지나도 그 빛을 발할 수 있다. 일전에 광주 처남이 단구무괴어심(但求無愧於心)이란 휘호를 써 보내면서 옛날 서산 대사의 선시 한 수가 적힌 기사를 복사해서 보내왔다. 옛날 비석이 땅에 묻혀 있는 것을 공사 중에 발굴해서 판독한 결과 그 비문에는 휴정(休靜)의 선시 한 수가 적혀 있었다고 한다.

그 선시의 내용이 너무나 여운을 남겨 독립투사인 백범 김구 선생도 자주 읊을 정도였다고 한다.

답설야중거(踏雪野中去), 불수호란행(不須胡亂行), 금일아행적(今日我行跡), 수작후인정(隨作後人程)이라는 한시다.

그 뜻을 살펴보면 '눈 덮인 들판을 걸어갈 때는 부디 난잡하게 걸어가지 말게나. 오늘 내가 간 이 발자취는, 후인들의 길잡이가 되기 때문이리라!'

차갑고 험한 세상을 살아가려면 처신을 잘해서 모범과 지표가 되어야 후손들에게 거울이 된다는 교훈으로서 시대를 초월해서도 그 진리는 변함없이 오랜 세월 영구히 전승될 것이다.

2009. 3. 21 (土)

좋은 사상도 오래가면 흩어진다

세계인이 신봉하는 종교를 보더라도 각 종교마다 시간이 흐름에 따라 그 교리를 해석함에도 이견이 생겨 분파가 생기고 분쟁이 생기는 것을 흔히 보게 된다. 불교에서는 조계종이다 천태종이다 하고 대승불교니 소승불교니 하여 무리가 지어져 있다.

기독교 역시 후세로 오면서 여러 파로 갈라져 있는 것을 볼 때 이 세상의 모든 집단은 세력이 확장되면 의견의 일치가 어려워지는 것 같다. 사람들의 생각이나 사상을 획일적으로 통합시킬 수 없다는 것이며 설령 아무리 일시적인 감화나 설득으로 따른다 할지라도 그것이 영원히 사람의 마음을 정복할 수는 없다는 것이다.

이러한 이치를 모르면 국가건 가정이건 간에 다스리기가 힘이 드는 것이다. 그러므로 자기가 내세운 아집이나 편견만을 고집하고 주장하는 것은 극히 어리석은 일임을 깨달아야 한다.

2009. 3. 22 (日)

자발적으로 행하는 것이 선각자이다

세상을 살아감에 선하고 올바른 일을 미리 깨닫고 실천하는 사람이야말로 선각자라고 할 수 있다. 인간성이 떨어지는 사람은 남이 베풀면 마지못해 따라가는 법이다. 남보다 앞선 사람은 선에 대한 우월감이 있어 착한 일을 행함에도 언제나 리더십을 발휘하려 한다.

남보다 열등감이 많은 사람은 선심을 쓰는데도 인색하고 이기심에만 치중하게 된다. 남보다 잘 났다는 사람들은 언제나 마음이 넓고 시야가 툭 터져 있는 사람이다. 그들은 희생정신이 강해서 남을 잘 배려할 줄 알고 자신보다 타인을 위해 솔선수범한다.

옹졸하고 못난 사람은 사회적 지위고하를 막론하고 사람들로부터 존경은커녕 경멸만 당하기 일쑤이다. 자발적으로 선을 행할 수 있는 용기 있는 사람들은 사회적 신분을 막론하고 사람들로부터 칭송과 존경을 받을 수 있다. 이왕이면 한 세상을 살면서 선각자가 되어 떳떳하게 세상을 살아감이 바람직한 일이 될 것이다.

2009. 3. 23 (月)

책을 쓴다는 것은 사상을 드러내는 것이다

소설이나 글을 쓴다는 것은 그 사람의 사상을 표출해 내는 것이다. 확고한 이념이 없이는 올바른 사유를 할 수 없어 좋은 글도 떠오르지 않는 법이다. 나는 병상에 누워 있는 동안 글이라도 써 보겠다고 마음먹고 주제를 무엇으로 할까 고민을 했다.

그러다 겨우 생각해 낸 것이 내 생애를 주제로 유토피아를 그려보자는 것이었다. 일생을 살아오면서 그간 아쉬웠던 점을 보완하면서 이렇게 사는 것이 이상적인 삶이다를 밀도 있게 엮어 보고 싶었다. 그래서 작년 여름은 지루함이 없이 한 철을 보낼 수 있었다.

사실주의(Realism)와 이상주의(Idealism)가 경합하고 여기에 성실과 근면을 신조로 살면서 인간성을 발휘하여 의리를 지켜나가는 것이 내 개인의 이상향이라고 생각하고 「장안 십만 리」라는 소설을 엮어 보았다.

그러나 유감스럽게도 내가 읽어봐도 만인에게 공감을 주고 감동을 줄만한 세련된 글은 못 되었다. 그저 소설을 흉내 내는데 불과했지만 이로써 내 생애에 못다 한 숙원의 한을 풀 수 있었으니 그걸로 위안을 삼아본다.

2009. 3. 24 (火)

언론의 자유가 없는 나라

기자들의 취재 활동조차 자유롭지 못한 북한에 미국의 여기자 두 명이 억류되어 있어 미국은 암암리에 석방교섭을 하고 있다고 한다. 그런데 왜 북한은 이러한 사실을 대외에 공개하지 않는지 그 속셈을 알 수가 없다.

자기네 실정법에 위배된 것이 있어 억류하고 있을 터인데 철저한 보도관제로 주민들의 알권리마저 박탈하고 있는 체제하에서는 언론의 자유란 있을 수 없나 보다. 이러한 권력 체제하에서는 위정자들이 마음대로 불법과 비행을 남용해도 최고 권력자의 눈 밖에만 나지 않으면 허용되는 모순이 있는 것이다.

전체주의의 속성상 언론의 자유는 당연 허용되지 않겠지만 외국기자들까지 억류하는 처사는 국제적인 마찰을 가져온다는 것을 알면서도 반대급부를 노리는 흥정만을 일삼고 있으니 세련된 외교와는 거리가 한참 멀다 하겠다. 앞으로의 거취를 지켜보며 북미 간에 얽혀 있는 현안을 풀 수 있을지 궁금하다.

2009. 3. 25 (水)

야구의 인기

세계에서 야구 스포츠를 즐기는 나라는 미국을 비롯한 아메리카 대륙의 몇몇 나라와 동양의 일본, 한국, 대만, 중국 정도이다. 유럽에서는 축구에 묻혀 거의 인기를 얻지 못하고 있는 종목이다. 야구는 원래가 미국에서 유래한 스포츠이고 동양에서는 일본이 맨처음 도입하여 즐긴 스포츠이다.

우리나라도 프로야구가 시작되고 나서부터 인기가 급상승하였는데 그 전에는 고교야구가 인기를 얻었었다. 요즈음 와서는 절대강자였던 해태 타이거즈 야구단이 해체된 이후 인기가 다소 식었는데 작년 북경 올림픽에서의 금메달과 금년의 WBC야구대회에서 우리나라가 좋은 성적을 올리는 것을 계기로 다시 야구 붐이 일고 있다.

WBC대회에서는 일본과 결승에 올라 9회 말까지 3:3으로 승부를 가리지 못했는데 연장전에서 아깝게 5:3으로 분패하고 말았다. 이로써 한국야구도 세계적인 수준에 올라있음을 다시 한번 증명해 보였다.

일본의 국민타자인 이치로는 미국에서도 알아주는 타격 기계여서 이번 승리의 주역이 되었는데 야구장에서의 열렬한 응원열전 또한 야구의 인기를 가늠케 하였다.

2009. 3. 26 (木)

정경유착이 언제나 근절되려나?

정·관계의 마당발로 알려진 박연차 신발업계 회장이 참여정부 시절에 정관계 인사 수십 명에게 비자금을 만들어 로비활동을 한 것이 이제야 들통이 났다.

검찰은 즉각 수사에 착수하여 노 대통령의 친형을 비롯하여 당시 청와대 비서실에 근무했던 관리와 차관급 한 명을 구속하였는데 국회의원들까지 연루되어 있다고 하니 파장은 더욱 커질 것만 같다.

이러한 비리는 비단 어제오늘의 일은 아니며 건국 이래 계속되고 있지만 해가 갈수록 그 단위가 커지고만 있으니 국민들은 실망과 분노에 치를 떨고 있다. 그런데도 막상 당사자들은 철면피하게 조금도 반성의 기미조차 보이지 않고 오히려 야당을 잡으려는 표적수사니 뭐니 운운하면서 모르쇠로만 일관하고 있다.

비리를 저지른 누구는 봐주고 누구는 안 봐주는 검찰의 편파수사에도 문제가 있지만 요는 국민의 불신이 없도록 발본색원(拔本塞源)의 수사태도가 요망된다. 그리고 매번 반복되는 정경유착식 비리에 대한 처벌 강도가 높아지기를 국민들은 갈망하고 있다.

2009. 3. 27 (金)

천재적인 소질

천재적인 기질과 소질을 가지고 이 세상에 태어난 이들은 그가 처한 상황에 관계없이 자신이 가진 빛을 발휘하는 것이 인간의 역사에 나타나 있다. 본인들의 의지와 적응력만 있으면 평범하거나 불우한 처지를 가릴 것 없이 자기가 목적한 바를 성취하는 것을 볼 수 있다.

또한 연령에 관계없이 일찍 생을 마감한 사람들일지라도 충분히 자기 한 몫을 해내는 것이 사실이다. 미국의 카네기나 링컨은 불우한 청소년기를 보내느라 정기교육도 받지 못했지만 독학으로 이를 잘 극복하고 결국 천재적인 그들의 능력을 발휘했다.

프랑스의 루소나 영국의 문호 디킨스, 여류작가 에밀리 브론테는 학교를 다니지 못했어도 그들이 가진 기질과 소질을 충분히 발휘하여 불굴의 명장 '위대한 유산'과 '폭풍의 언덕'을 남기고 일찍 요절했다.

이런 것을 볼 때 동서양을 막론하고 천재적인 기질을 타고난 사람들은 타고난 환경이 아무리 불우할지라도 이를 잘 극복해내고 자아실현을 손색없이 해 낸 것을 볼 수 있다. 따라서 주위 여건을 핑계 삼는 자들은 모두가 변명에 지나지 않음을 알 수 있다.

2009. 3. 28 (土)

산장의 외로운 생활

법정(法頂) 같은 중들이나 즐기는 조용한 은둔생활을 내가 체험하면서 그들 생활의 진가를 조금은 알 것 같았다. 아무도 찾아오지 않는 외로운 산장의 고요 속에서도 오로지 책과 대화를 하면서 식탁을 책상 삼아 독서당같이 심취해 있노라면 만사가 편안할 뿐이어서 신체의 통증마저 잊게 만든다.

지금의 상태처럼 청소년기부터 공부를 했더라면 자아실현에 도움이 되었으리라는 심정을 가져본다. 사람은 늦게야 철이 드는 것보다는 어릴 적부터 일찍 철이 들어야 나름대로 그 뜻을 세우고 목적 달성 하기가 수월하다는 것을 늙어서야 깨달으니 만시지탄(晩時之歎)을 금할 수 없다.

그저 만각(晩覺)이라도 얻은 것에 위안을 삼아 말년의 고독감을 떨칠 수 있는 것이 요즈음의 생활이다. 그러나 매일 독서로 소일하는 가운데서도 옛날 고전의 말들을 교환할 수 있는 대화상대가 있으면 얼마나 행복할까 하고 부질없는 욕망에 빠져보기도 한다. 취미가 상통할 수 있다는 것은 행복 중의 행복일 것이다.

2009. 3. 29 (日)

세계 빙상 서커스 대회

어제 미국 LA에서 세계 피겨스케이트 대회가 열렸다. 각국의 내노라 하는 여자 피겨스케이터들이 한데 모여 그 기량을 뽐냈는데 이번에도 우리나라의 김연아 선수가 1위를 차지하고 캐나다 선수가 2위, 일본이 3위를 차지하였다. 얼음판 위에서 아름다운 몸매를 뽐내면서 율동을 선보이는 모습들은 그야말로 한 폭의 그림이자 신기에 가까운 곡예였다.

십여 개국의 일류선수들이 참가한 가운데 0.01의 작은 점수를 다투는 경합 속에서 우리나라의 김연아 선수가 당당히 1위를 했다는 자체가 놀랍고 축복받은 일이었다. 한 치의 실수도 허용되지 않는 빙판 위에서 중추신경이 얼마나 발달했으면 그렇듯 묘기를 연출해 낼 수 있을까 경탄과 감탄을 금할 수 없었다.

세계의 스포츠 스타가 되기까지는 여러 필수조건들을 구비하고도 본인의 의욕 넘치는 훈련이 필수일 것이다. 모든 성공의 뒤에는 많은 땀과 피와 눈물의 결정체가 있는 것이다.

2009. 3. 30 (月)

한국인의 생활문화가 저속해지고 있다

1960년대 이후 우리 한국은 많은 경제적인 풍요를 가져왔다고 생각한다. 40여 년 만에 국민소득 2만 달러가 되었으니 세계에서도 드문 성과라 할 수 있다. 그러나 경제발전 못지않게 부작용도 만만치 않아서 국민생활과 문화에 커다란 병폐들이 생겨나기 시작했다.

사치풍조는 말할 것도 없고 대다수의 젊은 가정주부들이 본분을 망각하고 일하기를 싫어해서 외식을 다반사로 알고 절약할 줄을 모르고 향락에만 빠져드는 부류가 늘어나고 있다. 지방 어느 곳을 가도 대형음식점이나 가든이 넘치고 있다.

그 뿐 아니라 아이들 교육은 모든 학생들이 점수 따기에만 치중하느라 막대한 과외비용을 들이는 기현상이 벌어져 대학에만 들어가려고 우열을 가리지 않고 혈안이 되고 있는 실정이다. 이러한 풍조 속에서는 너 나 할 것 없이 병폐에 휩싸일 수밖에 없지만 이를 구제하고 회생시킬 정신적인 리더나 지성인도 없어 병은 깊어만 지고 있으니 하루속히 명의가 나오기만을 기대할 뿐이다.

2009. 3. 31 (火)

오랜만에 만난 친구

17년 만에 만나 본 친구는 옛날 모습이 아니었다. 인생이 무상함을 다시 한번 실감하는 순간이었다. 어제 김상준 군이 기영호와 강달수를 대동하고 찾아왔다. 강군은 명륜동 살 때부터 유난히 다정하게 지냈는데 환갑 때 보고 처음 보았다.

그동안 위암 수술에 척추까지 이상이 생겨 키는 많이 줄어들고 얼굴은 늙어서 주름살이 만연하여 젊을 때의 모습은 찾아볼 수가 없었다. 세월이 인생의 모습을 앗아간다고 하지만 너무나 변해 있는 모습에서 동고상정(同苦相情)의 연민을 느낄 수밖에 없었다.

평소에 별 능력은 없었지만 열심히 착실하게 사는 편이었는데 말년에 건강이 여의치 못하니 행복한 삶은 못 되는 것 같다. 그러나 나와 같이 자구책으로 책으로 말년의 고독을 의지한다고 하니 불행 중 다행이라 하겠다.

독서를 등한시하는 노구들보다는 선택받은 일이다. 늙어서 책에라도 취미를 붙이지 못하면 남은 여생이 따분하고 지루해서 사는 재미를 느끼지 못하고 그저 황혼길을 한탄으로 보낼 수밖에 없을 것이다.

2009. 4. 1 (水)

책의 가치(價値)

책 속에는 저자의 생각이나 취향과 의도가 담겨져 있으며 나아가 그 사람의 사상이 깃들어져 있다. 저자의 인격이 책에 고스란히 묻어 있기에 중요한 몫을 차지하는 것 같다. 책은 정신의 식량이요 자양분이다. 그러므로 책을 즐겨 읽는 자만이 책의 진가(眞價)을 알게 되고 중요성을 인식해서 자신도 책을 써 보겠다는 욕망과 충동을 느끼게 된다.

좋은 책 속에는 인생의 진리가 담겨져 있어 우리의 우매한 정신을 일깨워 주는 길잡이가 되기에 보다 향상된 인생을 추구하기 위해 책을 즐겨 읽는 것이다. 그리고 책을 읽으면 사색할 수 있는 정신적 여유가 생겨 지행일치(知行一致)의 정신으로 인생을 영위할 수가 있고 나아가 그 경험으로 책을 남기는 것이다.

그러나 아무리 값진 책이라 할지라도 후대의 사람이나 자손들이 아무 뜻 없이 인생을 살아간다면 좋은 말들의 집합체인 책은 무의미한 종이 쓰레기에 지나지 않을 것이다. 이를 극복하기 위해서도 책을 즐겨 읽는 습관과 취미가 필요하다.

2009. 4. 2 (木)

축구 경기의 신승(辛勝)

항시 축구 경기에서의 남북대결은 언제나 그 열기가 뜨거워진다. 어젯밤 상암월드컵 경기장에서 월드컵 지역예선 1, 2위 승부전을 남북이 치렀는데 일방적인 응원과 홈그라운드의 이점에도 승부는 막상막하였다.

후반 종료 전까지 0:0의 무승부로 가다가 마침내 2분을 남기고 13번 김희수 선수가 천금 같은 결승골을 넣어 수만 관중의 응원에 보답을 하였다. 마침 피겨의 여왕 김연아 선수도 경기장을 찾아 응원을 했는데 면목을 세운 셈이다.

그러고 보면 북한 축구팀도 만만치 않는 실력을 가지고 있었는데 특히 12번 선수와 골키퍼의 실력이 우리 선수들 못지않게 돋보였다. 북한 선수들은 단 한 명의 응원단도 없는 희한한 여건 속에서도 사기가 위축되지 않고 잘 싸웠다는 것은 강인한 정신력과 훈련 덕이라 하겠다.

반면 우리 선수들은 최후의 5분 정신을 발휘하여 승리를 일군 것은 반드시 이겨야 된다는 정신력의 신승이었다.

2009. 4. 3 (金)

집안을 잘 어거(馭車)해야 한다

중국의 장개석 총통이 부정부패로 인해 모택동에게 나라를 빼앗기고 대만으로 축출 당한 뒤의 일이다. 주위 가족들이 모인 자리에서 권총 한 자루씩을 나눠 주면서 만약 또다시 부패에 연루되면 자결하라는 언명을 내려 가족들의 부정을 예방했다는 일화는 이미 알려진 사실이다.

그런데 우리나라 역대 대통령들도 주변 가족들을 어거와 단속을 못해 대통령의 명예에 오점을 남기곤 했던 것이 우리의 슬픈 역사였다. 모두 권력을 이용한 로비 명목으로 저질러진 비리와 부정이었다.

이번에 사회를 떠들썩하게 만든 박연차 회장의 로비 사건도 노 전 대통령의 측근에게까지 손을 뻗어 그 형과 조카 사위까지 미화 500만 달러의 거액을 받았다고 하니 참으로 경악을 금치 못할 사건이다.

이 나라의 권력형 부정부패는 언제나 근절될지 국민들은 이제 지친 시선으로 정치 권력자들을 경멸하고 있다. 노 대통령은 모르는 일이라고 발뺌을 하고 있지만 이를 믿을 국민들이 과연 얼마나 되겠는가? 우리나라에는 정말 양심 바르고 청렴한 대통령이 나올 확률은 없는 것인지 궁금하다.

2009. 4. 4 (土)

우리나라 체신(遞信)사업의 허점

전신(電信) 시설은 급속도로 발전한 대신 우편물 배달은 예나 지금이나 조금도 나아진 것이 없다. 오히려 서울시내나 가까운 경기도 지방은 배달이 더욱 지연돼 무려 3~4일이 걸릴 때도 있으니 외국으로 편지나 소포를 부치는 격이다.

그래도 우편물 배달은 개선될 기미를 보이지 않고 있다. 물론 급하면 전화로 연락하라는 식이다. 하기야 지구촌에 통신시설이 발달되어 어지간한 국가는 직통전화가 가능하여 불과 몇 초 안에 통화가 가능한데 비해 우편물 배달은 너무나 더딘데도 안일하기만 하니 사용자들의 불편만 늘어간다.

첨단 통신시설이 발달한 요즈음에 편지로 의사전달을 한다는 것 자체가 구태의연한지는 모르지만 물품의 유통은 신속할 필요가 있는 것이다. 아무리 컴퓨터가 발달해도 물품 수송까지는 불가능하니 말이다.

2009. 4. 5 (日)

공부와 책

사람이 책을 많이 읽어 지식이 머리에 채워지면 자연 사고영역도 넓어져서 사상이란 게 생겨나고 책도 쓰게 되나 보다. 그래서 현인들이 쓴 많은 책들 중의 한두 권은 지금껏 고전이 되어 후세인들에게도 꾸준히 읽히는 것이 현실이다.

좋은 책을 많이 읽다 보면 자기만족의 희열도 생기지만 의욕적인 학구열도 생겨나 독서를 그만둘 수 없게 되는데 독서는 모든 공부의 기초가 되는 것 같다. 나 같은 처지에서는 불행 중 다행으로 젊은 시절에는 못해 본 공부를 말년에나마 할 수 있으니 그 속도는 더디지만 그날그날을 소일하며 보내고 있음을 하느님께 감사드린다.

책을 읽어보면 그 책 속에는 인간이 가치 있게 살 수 있는 방법과 성취의 길이 보인다. 그러므로 젊어서부터 양서를 많이 읽으면 그만큼 자신의 목표에 남들보다 빨리 도달할 수 있게 된다. 다 늙어 읽는 책이지만 그래도 무지를 깨우쳐 주는 희열이 있기에 독서의 흥미는 날로 늘어난다.

2009. 4. 6 (月)

미사일 발사 소동

그동안 말썽이 많았던 북한의 로케트 발사가 드디어 어제 낮 11시 30분에 실행되어 전 세계가 초비상한 관심으로 우려를 표명했다. 북한 말대로 인공위성을 쏘아 올렸다면 다른 나라들이 축하해 줄 일인데 아무도 그 말을 곧이곧대로 믿질 않는다.

수많은 인민이 심각한 식량난에 직면해 있어도 1인 독재 체제를 유지하기 위해 막대한 자금을 들여 선전과시용 미사일을 쏘아대니 모두가 우려의 시선으로 바라보고 있는 것이다. 로케트 한 번 발사하는 비용이 3억 달러나 된다고 하니 쌀 100만 톤이나 잡곡 200만 톤과 맞먹는 액수이다.

인민의 굶주림은 아랑곳없이 정치적인 목표 달성에만 전력하는 북한에 대해 국제적인 원조가 과연 필요한 것인지 의문이 들 정도이다. 대량 살상무기를 보유하고 그 운반체 실험을 하고 있는 나라에다 더 이상 식량 원조니 인도적 차원이니 운운한다는 것은 언어도단이라 하겠다.

2009. 4. 7 (火)

지구촌의 자연재해

유럽의 이탈리아에서는 지진이 일어나 수백 명의 인명 피해와 막대한 재산 피해가 발생했다고 한다. 유럽에서는 특히 이탈리아에서 지진이 많이 발생하고 동양에서는 일본과 인도네시아, 중국 등이 지진 발생 빈도가 높다. 지진은 지구촌 어디에서나 일어나고 있지만 진도의 강약에 따라 그 피해 정도는 달라진다.

지금까지의 심각했던 지진 피해를 살펴보면 1000년 전에 이탈리아 폼페이 화산 지진으로 도시 전체가 몽땅 매몰된 것을 비롯해서 수년 전에 인도네시아의 발리 섬 지진해일로 수십만 명의 인명피해가 발생하였으며, 동경의 고베 대지진 또한 심각한 피해를 가져다주었다. 그러나 최근의 일본은 주민들의 사전대비 훈련이 워낙 잘된 탓에 그 피해를 최소화 하고 있다.

땅 속에서 수시로 일어나고 있는 지각변동과 불덩어리의 재해를 미리 예측할 수 있는 과학기술이 발달한다면 최소한 인명피해는 줄일 수 있으리라! 우리는 지금도 언제 터질지 모르는 불덩어리 위에서 하루하루를 살고 있는 것이다.

2009. 4. 8 (水)

언행일치를 모르는 한국의 지도자들

대한민국 건국 이래 10여 명의 지도자들이 선출되었지만 그 중 단 한 명도 대다수의 국민들에게 존경을 받는 인물은 없었다. 이를 볼 때 우리나라는 아직 완전한 민주정치가 정착되었다고 할 수는 없을 것 같다. 말로만 애국이니 부정부패를 추방하자고 하지만 정작 행동은 표리가 다르니 누가 이들을 신임하고 존경하겠는가?

하기야 특별한 공부나 철학이 없는 위인들이 국민의 리더로 선출되면 돈의 유혹 앞에서는 눈이 어두워지고 이성이 마비될 수밖에 없으리라! 요는 국민이 엄한 벌을 가할 수 있느냐는 것인데 아쉽게도 이 나라의 법은 정치 우두머리에게는 솜방망이 처벌밖에는 가할 수 없으니 반복되는 리더들의 부정행위를 볼 수밖에 없다.

노무현 전 대통령 내외도 재임 중 10억 정도의 돈을 박 회장으로부터 받았음을 시인하는 사과의 글을 홈페이지에 올렸다고 한다. 또한 박관용, 김원기 전 국회의장도 뇌물수수 혐의로 조사를 받고 있으니 도대체 부패공화국에서 어느 정치인을 신뢰할 수 있는지 걱정거리가 아닐 수 없다. 참으로 불행한 일이다.

2009. 4. 9 (木)

실존의식으로 산 나의 생애

나는 만 77년의 세월을 불안과 공포라는 인생 모순의 부조리 속에서 살아왔다. 그 속에서도 꿋꿋하게 버티며 실존의식으로 지금껏 살아온 것이다. 왜 인간은 일생의 한계를 알면서도 죽음에 대한 의식 없이 태연하게 하루하루를 살아간다는 자체가 부조리한 것이다.

명확한 명제를 모르기에 생명이 붙어 있는 한 일을 계속하고 태양은 뜨고 시간은 흐르기에 사형집행일을 앞두고도 묵묵히 살아가고 있는지도 모른다. 그동안 인간의 역사상 조금 머리가 뛰어난 자들이 인생은 이것이다 하며 수많은 철학들을 논했지만 신이 아닌 이상 인생을 한마디로 정의(正義)할 수는 없다.

그저 자신의 생각과 경험을 토대로 말하는 것에 불과하다. 그러므로 우리 같은 범인(凡人)들은 자기의 주관에 따라 흡사한 쪽을 신봉하고 실존하는 것이다. 나는 철학은 잘 모르지만 인간이 실존한다는 것은 먹고 산다는 것과 의미가 상통한다고 생각한다. 그동안 수많은 철학자들과 사상가들이 인생에 대한 정의를 피력했지만 역시 생물은 자양분이 있어야 생존하고 실존할 수 있으니 먹고 사는 것이야말로 인생의 기본이 아닌가 싶다.

그러나 일을 하는 데는 개개인의 능력에 따라 수단과 방법이 다 다르니 그것을 가려야 한다는 것이 불안한 인생의 조건인 것이다.

2009. 4. 10 (金)

주위에 또 한 생명이 가다

뇌졸중으로 쓰러져 몇 년을 의식불명 상태에서 병원만 전전하던 보성 생질녀 윤숙이가 어제 세상을 떴다. 그간 본인은 물론이고 그 가족들의 고생이 얼마나 컸는지를 짐작케 한다. 이왕 가는 사람이야 의식이 없어 고통을 모르겠지만 간병하고 지켜보는 가족들의 고생은 이루 말할 수 없었을 것이다.

편안히 죽고 싶은 게 늙은이들의 소망이지만 죽음을 마음대로 할 수 없는 게 현실이다. 사람은 누구나 죽음을 생각하고 또한 목격할 때는 자신을 되돌아보고 선하게 살아야겠다고 각성하는 것이 인생이다. 기껏해야 얼마 되지 않는 생애를 아등바등 주변과의 갈등 속에서 산다는 것이 후회스러운 것이다.

한 번 목숨이 끊어지면 일장춘몽으로 끝나고 마는 인생을 욕심으로 채우며 산다는 것은 어리석게 느껴질 뿐이다. 그것을 방지하기 위해서 사람들은 수양을 하고 처세를 배우며 살아가는 모양이다. 인생을 후회 없이 살다 가기를 원하며 죽을 때까지 인생 공부나 하다가 가야겠다.

2009. 4. 11 (土)

후안무치(厚顔無恥)의 정치인

정치인도 똑똑해서 정치를 잘하고 국리민복과 애국심을 발휘하여 공정무사하게 처신하면 국민들의 존경을 받겠지만, 패거리 보스 정치나 꾀하고 돈독이 올라 사욕만 챙기는 정치인들은 국민의 야유와 조소를 면치 못할 것이다.

엊그제 어느 행사장에 나타난 YS에게 얄궂은 어느 기자가 이번 노무현 비리사건을 어떻게 보느냐는 질문을 던졌다. YS가 답변하기를 그간 10년간 야당이 정권을 잡아 해 먹은 부정비리를 발본색원(拔本塞源)해야 한다고 서슴없이 말한 것을 보고 국민들은 실소를 금치 못했다.

강삼재의 측근이 900억 원의 정치자금을 YS로부터 건네받아 선거자금으로 뿌렸다고 사법처리를 받은 것이 얼마 되지 않아 아들까지 밤의 대통령이 되어 활개를 치고 다녔던 것을 모르는 사람이 없는데, 양심도 없이 똥 묻은 개가 겨 묻은 개를 나무라는 꼴이니 어이가 없을 뿐이다.

2009. 4. 12 (日)

장사를 한다는 것은

누구나 돈을 벌기 위해 장사를 하지만 목적대로 그게 그리 쉬운 일은 아니다. 장사를 잘 하려면 무엇보다 장사에 대한 철학이 뚜렷이 서 있어야 되고 성실한 자세와 남다른 아이디어가 겸비되어야 한다.

여기에 상술과 더불어 고객을 왕으로 접대한다는 친절한 서비스 정신이 바탕이 되어야 한다. 신용을 생명으로 삼고 박리다매(薄利多賣)의 원칙과 친절을 모토로 한다면 무에서 유를 창조할 수 있을 것이다. 성업이 되면 거기에 자만하지 말고 더욱 투자를 아끼지 않아야 된다. 장사의 질과 서비스에 더욱 만전을 기하라는 말이다.

항시 그 방면에서 잘 나가는 장사를 견학하여 그들의 노하우를 쉬지 말고 배워 나간다면 성공 가능성은 커지는데 그저 안일하게 돈만 투자하면 장사가 잘 되는 줄로 착각하는데서 실패의 싹이 트는 것이다. 장사를 잘 하려면 우선적으로 사람들의 심리파악을 잘 해서 호기심을 유발시켜 그것을 내 것으로 만들지 않으면 안달이 나게끔 만드는 능력이 장사를 성공으로 이끄는 비결이다.

2009. 4. 13 (月)

성난 태국 시민들의 분노

금년 아세안 회의가 태국 방콕에서 열려 각국의 정상들이 모여 회의를 하고 있는데 갑자기 성난 군중들이 경찰의 저지선을 뚫고 회의장까지 난입하는 사태가 발생하고 말았다. 각국 정상들은 긴급 대피하여 무사하였으나 정부는 비상사태를 선포하고 무기한 회의를 연기하고 말았다.

데모대들은 아세안 회의를 방해할 목적이 아니고 정부 당국에 대한 불만으로 시위를 한 것이다. 태국은 왕정국가지만 영국이나 일본에 비해 민주주의가 아직 정착하지 못한 나라이다. 일단 왕에게 충성심만 보이면 총칼을 쥔 군부세력이 독재를 하여도 허용이 되는 나라인지라 군정권이 오랫동안을 장악하고 있다.

군사정권의 부정부패가 만연하면 또다시 다른 군부가 민중의 힘을 빌려 쿠데타를 일으키는 악순환이 계속 된 나라였다. 일본도 한때는 군부세력이 정권을 잡는 바람에 세계전쟁을 일으켜 결국 패망을 하였는데 태국은 노상 군부가 권력을 거머쥐고 횡포를 일삼고 있으니 국민들이 성날 수밖에 없다.

2009. 4. 14 (火)

상해 임시정부 90돌

어제 정부에서는 상해 임시정부를 수립한 지 90돌을 맞이하여 기념식을 거행하였다. 이 대통령이 직접 나와 유공자들에게 포상을 하고 상해 임시정부야말로 대한민국의 시초였다고 치하 연설을 했다.

구한말 일본에게 맥없이 국권을 찬탈당하고 10여 년 만에 3.1만세운동이 전개되었다. 바로 그해 4월 13일에 뜻 있는 독립 애국지사들이 상해로 망명하여 대한민국 임시정부를 출범하였으나 워낙 열악하여 대외적으로는 인정을 받지 못한 채 비밀리에 활동하였다.

명색이 임시정부지 제대로 집행도 못하는 가운데서도 대통령도 몇 명이 교체되는 슬픈 세월을 보내다가 김구 선생이 주석직을 맡아 명맥을 유지하였다. 그나마도 일본의 압박에 밀려 2차 대전 말기에는 다시 중경으로 깊숙이 피난을 가는 우여곡절을 겪었다.

해방이 되어 그리던 고국에 돌아와 보니 미국으로 건너갔던 이승만 세력에게 밀려 임정의 명맥은 분산되는 비극을 맞이하게 되었다.

2009. 4. 15 (水)

치매인구가 늘어나고 있다

식생활의 개선과 의료 혜택으로 인해 인간의 평균 수명은 80세에 이르렀다. 그러나 신체가 살아 움직인다고 해도 뇌의 기능이 쇠퇴한 치매 노인들은 나날이 증가하고 있는데 현재 우리나라에도 3~40만 명의 치매 노인들이 있다고 한다.

이들은 각 가정이나 요양원에서 비참하게 살고 있는데 이러한 추세라면 2030년경에는 100만 명을 넘어설 것이라니 그 대책마련이 시급하다 하겠다. 지금의 수명 연장 추세라면 90~100세에 이르는 노인들이 넘치게 될 것인데 두뇌 건강에는 관심이 소홀하여 의약개발에도 신경을 쓰고 있지 않는 것 같다.

사람이 건강하게 오래 사는 것이 바람직하지 병마에 시달리는 수명 연장은 마치 형기를 연장시키는 지옥과도 같은 삶일 뿐이다. 하루속히 보건당국은 치매예방약을 개발하여 노인들이 치매에서 해방되었으면 한다. 자신의 정신을 가늠하지 못하는 것처럼 불행한 삶은 없으니 누구도 장담할 수 없는 뇌의 질환이라 하겠다.

2009. 4. 16 (木)

북한 미사일 발사의 여파

UN 안전보장이사회에서 북한 미사일 발사의 부당성을 채택한 의장 권고안이 만장일치로 통과하자 북한이 발끈하여 앞으로 6자 회담에는 절대로 참석하지 않겠다고 하였다. 그럼에도 UN은 더 이상의 처벌을 할 수 없어 현재는 바라만 볼 수밖에 없다.

북한은 앞으로 핵 시설 복원과 미사일 실험도 계속할 것이며 IAEA 국제 핵 감시요원도 축출시키겠다고 엄포를 놓았다. 이처럼 강경일변도의 고립 외교정책을 써가면서까지 체제구축에만 힘을 기울이고 있는 속셈은 무엇 때문일까?

앞으로 6자 회담 같은 실효성 없는 회담 따위는 집어치우고 보다 실리적인 미국과의 직접적인 담판을 노리면서 시일을 끌어 핵보유국으로서의 지위를 인정받으려는 속셈인지도 모르지만 그들의 계획대로 될지는 의문이다. 모든 것은 하늘이 정해주는 지금까지의 역사를 무시할 수가 없다.

2009. 4. 17 (金)

세월과 더불어 나이만 더해 가고

예전 같으면 재작년 여름에 나는 황달로 세상을 떴을 것인데 의술과 약이 좋아져서 지금껏 살아가고 있는 것이다. 생각해 보면 50년대 초만 해도 아버지가 부증으로 복수가 차도 당시의 의술과 약으로는 속수무책으로 세상을 떠야 했으니 당시를 회상하면 참으로 안타까운 일이다.

지금도 시대와 시절 운을 타고 나지 못한 예전 세대들에게 한 많은 연민의 정을 금할 수가 없다. 지금 나는 아버지보다 만 16년을 더 살고 있지만 오래 사는 가치를 별로 느끼지 못함이 부끄러울 뿐이다. 사람은 오래 사는 것이 능사가 아니라 살아 있을 때 무엇을 하고 죽기 전에 무엇을 남기고 갔느냐가 중요한 것이다.

30대 40대에도 위대한 업적을 남기고 간 선현들은 천추에 그 이름이 지워지지 않는 것을 보더라도 살아있는 동안 조그마한 흔적이라도 남기고 가야만 후손들의 기억에 남을 것이다. 인간이 백세를 살아도 풀잎의 이슬처럼 흔적 없이 꺼져버린다면 무의미하기 그지없을 것이다.

2009. 4. 18 (土)

나는 실존의식으로 살았다

내가 지금 살고 있는 자체가 실존이다. 생에 반항해서 산다는 것이 실존의식이다. 프랑스의 카뮈가 주장하기를 '사람은 반항한다, 고로 존재한다' 라고 하였다. 죽지 않으려고 모든 부조리와 반항하면서 불안하게 생을 지탱하고 있는 것이 바로 인간이다.

사르트르는 그의 저서 '구토' 에서 어느 순간부터 자기도 모르게 대하는 모든 것이 역겨워 구토를 느끼며 살다가 벤치에 앉아 마로니에의 뿌리를 보고 있는 순간부터 구토의 원인을 규명할 수 있었다고 했다. 나는 젊어서 서울에 올라와서 이 역겨운 구토감을 극복하기 위해서 매일처럼 정처없이 서울의 길거리를 나그네처럼 떠돌아다녀야 했다.

살기 위해서 이유도 없이 그저 태양이 떠 있는 동안은 시지프스의 영감처럼 무위의 행동을 반복할 수밖에 없었다. 그래도 절망하지 않고 반복된 삶 속에서 묵묵히 오늘까지 많은 에너지를 허비한 결과 노쇠한 육신으로 변한 것이다. 그러면서도 흑사병이 만연한 사회에서 나름대로 인간성을 회복하고자 노력하며 부조리와 대항하며 불안을 극복하며 살고 있다.

2009. 4. 19 (日)

나이가 들어도 인생을 물어야 한다

나이에 관계없이 자신의 신상을 기탄없이 털어 놓을 수 있는 친구나 부모가 있다면 인생살이의 막연함을 면할 수 있을 것이다. 거기에 인생 전반을 카운슬링해 줄 수 있는 상대까지 있으면 더욱 삶은 윤택해질 것이다.

사람은 일상에서 쌓였던 말들을 시원하게 밖으로 발산함으로써 스트레스가 해소되는 법이다. 그래야 정신건강에도 도움이 되어 내일을 가동할 수 있는 활력이 생성되는 것 같다.

그때그때 쌓였던 스트레스를 바로바로 대화로 풀고 운동요법으로 푸는 것은 현대인의 기본상식이고 삶의 방법인데 계중에는 성격의 결함으로 원 맺힌 말조차 발산을 못하고 이것이 쌓여서 무의식으로 나타나는 바람에 엉뚱한 비극을 초래하기도 한다.

물론 명랑한 성격의 소유자들이야 아무하고나 자기 속에 있는 말들을 털어놓아 빈축을 사는 경우도 있지만 부모 형제간에 격의 없는 대화를 할 수 있는 분위기 조성은 필수라 하겠다. 여기에도 물론 자신을 조절할 수 있는 노력이 필요하다.

2009. 4. 20 (月)

애매한 정부의 PSI 가입 발언

북한이 미사일 발사 실험을 감행하자 정부에서는 그동안 시기를 보아 대량살상 무기금지 조약인 PSI에 가입하겠다고 선언했다. 그러자 북한에서는 초강경 자세를 보이며 만약 한국이 PSI에 가입할 경우 전쟁도 불사하겠다고 엄포를 놓았다. 이에 정부는 다소 움츠러들은 기세로 가입을 보류하고 있다.

PSI 조약에 가입하게 되면 인근 공해상에서 위험 무기를 실은 것으로 의심되는 선박에 대한 수색과 제재를 공조함으로써 북한으로선 여간 껄끄러운 입장이 될 것이다. 미국과 일본이 이미 가입하여 설치는 것도 눈엣가시 같은데 남한마저 해상에서 봉쇄정책을 실시하면 북한의 불법무기 수출이 사실상 어려워지게 된다.

그래서 전쟁도발을 하겠다는 엄포도 서슴지 않는 것이다. 생쥐도 궁지에 몰리면 발악을 하듯 벼랑끝 외교도 서슴지 않는 상대이니 무슨 일은 못하겠는가? 모든 것을 인내하고 먼 안목에서 상대해 나가는 것이 국익에도 도움이 되고 국민의 생명과 재산을 보호하는 길이 되리라!

2009. 4. 21 (火)

물정에 어두운 백성은 힘이 없다

옛날 봉건 왕조시대에 탐관오리들에게 그토록 폭정과 억압과 수탈을 당해왔음에도 불구하고 백성들은 힘이 없어 끽소리도 못한 채 그저 참고 견딜 수밖에 없었다.

이러한 원인은 권력을 가진 세력들이 철저히 힘으로 백성들의 귀와 눈을 멀게 한 탓이 우선 크겠지만 폭압에 굴복하고 체념하는 것을 운명으로 받아들였던 백성들의 속성에서도 찾아볼 수 있다. 아무리 의로운 사람이 나타나 잘못된 제도를 고쳐 잡으려고 해도 힘이 부족해 역부족으로 좌절되고 말았다. 한마디로 주권재민인 민주주의를 몰랐기 때문에 당하고만 산 것이다.

그런데 지금도 지구촌의 몇몇 나라에서는 옛날 봉건시대처럼 1인 지배하에 백성들은 귀와 눈이 가려지고 막힌 채 60년 이상을 독재정권 하에서 시달려도 힘없이 순응하고만 있으니 21세기에도 주권재민이라는 말은 실효성 없는 빈 구호에 지나지 않는다. 이러한 권리 쟁탈은 백성 스스로 쟁취할 수 있는 자질과 능력을 갖추어야 할 수 있을 것이다.

2009. 4. 22 (水)

늙으면 무리가 있어야 외롭지 않다

자고로 사람이고 동물이건 무리가 있어야 서로 의지가 되어 살기가 용이한 것 같다. 특히 늙어서 삶의 기능이 저하되고 활성도가 떨어지면 여럿이 의지해서 소일할 곳이라도 있어야 외롭지 않게 된다. 그래서 모두들 자구책으로 무리를 찾는데 주력하는 것 같다.

우선 취미에 맞고 대화가 통할 수 있는 곳을 찾기 마련인데 다행히 이런 곳을 쉽게 찾은 사람들은 그래도 여생을 외롭지 않게 보낼 수 있지만 그렇지 못하면 노인정에 가서도 기웃거리다 그도 신통치 못하면 파고다 공원으로 남산공원으로 지하철로 전전하게 된다.

그나마 경제적 여유가 있는 노인들은 그 속에서도 취미를 살리고 취향을 살릴 수 있는데 경제력이 없는 노인들은 어디를 가나 말년이 메마르기만 하다. 말년이 이런 것인 줄 미리 알았더라면 좀 더 노후대책에 신경을 쓸 걸 하고 후회도 하지만 만시지탄이고 흘러간 강물인 것이다. 아예 나처럼 책에서 좋은 대화 상대를 찾는 것도 외로움을 피하는 한 방도가 될 것이다.

2009. 4. 23 (木)

회담은 순리대로 하는 것이 예의다

북측의 요청으로 개성공단과 그동안의 현안 문제를 논의하기 위해 아침 일찍 버스 편으로 협상단이 개성으로 들어갔으나 장소와 의제 문제로 기 싸움만 하다가 아무런 성과 없이 되돌아오고 말았다.

원래 회담이란 순리대로 양쪽의 현안을 서로 들어 보고 합의점을 모색해서 양자 이득을 추구하는 것인데, 남북회담은 매번 이데올로기의 찌꺼기에 깔려서 자존심 대결만 하고 있으니 국민이나 인민의 이익이나 앞날은 뒷전일 수밖에 없었다.

이러한 정신과 태도로서는 실질적인 공익이나 복지는 이루어질 수 없는데도 북측에서는 개성공단의 임금을 배 이상 인상하고 땅 임대료도 일방적으로 인상하겠다고 하니 남측은 울며 겨자 먹기 식으로 회담에 임할 수도 하지 않을 수도 없는 입장에 처해 있다. 제발 희망이 보이는 회담이 이루어졌으면 한다.

2009. 4. 24 (金)

우리나라 대통령직은 돈방석인가

진보적이고 개혁을 표방해서 깨끗한 정치를 하겠다고 장담했던 노무현 전 대통령도 퇴임을 하고 보니 그 비리가 속속 드러나고 있어 이 나라의 역대 대통령치고 과연 양심이 있었던 대통령이 있었는가를 생각해 보게 한다.

이 나라의 대통령을 지냈던 것이 과연 그렇게도 치욕적인 여운을 남기지 않으면 안 되는 자리인가? 그런 자리를 눈에 불을 쓰고 상대방을 비방하면서까지 권좌에 올라 각종 비리와 비양심의 마각을 드러내고 있으니 모두가 치자로서의 철학과 사상이 결여된 수준 미달의 위인들이었으니 그들을 뽑아준 국민의 정치의식 또한 수준 이하인 셈이다.

우리나라 정치인들 중에는 자존심이 강한 사람이 없기에 서양인들처럼 명예를 중시하여 자살까지 한 관료들이 없다는 점은 민족적인 수치이다. 그리고 고관들에 대한 뇌물죄 형벌이 솜방망이인 점도 비리의 온상을 만드는 데 기여하고 있음을 지적하지 않을 수 없다.

2009. 4. 25 (土)

잘 때가 제일 편하다

하루 중에 잠을 자는 시간만큼은 몸의 통증을 잊기에 제일 편안한 시간이다. 하루룻밤이면 서너 번씩 잠에서 깨어 소변을 보지만 그때만 잠시 고통을 느낄 뿐 다시 잠에 취하면 삭신의 통증은 잊혀진다. 그러나 깨어 있는 시간은 팔다리가 저리고 뻐끈하고 목부위의 통증이 잠시도 멈추질 않아 고통을 주고 있다.

그러나 무엇이고 집중하는 것이 있으면 그동안만은 마취가 된 기분이다. 이를 이용해서 매일 책에 심취되어 보기도 하고 공책에 일지를 써 보면서 통증을 모면하고 있지만 이것이 근본적인 해결책은 못 되는지라 신경질이 나기도 한다. 이것도 말년을 보내는 형벌이려니 하고 인내심을 가지고 수양한다는 뜻에서 독서로 시간을 보내고 있다.

이러한 시간이 쌓이고 쌓여 나의 말년을 장식할 수 있는 공부의 계기가 된 셈이다. 몸이 아프지 않고 삭신이 편안했다면 오히려 나의 말년에 배울 수 있는 공부의 기회가 주어지지 않았을 것이다. 이런 점을 감안하고 불행을 극복할 수 있는 위안으로 삼을 수밖에는 다른 도리가 없다. 인생은 폭을 잘 대서 살아가는 것도 하나의 지혜일 수 있다.

2009. 4. 26 (日)

요즈음의 결혼관

어제는 생질인 혁이 딸이 결혼한다 하여 아내와 한재가 혜화동 성당에 다녀왔다. 아마 보성 생질부가 중신을 한 것 같다. 요즈음 젊은 애들의 사조는 결혼을 그렇게 탐탁하게 여기지 않아 그런지 결혼 연령층이 갈수록 올라가고 있다. 그리고 결혼 조건도 옛날에 비하면 까다로워져서 여기에 맞출려고 하니 자연 시기가 늦춰지고 포기하는 경우도 늘어나고 있다.

지금은 예전과는 달리 특히 여자 측에서 조건을 내세우는 경우가 많은 것 같다. 여자가 남자를 고를 때는 첫째가 경제적인 독립조건이고 다음이 인물인데 매너와 키가 훤칠해야 하고 경제적으로는 아파트 한 채 정도는 있어야 한다.

그렇지 못하면 최소한 전세 아파트 정도는 얻을 수 있어야 결혼에 응할 수 있는 기본 조건이고 남자 측도 여자의 인물과 학벌이 동등해야 되고, 처갓집도 웬만큼 사는 집을 선호한다.

이러한 조건들을 충족하지 못하면 차라리 독신생활을 하려고 한다. 여하튼 요즘 젊은 사람들은 남녀 간의 책임을 싫어하고 향락주의로만 살려고 생각하는 것 같다. 이러한 건전치 못한 저질적인 결혼관이 팽배한 원인은 여자들의 권리신장과 경제적 자립에도 있지만, 종족보존의 의무감이나 책임감이 결여된 인생을 모르는 저질적인 사고방식에서 오는 현상이라고 본다.

2009. 4. 27 (月)

돼지독감(Swine Influenza)

한때 조류독감(AI)이 온 세계를 위협하더니 이제는 또 돼지독감이라는 것이 멕시코에서 발생하여 사람들에게 전염되어 수백 명이 사망했다고 한다. 이 바이러스가 미국 남부를 비롯해서 캐나다와 유럽까지 확산되어 비상이 걸렸다고 하니 이러한 병균 바이러스는 생전 처음 들어보는 말들이다.

그러나 머지않아 예방 백신이 나오겠지만 그 안에 위협을 느끼며 살아가야 할 인간사회는 항시 공포와 긴장의 연속이다. 지금은 자취를 감춰버린 페스트를 비롯한 괴질들이 모두 예방 백신의 덕을 본 것 같다. 인간의 두뇌와 지혜로 의학이 발달하고 따라서 수명은 길어지긴 했지만 그래도 무서운 병은 계속해서 예방을 해야 공포에서 벗어날 수 있다.

힘 있는 강자만이 살아남을 수 있다는 적자생존의 원리도 있지만 약자를 도와야 한다는 인도주의의 사랑 앞에서는 모진 유행병도 물리칠 수 있으니 약소국에 괴질이 발생하여도 옛날처럼 대재앙은 벌어지지 않을 것이다. 앞으로 소나 말의 독감도 생겨나지 않을까 싶다.

2009. 4. 28 (火)

손자에게 편지를 쓰는 이유

자고로 손자는 귀여운 존재이다. 대를 이어간다는 의미도 있겠지만 그보다는 자식보다 가일층 발전된 가문의 성장을 바라는 마음이 간절한 것이 인지상정이다. 그런데 요즈음은 핵가족이라서 손자들을 자주 대할 기회가 없는지라 예전 자식에게 못다 이룬 교훈과 인생사의 지혜를 말해주고 싶어 한 달에 한두 번씩이라도 편지로써 전해주고 있다.

젊은 사춘기에 가져야 할 마음가짐과 해야 될 일을 꾸준하게 가르쳐 주고 있는 셈이다. 석우에게 뿐만 아니라 외손자인 태한이에게도 가끔 편지를 해 주고 있다. 자기 할아버지가 안 계시니 외할아버지의 깊은 정이라도 느끼게 해 주고 싶은 이유에서이다.

지금은 다들 별다른 의미 없이 받아들이겠지만 그들이 장성해서 생각해 보면 할아버지로부터 말 한마디와 글 한 구절의 영향이 미쳤다는 생각을 할 때 비로소 편지의 가치를 인식할 것이다. 우리가 어렸을 때 누구로부터 편지 한 장을 받았을 때의 기분을 생각해 보면 편지의 필요성이 재인식되기도 한다.

2009. 4. 29 (水)

덕불고필유린(德不孤必有隣)이란

'덕이 있는 자는 이웃이 있어 절대로 외롭지 않다' 라는 공자의 말씀이다. 덕이란 인간성에서 나오는 인격적 능력이다. 남을 위해 베풀고 자신의 물심양면을 희생시켜서 감화시키는 인간의 선행인 것이다. 즉 이기심을 버리는 인도적인 행위인 것이다. 이러한 덕을 많이 베풀어야 자손들에게까지 그 영향이 미친다고 옛 어른들이 강조한 뜻을 이제야 조금 알 것 같다.

나이가 들었다는 것은 그만큼 산전수전의 인생을 겪었다는 증거이다. 선하게 산 것이 악하게 사는 것보다 뒤끝이 좋고, 덕을 베풀고 사는 사람이 자기만을 위해 사는 사람보다 외롭지 않고 후분(後分)이 풍요해짐을 경험해 온 것이다.

그러나 덕을 지니고 베푸는 것이 그리 쉬운 일은 아니다. 착한 인간의 본성에다 수양과 인격의 연마를 인위적으로 갈고 닦은 사람만이 가능한 일이다. 말과 행동에 덕을 지닌 사람은 늙어도 절대로 고독을 모르고 살아가지만 그렇지 못한 범부(凡夫)들은 말년을 외롭게 보내니 이를 예방하고 마음을 풍요롭게 지내려면 덕을 갖추는 게 필수적이다.

2009. 4. 30 (木)

4.29 보궐 선거를 보고

인천, 울산, 경주, 전주(2곳) 등 5개 선거구에서 실시한 보궐재선거에서 민주당이 1석, 진보신당이 1석, 무소속이 3석의 순으로 당선 되었다. 여당인 한나라당은 참패의 결과를 보인 셈이다. 그동안의 민심 소재를 가늠할 수 있는 이번 선거에서 한나라당이 정권을 잡아 1년 이상 국정을 돌봤으나 이렇다하게 민생경제는 나아진 것이 없었다는 결과가 아니었나 여겨진다.

원래 정치는 말로만 하는 것이 아니다. 민생을 돌보고 국민생활에 주름살을 펴 주어야 환영을 받는 것이지 말로만 교루대각을 짓고 유토피아를 실시해 봤자 국민은 속아 넘어가지 않는 것 같다. 민주당 역시 당선이 확실시 되는 정동영 후보의 공천을 배재했던 저의를 면할 길이 없으며 그 압도적인 당선으로 인해 민주당 내의 지각변동을 예고하고 있다.

모든 정치인들이 대승적 정치를 하지 못하고 제 앞에 곶감을 챙기는 꼴이 볼썽사나운 현실이다. 오늘은 노무현 전 대통령이 600만 달러 수수설로 우리나라 대통령으로서는 3번째로 검찰의 조사를 받은 부끄러운 날이다. 권력에 만족하지 못하고 탐을 냈다는 것은 참으로 파렴치한 행위가 아닌가 싶다.

2009. 5. 1 (金)

황우석 줄기세포 다시 시작되다

황우석의 배아줄기세포 연구를 정부에서 다시 허용한다고 발표를 했다. 5~6년 전까지 온통 요란을 떨면서 곧바로 난치병 치료가 가능할 듯 호언장담을 하였던 연구는 결국 과장과 허위로 밝혀졌다.

그 후 연구가 중단된 지 수년 만에 조건부로 난자를 사용하고 난치병 치료라는 타이틀을 빼는 조건으로 연구를 허용한 것은 이 연구가 가진 중요성 때문이다.

줄기세포 연구에 대해 선진국들은 이미 국가적인 차원에서 열을 올리고 있으며 미국은 오바마 집권 이후 연간 3억 불을 책정하고 그동안의 실적으로 난치 척추병 임상실험과 당뇨병 임상실험을 허용하는 단계까지 이르렀다고 한다.

일본도 배아줄기세포를 만드는 데 필요한 난자를 대용할 물질을 만들어 특허까지 출원한 상태이므로 언제 신약이 개발되어 황금알을 터트릴지 모르는 각축전을 벌이고 있다. 이러한 때에 늦게나마 다시 연구를 시작하여 뒤따라간다는 것은 당연하다 하겠다.

이제까지 진중하고 묵묵히 연구가 계속되었더라면 우리나라도 상당한 진척이 있었을 텐데 그 방정을 떠는 바람에 다른 나라에 뒤진 것을 생각하면 이번만큼은 진중과 신중을 기해 묵묵히 연구에 임해야 할 것이다.

섣부른 기대나 환상은 금물이며 혹시나 신약이 나온다 하여도 재벌이 아니면 사용할 수 없을 테니 당분간은 그림의 떡일 것이다.

2009. 5. 2 (土)

순간의 착각이 패가망신

야사(野史)에 조선의 광해군 때 인목대비의 폐모(廢母) 주장이 한창일 때의 일이다. 장안의 가난한 한 선비가 어지러운 세상을 등지고 집에서 글만 읽으며 지냈다. 그런데 어찌나 생활이 곤궁했던지 부인이 이웃에서 좁쌀 한 톨을 얻어다가 죽을 쑤려고 땔감을 장만하다가 그만 손을 베어 기절한 것을 보고 마음을 고쳐먹었다.

그 자리로 광해군의 실세였던 이이첨을 찾아갔다. 대감께서 큰일을 도모한다기에 미약하나마 대감의 힘이 되고자 찾아왔노라하여 그로부터 말직을 차지하여 1년간을 풍족하게 지낼 수 있었다. 그 후 1년이 지나자 인조반정이 들어서고 이이첨 일당과 함께 참수장으로 끌려가면서 남긴 시 한 수가 애절하기 그지없다.

'잠시의 굶주림을 참지 못하여 불의인지 알고서도 뛰어들었다가 결국 목을 베러 가는구나' 하는 시였다. 노무현 전직 대통령이 재임 당시는 몰랐다고 발뺌을 했지만 600만 불이라는 거액을 비밀리에 부인과 주고받는 과정을 몰랐다는 말은 설득이 가지 않는다.

그저 궁색한 변명에 지나지 않아 보인다. 수신제가(修身齊家)도 못하여 망신과 자존심의 말살은 패거리 몇 사람들의 옹호시위로는 만회하기 어려운데 하루 종일 조사를 받고 귀가하는 심정이 착잡했을 것이다.

2009. 5. 3 (日)

석가탄신일을 지켜보며

어제로 석가가 태어난 지도 2574년이 되었다고 한다. 인류를 위해 얼마나 공헌을 많이 한 성인이며 인성교화와 자비심을 베풀었기에 신도를 비롯한 많은 사람들이 오랜 훗날까지지도 탄신일인 음력 4월 초 8일을 축하하는 것이다. 그런데 양력에만 익숙한 현대인에게는 크리스마스인 예수탄생일인 12월 25일보다 기억하기가 쉽지 않은 것 같다.

그리고 대통령의 신앙에 따라 그 기념일의 성대함과 관심도가 달라짐은 예나 지금이나 매일반인 것 같다. 지금까지 우리나라 국민들은 공자와 석가 예수를 숭상하고 기리며 살아온 민족이다. 그런데 공자나 석가의 탄신일은 매스컴에서 알려줘야만 신도 아닌 국민들은 알 수 있는 것은 음력이 일상에서 쓰는 실용력이 아니라서 헷갈린 탓이다.

그럼에도 아직까지 시골에서는 생일이나 제삿날을 음력으로만 기억하려는 맹목적인 수구파들이 현존하고 있음을 볼 수 있다. 오랜 습관이나 인습은 단시간에 소멸되지 않음을 알 수 있다.

2009. 5. 4 (月)

우울하고 착잡한 심정을 호소해 본다

일국의 상징인 대통령들이 불명예로 사법처리를 받고, 고위공직자들이 비리에 연루되어 쇠고랑을 찰 때마다 어떡하면 깨끗하고 밝은 정치 풍토 속에서 관(官)을 신뢰하고 정치인들이 존경받을 수 있는 사회가 될 수 있을까를 늘 생각한 적이 있다.

그래서 용기를 내어 국민의 한 사람으로서 다 같이 국가지사를 걱정해 보자는 뜻에서 호소문 형식으로 작성한 열네 장의 편지를 관계와 언론계에 보내 보았다. 물론 나 같은 보잘 것 없는 민초들의 말이 얼마나 감지될지는 모르지만 작금의 우울한 심정을 이렇게라도 하소연해 보지 않으면 안타까워서 서신이 상부에까지 전달되지 않을 것을 알면서도 혹시라도 타산지석의 교훈이 되지 않을까 싶어 보낸 것이다.

국민의 한 사람으로서 깨끗한 정치 풍토를 만들어 달라고 일념의 요구를 한 셈이다. 죽을 날이 가까운 나로서는 빛을 보지 못하겠지만 우리 자손 대에라도 선진 민주국가가 되어서 대통령을 존경스럽게 알고 정치인을 신뢰할 수 있는 밝은 사회가 되길 염원하면서 노구가 객기를 부려 보았다.

2009. 5. 5 (火)

흥(興)이 많은 민족

세계에서 우리나라 사람들처럼 신명이 많은 민족도 아마 없으리라 생각된다. 어디에선가 구수한 노랫가락이 흘러나오기만 하면 남녀노소를 막론하고 흥겹게 장단을 맞추어 춤을 추던가, 아니면 그러한 기분에 도취되어 주변사람들과 일심동감(一心同感)이 되는 광경을 흔히 볼 수 있다.

동남아 어느 곳을 가도 그런 풍경을 볼 수는 없다. 서양을 가 보아도 일정한 축제 때라면 몰라도 시도 때도 없이 흥겨운 가락만 나오면 어깨가 절로 움직여지는 민족은 우리 민족밖에는 없을 것이다. 이러한 원인을 분석해 보면 아마도 봉건시대 이후 우리 민족은 여자를 위시해서 서민들이 수많은 억압의 굴레 속에서 살아온 탓이 아닌가 싶다.

이와 비슷한 행동을 미국의 흑인들이 춤추고 노는데서 약간 엿볼 수가 있었다. 이러한 신명나는 기분과 행동을 결집하여 좋은 일에 이용한다면 무서운 민족의 저력이 되어 이스라엘 민족을 압도하는 자산이 될 수도 있을 것이다.

2009. 5. 6 (水)

비인정(非人情)이면 불가근(不可近)

옛날 우리 선고가 우리들에게 가르치신 말이다. 인정이 메마르면 접근하는 사람이 없다는 뜻이다. 이 말은 공자가 제자들에게 한 말로써 훈훈한 인정이 있어야 상종하는 사람이 많아진다는 의미이다. 즉, 덕을 지녀야 사람이 따른다는 말이기도 한데 이를 갖추기가 그리 쉬운 일은 아니다.

각박한 생활에 쫓기고 젊은 사람들은 인성교육을 전혀 받지 못하고, 나이 든 우리 같은 사람들도 말과 생각은 있으면서도 실지로 행하질 못하고 있으니 사회의 인심은 자연 각박해질 수밖에 없다. 남은 고사하고 연하(年下) 족척(族戚)과 심지어는 사촌까지도 관심을 가지고 내왕하지 않는 이기적인 세상으로 변했으니 인간의 가치가 상실된 시대요, 인성이 상실된 시대에 우리는 살고 있는 것이다.

이러한 시류의 흐름이 당연한 것처럼 생각할 수도 있지만 밥만 먹고 사는 것이 과연 인간이 가치 있게 사는 것인지는 다시 한번 반성해 볼 문제이다. 인간의 삶에 있어 무엇이 참다운 이상이며 질 높은 삶인지 생각해 보자!

2009. 5. 7 (木)

일흔이면 비육불포(非肉不飽)

늙으면 채식만으로는 영양도 부족하고 체력 유지도 되지 않으니 고기가 아니면 밥이 부드럽게 넘어가지 않는다는 노인들의 말이 이제는 실감난다. 많은 양은 필요 없지만 하루 한 끼는 몇 점의 고기를 먹어야 활동하는데 지장이 없고 노쇠도 연장시킬 수 있는 것 같다.

어제는 맥동 누님이 오셨는데 안색이 몹시 안돼 보이셨는데 평소 때와는 판이하게 기가 빠져 보이셨다. 목동으로 이사 가시고 더욱 노쇠해진 것 같다. 그 원인을 살펴보았더니 이사 가신 후 이웃에 상종(相從)할 사람이 갑자기 없어져 매일 방 안에 갇혀 수용되는 기분이 드는 데다 식생활까지 소홀해져서 기가 빠진 것 같다.

늙을수록 고단백의 소식이 요망되는데 이를 소홀히 하면 반드시 겉으로 드러나기 마련이다. 그러나 젊어서는 이를 알 리 없으니 손수 실천하고 해결할 수밖에 없다. 자식들에게 의지한다는 것은 너무 거리가 먼 희망이요 기대인 듯싶다. 하기야 우리들도 늙은 부모의 입장을 이해하지 못했으니 말이다.

2009. 5. 8 (金)

나이 80에 이순(二筍)

옛날 공자는 60이 되니 귀가 순해져서 남이 거슬리는 말을 해도 역겹지가 않고, 70이 되니 마음대로 행동을 해도 도에 어긋나지 않았다고 했다. 이는 모두 학덕이 높아지고 경륜과 지혜가 쌓인 소치라고 여겨진다.

학식을 많이 쌓게 되면 수양이 자연 생겨나 귀에 소화기가 양성되어 뇌로 역화가 되는데 거친 상대의 말도 부드럽게 들리기 마련이다. 그래서 무엇이든 긍정적으로 듣는 황희 정승의 차원까지 올라간 모양이다. 이런 경지까지 오르려면 젊어서부터 꾸준히 격물치지(格物致知)에 주력하고 늙어서도 공부에 등한시하면 불가능해지는 것이다.

젊어서 공부를 못하는 사람일지라도 환갑이 지난 나이에도 인생 공부를 게을리 하지 않고 면학을 한다면 80이 가까워지면 이순(耳順)이 되어 남의 말이 비로소 부드럽게 들리기 시작한다. 늦었다고 인생 공부를 포기하게 되면 그 인생은 구원받지 못하는 실패의 인생이 되지 않을까 생각된다.

그래서 선각자들이 평생 공부를 주장한 것 같다. 귀가 순해지고 부드러워진다는 것 자체가 인생의 발전이요 진보인 것이다. 인간은 향상과 발전을 끊임없이 추구하는 동물이 분명하다.

2009. 5. 9 (土)

장사가 잘 되는 날

어제는 어버이날이라서 관련 업종들의 장사가 잘 되는 날이다. 원래는 어머니날이었는데 언제부터인지 아버지까지 빈대 붙여서 함께 선물 받는 날이다. 이 날은 국가 차원에서 만든 인위적이고 형식적인 날인데도 그동안 정착이 되어서인지 이날만 되면 부모를 찾아보고 용돈이나 선물을 주는 날로 되어 가고 있다.

1년에 단 한번이라도 관심을 갖게 한다는 것은 없는 것보다는 낫겠지만, 옛 도덕관을 가진 부모의 입장에서 볼 때는 단 하루의 물질적인 관심보다는 지속적인 정신적 배려를 원하지 않을까 싶다. 이러한 사조도 시대의 변천이라고 하지만 부모자식간의 윤리관은 시대를 초월해서 예나 지금이나 그 진리 면에서는 변할 수가 없다고 본다.

자식들을 일회성의 사랑과 보살핌으로 그칠 수 없듯이 부모에 대한 관심도 어버이날 단 하루로 천륜을 이어나갈 수는 없는 것이 인간된 도리가 아니겠는가. 나이 든 부모에게는 정신적인 배려와 보살핌이 첫째요, 그 다음이 물질적인 배려임을 젊은 사람들은 알아주었으면 한다.

2009. 5. 10 (日)

수욕정이풍부지(樹欲靜而風不止)

나이 80에도 가끔 마음이 바람에 흔들릴 때가 있는데 그 까닭은 무엇일까? 평소에 어버이 살아계실 때 별로 효심이 없었다고 기억하는데 천륜의 이치는 이 세상에 존재하지 않는 부모님 생각을 하게끔 만들게 하는 것이 인간사요, 인생사인 듯싶다.

그래서 옛 선각자와 뜻이 깊은 사람들도 타계한 부모 생각을 하여 살아생전에 좀 더 효도하지 못함을 시로 읊은 것 같다. '나무들은 고요하게 서 있고 싶지만 자연 바람이 불어와서 멈추질 않으니 자욕양이친부대(子欲養而親不待)라. 뒤늦게 자식된 도리를 하고 싶지만 부모는 기다려주지 않고 떠나가고 없다'는 후회와 한탄을 담은 시이다.

부모가 떠난 다음에서야 그간 부모에게 받은 공을 되갚으려 해도 이미 때가 늦었으니 살아계실 때 우유 한 잔, 빵 한 쪽이라도 자주 대접해 드리라는 경각시인 것이다. 똑같은 시를 젊을 때 읽었을 때와 늙은 지금 읽었을 때의 느낌이 천양지차(天壤之差)가 남을 의식할 뿐이다.

2009. 5. 11 (月)

손자들에게 Give & Take를 가르치다

타인에게 받기만 하고 주는 것을 모르는 얌체가 되어서는 안 된다. 이러한 사람은 대개 남에게 은혜를 받고도 그 고마움을 모른 채 배은망덕(背恩忘德)하기 마련이다. 이러한 인간성에 관한 문제는 어릴 적부터 그 인성을 인위적으로 교육을 시킬 필요가 있기에 석우와 태한이에게 편지로 Give & Take의 원리와 이치를 가르쳐 주었다.

우선 가족끼리의 Give & Take부터 알려 주었다. 요 근래 어버이날을 왜 제정하여 부모님의 은공을 기리며 효 사상을 고취시키는지를 가르쳐 주었다. 부모들은 자식들을 일생동안 사랑으로 보살피고 있는데 반해 그 자식들은 부모에게 별 관심을 갖는 자들이 적으므로 1년에 단 하루라도 어버이의 은혜를 생각해 보자는 의미에서 이 날을 제정했다고 먼저 설명했다.

그러나 이 날을 제정한 것만으로는 부모의 무한한 사랑에 못 미치므로 자식들도 평생 부모에 대한 관심을 갖는 게 정당한 Give & Take이고 이것이 바로 효의 근본이 된다고 설득해 주었다.

2009. 5. 12 (火)

별명 짓기

우리 부부 사이에는 언제부터인가 둘이서만 통할 수 있는 주위 사람들의 별명을 지어 주었다. 원래 별명이란 그 사람만이 가진 특징을 잘 나타내야 하고 별명만 들어도 그 사람이 떠오르는 이미지를 잘 나타내야 별명이 오랫동안 유지된다. 거기에 유머가 곁들어지고 본인이 들어도 불쾌감이 없는 누구나가 수긍할 만한 별명이어야 한다.

별명은 제 2의 이름이 되는지라 함부로 지으면 그 가치도 없을뿐더러 본인에게는 모멸감을 주어 참으로 짓기가 어려운 것이다. 별명이 없는 사람은 특별한 행동이나 개성이 없는 사람들이다. 한마디로 세상을 무미건조하게 살거나 아니면 자기 위주로 살아가지 않으려는 배우 기질이 있는 조심성 있는 사람들이라고 볼 수 있다.

우리 부부끼리 통하고 있는 별명으로는 '헌대', '암탉', '미드래', '라울라', '시릴로', '짤짤이', '싸납쟁이' 같은 악의와 무시하지 않는 별명들을 지어주어 순간적으로나마 웃음을 불러일으키고 대화를 부드럽게 이끌어주는 윤활유 같은 별명짓기가 나쁜 것은 아닌 듯싶다. 인생은 이런 식으로 즐겁게 살아야 건강해진다.

2009. 5. 13 (水)

책임 의식과 의무감

나는 요즈음 독서를 하며 지루한 나날을 보내면서 가끔 내가 왜 살아가고 있으며 왜 존재하는지에 대해 물음표를 던진다. 곰곰이 생각해 보면 아직도 할 일이 남아 있다는 책임 의식과 의무감 때문에 존재하고 있는 것 같다. 사람이 절망을 하면 존재 가치조차 느끼지 못한다.

앞으로 인간의 수명은 더욱 길어진다는데 삶의 진정한 의미를 찾고 가치를 부여하려면 무엇인가 보람을 찾아야 한다. 프랑스의 사르트르는 그의 실존문학인 '구토'에서 모든 사물을 대할 때마다 구토를 느끼며 그 존재의미를 찾으려고 일기형식의 소설을 썼는데 거기에서 인간 존재에 대한 희망이 희미하게나마 생겼다고 한다.

불안 속에서도 절망을 멀리하려고 발버둥치는 부조리한 삶에서도 무엇인가 해야겠다는 책임감이 있기에 오늘도 나는 책을 읽고 글을 쓰면서 생존의 구실을 만들고 있다. 인간은 늙어도 의식을 게을리 하면 삶의 퇴보를 가져오므로 항상 의식하고 사유하는 습관을 갖는 것이 중요하다. 나는 생각한다. 그러므로 책을 읽고 살아가고 있는 것이다.

2009. 5. 14 (木)

자존심이 모자란 법관

신영철 대법관이 지방법원장 재직 시 촛불시위에 관련된 재판에 대해 일선 판사들에게 이메일을 보내 간접 지시를 했다는 이유로 여론의 심판대에 오른 지도 6개월이 지났다. 그동안 매스컴의 질타와 일선 판사들의 비아냥은 물론 정치권의 물러나라는 모욕까지 당하면서도 끝끝내 자신의 행동과 소신을 굽힐 줄 모르자 이번에는 이용훈 대법원장이 나섰다.

법관회의를 거쳐서 사법부 사상 최초로 신 대법관에 대한 유감표명과 함께 엄중 경고조치를 하고 나섰다. 이렇듯 법관의 신분보장은 현행범이 아닌 이상 헌법에서 보장해주는 명예를 소중히 여기는 직업이다.

그리고 무엇보다 양심과 양식이 있어야 지탱하는 특수직인데 신 대법관처럼 권한 이외의 부당한 간섭을 하여 사회에 물의를 일으키고도 자신만의 권리만을 옹호하는 것이 과연 최고 법관이 취해야 할 자세인지 국민들은 그의 거취에 주목하고 있다.

2009. 5. 15 (金)

일 년에 중편이든 단편이든

말년에 내게 소망이 있다면 매년 단편이나 중편소설을 하나씩이라도 써 보는 것이다. 그러기 위해선 끊임없는 공부와 노력이 필요할 것이다. 획기적인 소재와 기발한 구상력이 뒷받침되어야 하는데 무엇보다 기억력이 문제일 것 같다.

말년에 문학공부를 하는 셈치고 열심히 책을 읽고 소재와 아이디어를 구상해 보지만 무언가 떠올랐다가도 금세 소멸시켜 버리는 기억력이 아쉽기만 하다. 나이에는 한계가 있으니 그저 세월을 탓할 수밖에 없다.

이제부턴 어떤 착상이 떠오를 때마다 바로바로 메모를 할 생각이다. 떠오른 생각이 단 30분이 못 가서 잊어버리고 마니 그래서 옛날부터 공부할 때는 적으면서 하라고 했나 보다. 하기야 일생을 쉬지 않고 공부한 괴테나, 칸트와 톨스토이 같은 천재들은 80에도 작품활동을 하였으니 대단한 도전이 아닐 수 없다.

인간에게는 휴식과 사색과 독서의 3박자가 필요한 것 같다. 그리고 집필하는 것도 곁들여져야 정신건강이 유지될 것 같다. 거기에 신체적인 건강마저 뒷받침된다면 얼마나 행복할까?

2009. 5. 16 (土)

오랜만의 나들이

5월은 신록의 계절이다. 오랜만에 나가 본 산과 들은 온통 녹색으로 물들어져 생기와 활력이 넘쳤다. 자연이 주는 아름다운 풍경을 만끽하면서 가평 이명산 밑에 있는 김판임이 별장에 모처럼 나들이를 갔다 왔다.

언제부터 한번 놀러오란 초청을 받고도 기회가 되질 않아 가질 못했는데 어제 덕소에 사는 조왕훈이가 마침 차를 가지고 와서 데려다 주기에 갈 수 있었던 것이다.

별장은 산 속 공기 좋은데 위치하고 있어 마음껏 전원생활을 즐길 수 있었지만 80이 넘은 나이에는 혼자 지내기에 무리가 있는 듯싶었다. 시중들어 줄 사람이나 있어 요양이나 휴양 차 있으면 독서나 하면서 생활하기에 안성맞춤으로 보였다. 그러나 김판임 그 친구는 혼자서도 잘 적응하며 살아가는 모습이 보통 여자는 아닌 듯싶었다.

점심 대접을 각종 산나물로 잘 받고 집으로 오는 길에 조왕훈이 아파트와 성남의 동석이 집을 들러 보았다. 모두 이제는 자리가 잡혀 안정된 터전 속에서 잘 살고들 있었다. 모두가 열심히 그간의 고된 삶을 참고 견뎌온 덕이 아닌가 싶었다. 앞으로 내실 있는 정신훈련만 더 쌓으며 더욱 잘 살 것이다.

2009. 5. 17 (日)

정치가 잘 되려면 무엇을 배워야 하나

정치가 잘 되려면 우선적으로 성실한 인상이 필수적이다. 만인에게 호감이 가는 인상을 주어야 신임을 받는다. 다음이 민중 속으로 파고들어야 한다. 민중이 무엇을 원하고 있는지 많은 사람들의 의견에 귀를 기울이고 경청할 줄 알아야 한다.

셋째가 자신의 마케팅 전략에 있다. 자신이 국민을 위해서 어떤 혜택과 편의를 줄 수 있는지 과학적이고 정확한 데이터를 제시하되 허황된 공약이나 사탕발림식으로 선동하는 것은 금물이다.

정치를 하려면 국민을 위하는 일이 무엇이라는 투철한 철학이 있어야 하고 공사(公私)를 분명히 가릴 수 있어야 각종 비리에 연루되지 않는다. 무엇보다 제가(齊家)를 잘 하여 집안 단속을 해야 세상에 망신을 사지 않는다.

그리고 자신의 주위에는 언제나 수많은 보이지 않는 눈이 감시하고 있다는 것을 의식하고 초지일관해서 국민을 보살피고 맡은 바 임무를 수행하는 자세가 필요하다. 이러한 자세를 갖추지 못한 사람들은 아예 정치 입문을 해서는 안 되고 정치 의욕을 가진 사람들은 적어도 선진 국가에 가서 견학을 하고 와야 할 것이다.

2009. 5. 18 (月)

때를 기다리는 사람들

중국의 강태공(姜太公)은 때를 기다리면서 낚시질만 하다가 늙어서야 때를 만나 그 이름을 날렸다는 고사가 있다. 분당 재현이도 마땅한 자리가 없다고 집에서 논 지가 상당하지만 알맞은 직장이 나오지 않는 것 같다. 처제의 안타까운 하소연을 듣고도 도와주지 못하는 심정이 안타까워서 오늘은 재현이에게 편지로 충고를 해 주었다.

이렇게 정신적으로나마 도와줄 수밖에 다른 방법이 없다. 자신이 스스로 자각하기 전에는 옆에서 별의별 말을 다해도 귓가에도 오지 않겠지만 혹시 해외나들이라도 다녀오면 무언가를 깨쳐 제 위치를 찾을지 몰라서 편지로써 인생사를 알려 주었다. 그러나 스스로 깨우칠 수 있는 자질과 능력이 있을지는 모르겠다.

아직도 적자생존의 세상사를 잘 모르는 청년이 있다는 것이 안타깝지만 다 자업자득이고 하늘은 스스로 돕는 자를 도와주기 마련이다. 그저 감나무 밑에서 감 떨어지기를 기다리며 드러누워 있는 자에게는 기회가 오지 않는 법이다. 사람은 모름지기 진인사대천명(盡人事待天命)으로 살아야 한다.

2009. 5. 19 (火)

특수 거울이 있으면 좋겠다

사람에게 자기의 행동거지와 행위를 투시할 수 있는 거울이 있다면 남의 행동에 대한 비난도 적어지고 자신의 잘못된 행위도 삼갈 것이다. 요즈음 상당한 지위나 지식을 갖추었다는 인사들도 말하는 것을 보면 남의 조그마한 잘못을 질타하면서도 자신의 행실은 보지도 못할뿐더러 망각하는 사람들이 한둘이 아님을 볼 수 있다.

특히 정치인들 중에 그런 사람들이 많다 보니 국민의 빈축을 사고 있는 현실이다. 또 친구들 중에도 자기는 베푼 것이 없는 사람이 남에게 바라는 것은 많은 것을 볼 때마다 나도 저런 사람이 아닐까 하는 경각심이 들곤 한다. 인간이 인격을 다 갖추려면 상당한 수양과 교양이 필요하다.

그리고 항시 선악이개오사(善惡而皆吾師)라는 마음의 거울을 지니고 다니면서 선한 것은 받아들이고 악한 것은 배척한다는 개심을 가지고 모든 것을 관용할 수 있을 때 비로소 중용지도(中庸之道)가 생겨난다. 이러한 것을 하나하나 배워갈 때 인생의 주름살은 늘어나고 세월은 흘러가고 있다.

2009. 5. 20 (水)

앞으로의 한국정치 사회

정변이나 전쟁이 일어나지 않는 한 앞으로 한국정치의 퇴보는 없을 것이다. 해가 지고 정권이 교체될 때마다 조금씩이라도 진보되는 것이 정치 현실이고 국민의 의식수준이다. 인간은 사회적 정치적인 동물인 이상 정치인들이 각성만 해 주면 국민들의 정치참여율도 자연히 향상되어 85% 이상 대의정치에 참여할 것이다.

앞으로 3~40년 뒤인 건국 100주년이 가까워지면 우리나라도 거의 선진민주국가의 정치체제를 따라가리라 예상한다. 정치란 원래가 쉽사리 발전하기가 어렵다는 것은 인류 역사가 증명하고 있지만 끊임없는 국민적 노력 없이는 어렵다는 것이 인식된다.

그래서 선진민주정치를 실시한 제국들도 2~3백 년간의 정치개혁을 통해서 이룩한 것을 우리는 단 백 년간에 따라갈 수만 있다면 대성공인 것이다. 그 가능성은 문명사회에서의 교육의 힘이 지배하기 때문이다.

앞으로 3~40년 뒤에는 우리 국민 전체의 교육수준이 고등교육 이상은 될 것이고 그러면 높아진 교육수준만큼 정치수준도 향상될 것이다.

2009. 5. 21 (木)

후손들에게 바람이 있다면

사람이 늙으면 바람이 생기는 것 같다. 자기 생애에 이루지 못한 숙원을 후손 중에 누군가가 이뤄주면 하는 욕망이 생기기도 하지만 요즈음 아이들이 인위적인 직업관을 주입시킨다고 해서 그것을 받아들이는 아이도 없고, 스스로 알아서 자신의 진로를 결정할 문제지만 손자들 중에 누군가는 인문학 계열에 취미를 가져 인간학을 공부하면 얼마나 좋을까 하고 생각해 본다.

요즈음 세대의 모든 대다수 인간들이 빵을 얻은데 손쉬운 방면으로만 진출하는 경향 때문에 인성은 황폐해지고 인륜은 해이해지고 있다. 인간에 관한 학문인 인문학을 전공하여 인간을 연구해 봄도 좋은 공부지만 빵과는 거리가 멀다고 이를 기피하고만 있으니 인간성은 메말라갈 수밖에 없다.

내 손자들 중에 본 직업을 지키면서 인문학에 취미를 갖는 아이가 생긴다면 그 맛을 만끽할 수 있으련만 다들 인생의 진리 탐구의 진가를 모르고 있을 뿐이다.

2009. 5. 22 (金)

독서의 필요성

논어의 첫 구절을 보게 되면 책을 읽고 또 읽게 되면 희열을 느낀다고 했다. 과연 틀린 말이 아닌 듯싶다. 고령의 나이에도 동서양의 고전을 읽다 보니 그동안에 몰랐던 사상가들의 철학을 알게 되고 궁금했던 문학가들의 생애와 발자취를 더듬게 되어 자연 지적인 욕구 충족에 희열을 맛보게 된 것이 사실이다.

물론 평생 교육의 차원에서 인간은 알기 위해서 존재한다는 기본 개념이 전제되어야 늙어서도 독서가 가능하겠지만 여하튼 독서는 정신수양은 물론 여가를 보내는 데 최선의 방법이다. 늙어서 할 일을 찾지 못하는 사람들이 지겹다고 하는데 독서에 일단 심취해 보면 시간 가는 줄을 모른다.

나는 요즈음 동서고전을 읽고서 노트에다 한 제목 한 제목씩 간단하게나마 그 해제(解題)를 적어가고 있다. 인간이라면 최소한 이러한 교양서적은 읽어 두는 것이 사람구실을 갖추었다고 할 수 있을 것 같아서 늙어서나마 읽고 있는 것이다.

2009. 5. 23 (土)

사람의 죽음

사람의 죽음에는 두 가지가 있다. 하나는 사고사(事故死)이고 다른 하나는 병사(病死)라고 할 수 있다. 그런데 병사일 경우 의술이 발달하여 예전에 비해 어지간한 병은 다 고칠 수 있게 되었다. 우리나라 사람의 평균수명도 78세가 된다고 하니 많이 길어진 셈이다.

세계인구 통계에 의하면 여자 수명이 남자보다 오래 산다고 한다. 중앙아시아의 한 여자는 130세까지 생존했다고 하니 끔찍한 일이 아닐 수 없다. 인간은 적당히 살면서 무엇인가 인류를 위해 공을 남기고 가는 것이 원칙이지 오래 사는 것만이 능사가 아님을 역사가 말해주고 있다.

그저 7~80년간 건강하게 살다 가는 것이 행복하고 이상적인 수명이라고 보는데 필요 없는 수명만 늘어나서 생명의 존엄에 훼손되는 삶이 얼마나 많은가! 고통 받는 장수(長壽)는 축복이라기보다는 오히려 형벌이다. 죄 많은 인생이 오래 살아서 사회의 문제거리가 되고 있는 것을 보면 늙어 오래 사는 것만큼 두려운 것도 없다. 신이 있다면 이를 잘 조절해 주었으면 얼마나 좋을까?

2009. 5. 24 (日)

또 한 명의 정치인이 희생되었다

세상에 아무리 큰 죄를 지었다 해도 죽으면 그 죄가 사해지는 법이다. 노무현 전 대통령이 어제 새벽 마을 뒷산에 있는 바위에서 떨어져 스스로 목숨을 끊었다고 한다. 대통령 집권시 비서와 부인이 6백만 달러를 박연차 회장으로부터 수수한 사실이 드러나 검찰의 수사를 받던 중 재판에 회부될 위기에 몰리자 자살이라는 극단적인 방법을 선택한 것 같다.

충격적인 전직 대통령의 자살은 한마디로 양심의 일말이 살아있고 자존심의 소치로 본다. 짤막한 유서에 누구도 원망하지 말고 운명으로 알고 간다는 말을 남긴 걸로 보아서 자신은 깨끗하게 살려고 노력했던 흔적을 엿보이게 했다. 죽어서 명예를 조금이나마 회복하려는 괴로운 심정이었을 것이다.

우리나라 정치 역사에는 고질병이 세 가지 있는데 이기붕 일가의 자살, 박정희 대통령의 시해 사건, 이번 노무현 대통령의 자살이 바로 그것이다. 이기붕의 자살로 부정선거가 자취를 감추었고, 박 대통령의 시해로 장기독재가 사라졌으며, 이번 노 대통령의 자살로 부정부패가 사라진다면 개인적으로는 비극적이지만 역사적으로는 사람 구실을 하기 위한 값진 희생이 되리라 믿는다. 노 대통령은 죽어서 그 명예를 지킨 또 한 사람으로 역사에 기록될 것이다.

2009. 5. 25 (月)

비겁한 정치권의 처세

노무현 전 대통령이 자살로 자신을 대변하자 정치권은 모두 눈치만 보면서 전전긍긍하고 있다. 엊그제까지 죄인으로 몰아세우던 여권과 정부 측에서도 대통령 예우를 최대한 살려 국민장을 지시하고 조문사절을 보내 애도를 표시한다 하면서 비정한 정치의 속성을 일시적으로 감추었다.

이처럼 국민들의 동향을 살피는 정치권의 모습은 뜻있는 국민들의 눈에는 한심하게만 보일 뿐이다. 사실 정치인치고 비리에 연루되지 않고 양심을 지켰던 정치인이 얼마나 될 것인가 하는 것이 국민들의 관심사인 것이다. 냉철한 이성으로 어떠한 유혹 앞에도 의연한 정치인은 무척이나 드문 것 같다.

평소 여야의 대립은 약자 쪽에서 불리하면 정치보복이라 하고 강자 측을 공격하면 정치적 공세라고 하는 방정식이 통용되어 왔는데 국민들은 이제는 식상할 뿐이다. 부정부패 앞에서는 여야 할 것 없이 철퇴를 가할 수 있는 중립적인 검찰제도가 있었으면 한다. 이번 사건 역시 종전의 권력형 비리처럼 흐지부지 끝날 것 같다.

2009. 5. 26 (火)

북한의 2차 핵실험을 보고

북한이 어제 아침 9시 54분경에 함경북도 길주군에 위치한 지하 핵 실험장에서 두 번째 핵실험을 감행함으로써 서방진영을 비롯한 세계가 긴장하고 있다. 그러고도 발사 직후 한반도 평화를 위해 성공리에 실험을 끝마쳤다고 발표하고 있다.

끊임없는 강성외교로 6자 회담을 거부하면서 실리외교의 술수를 펴고 있지만 5개국의 옵서버들은 속수무책으로 북한의 술수에 말려들고 있는 것 같다. 일본 속담에 쪄서도 구워서도 먹을 수 없다는 말처럼 북한이 그런 존재인 듯싶다.

이번 핵실험은 미국 오바마 정권의 동남아 정책의 시험무대가 되고 있으며 북한은 미국을 상대로 직접 담판을 원하는 것 같다. 미국은 두 가지 중 하나를 결정하지 않으면 안 되는 처지에 놓였다. 강경정책으로 나오느냐 아니면 거액을 3국에서 분담하여 핵의 대가를 치르느냐의 기로에 놓이는 것을 북한이 노린 듯하다.

파키스탄처럼 무기력하게 당하고만 있는 핵보유국은 되지 않겠다는 심사는 아닌지 모르겠다. 많은 인내와 지혜와 정치역량이 요구되는 상황임은 분명하다.

2009. 5. 27 (水)

시대의 흐름

성리학의 전통 보수 세력이 완벽하게 자리 잡은 18세기 조선의 상황에서도 청국을 자주 왕래하는 일부 사람들은 이미 개혁에 눈을 뜨고 있었다.

성리학 대신 실학을 주장했던 그들은 모처럼 개혁에 호의적인 성군 정조를 맞이하여 호기를 맞은 듯하였지만, 국운이 미치지 못했는지 정조가 일찍 죽는 바람에 그들의 뜻을 펼 기회를 놓치고 만 것이다.

당시의 개혁파인 박제가, 유형원, 이익, 정약용, 이덕무, 홍대용, 박지원 등은 사회의 번영을 이룩해보고자 이용후생(利用厚生)의 학문적 경향을 따르며 뿌리 깊은 낡은 틀을 깨려고 노력하였다.

그러나 정조의 사후 외척세력인 안동 김씨 일족의 보수파가 실권을 잡자 남인에 속한 기호파들은 천주교 박해정책을 기화로 모두 유배당하고 말았다.

보수파들은 권력에 눈이 먼 나머지 국가의 발전 따위는 안중에도 없었다. 이들이 19세기 말엽까지 70여 년을 세도정치를 해 오다가 결국 며느리와 갈등이 생겨 나라는 일본에게 넘어가는 비극을 맞게 되었다. 비극은 이어져 해방 후 강대국들의 이권 다툼으로 힘없는 우리 민족은 연이은 분단의 아픔을 겪으며 오늘을 맞이하고 있는 것이다.

이러한 아픈 과거가 있음에도 우리 민족은 역사의식이 없는 망각의 민족이 되어 각성을 하지 않고 있다. 역사의식이 있어야 시대의 흐름을 잘 파악해서 국리민복이 된다는 것쯤은 누구나 알 것이다.

2009. 5. 28 (木)

전쟁의 명분만 찾고 있는 북한

강자가 힘을 발산할 곳이 없어 싸움을 걸어온다는 말은 있지만 약자가 자꾸 전쟁을 하려고 공갈협박을 하는 예는 북한밖에 없다. 모든 것이 불리한 입장에서도 핵 하나만을 가지고 어거지를 쓰려는 양상은 객관적으로 볼 때도 무리한 처사고 유치하지 않을 수 없다.

이번에 도발적인 핵실험과 단거리 미사일의 발사에 남한이 PSI에 가입하겠다고 하자 다시 서해5도 NLL문제를 들고나와 정전협정을 깨고 자신들의 영토인 서해5도를 찾겠다고 엄포를 놓고 있다.

북한의 병력으로 보아 육군은 강할지 모르지만 공군과 해군은 객관적으로 열세를 면치 못하고 있는데도 무슨 배짱으로 그리 호언장담을 하고 있는지 알 수가 없다. 이를 보다 못한 러시아도 북한은 자제하고 6자 회담에 나와서 문제를 해결하자고 북한 대사를 불렀다고 한다.

세상에 독불장군은 살아남을 수가 없다. 전쟁과 어거지로 문제 해결을 하려고 하면 결코 성공하는 일이 없음을 역사는 보여주고 있는데도 북한의 위정자들은 한사코 무리한 방법만 동원하고 있으니 불안하기만 하다.

2009. 5. 29 (金)

노무현 전 대통령의 국민장

죽어서 명예를 회복한 노 전 대통령의 영결식이 국민이 애도하는 가운데 7일장인 국민장으로 경복궁 광장에서 거행되었다. 김해의 봉화마을 빈소에서 서울까지 시신을 운구해다 경복궁에서 국민장 예식을 마치고 시청 앞 광장에서 노제를 지냈다. 다시 수원에 있는 화장장에서 화장을 하고 봉화에 있는 사찰에 며칠간 유해를 봉안했다가 사저 뒷산에 평장으로 묻는다고 한다.

그동안 7일간 전국 각처에 마련된 90여 개의 추모관에서는 수백만의 추모객들이 줄을 이었고 특히 고향마을에서는 백만 명 이상의 조문객들이 빈소를 찾았다고 하니 국민들의 안타까운 마음이 나오고 있는 것이다. 돈을 그다지 탐하지 않았던 대통령이고 민주화를 염원해서 투쟁했던 대통령이었기에 극우파와 졸부들을 제외한 국민들의 지지가 죽어서도 이렇게 이어지고 있는 것이다.

이러한 대통령을 주위의 친지들과 가족들은 보필하지 못하고 최후에 오점을 남기게 했음이 아쉽고 안타까울 따름이다. 노 전 대통령의 죽음은 한국 정치사에 전환점이 될 수 있고, 발전을 가져올 수 있는 희생이라고 본다. 사람은 모름지기 죽을 때를 잘 맞추면 이름이 빛나는 것이다.

가족을 위하고 국민을 위해서 운명적으로 어려운 결단을 내려 자신을 희생시킨 고인의 명복을 빌 따름이다.

2009. 5. 30 (土)

불행한 패거리 정치

어느 나라 정치고 패거리는 있기 마련이지만 우리나라처럼 극심하게 대립하는 나라도 드물 것이다. 이러한 패거리 정치는 옛날 조선 시대부터의 고질적인 당파싸움에서 기인한 것이 아닌가 생각한다. 민족성 보다는 상대를 인정할 줄 모르고 자기만이 옳다는 자가당착에 빠진 습성이 체질화된 탓도 있을 것이다.

어제 노 전 대통령의 국민장 영결식장에서 이 대통령 내외가 헌화를 분향하려는 순간 갑자기 민주당 백 모 의원이 '책임을 지라' 고 고함을 치는 소동이 벌어졌다. 즉시 경비원에 의해 장외로 끌려 나가는 불상사를 연출했는데 엄숙한 영결식장에서 정치적인 항의를 해야만 직성이 풀린단 말인가!

그러한 방법보다는 그 원인을 분석해 보고 왜 부정과 비리가 일어나야 했는가를 반성하고 예방하는 것이 고인에게나 국민들에게 국회의원으로서의 도리라고 생각된다. 이제 패거리 정치는 막을 내리고 선진국의 민주정치를 본받아야 할 때이다. 프랑스의 '똘레랑스의 원칙' 을 이해하고 상대를 인정해야 비로소 존중받는다는 것을 깨달을 것이다.

2009. 5. 31 (日)

미국은 과연 어떤 나라인가?

미국은 아직까지는 세계 제1의 강대국이다. 19세기 이래 꾸준히 성장을 거듭하여 지금까지도 성장을 멈추지 않을 만큼 민주정치도 잘 해 나오고 있는 선진국이다. 18세기 독립전쟁을 시작으로 크고 작은 전쟁을 치르면서 패배해 본 적이 없지만 2차대전 후 월남전에서 처음으로 패배했고 이라크 전에서 실패한 것을 제외하고는 전부 승리해 온 나라이다.

최근에 북한을 비롯해서 이란이 미국의 골치를 썩이고 있는데 여기에 팔레스타인과 아프가니스탄의 테러 문제까지 미해결 외교문제로 대두되어 고도의 군사외교가 필요한 실정이다. 미국은 과거부터 태평양 일대의 패권을 석권해 온 나라이다. 힘이 있다 보니 자연 대서양인 유럽 쪽보다는 미개한 태평양 연안이 손쉬웠을 것이다.

그중에서는 일본이 제일 상대하기 까다로웠지만 2차대전 이후부터는 선린우호관계를 유지하고 있다. 우리 한국과는 2차대전 중 연합국 영수회담에서 일시적인 오판(얄타회담)을 함으로써 분단에 기여했으나 6.25전쟁을 거들게 되어 지금까지 한미 군사동맹은 유지되고 있다. 중국과는 아직까지 장사를 위해 현상유지를 하고 있다. 이러한 상황에서 우리는 세계정세를 잘 이용하여 우선 힘을 길러나가는 것이 상책일 것이다.

2009. 6. 1 (月)

생명이 있는 한 움직여야 한다

사람은 정물(靜物)이 아닌 동물(動物)이다. 고로 움직이며 살아가고 있는 것이다. 자고나서 해가 뜨면 무엇인가 할 일을 부여받은 동물임에 우리는 순응하며 살아가고 있는 것이다. 여기에서 이탈하는 사람은 인생 낙오자가 된다.

미국의 헤밍웨이는 일찍이 노인과 바다에서 절망을 모르는 인생을 제시했고, 프랑스의 까뮈는 시지프스의 신화에서 영감의 반복되는 정상까지의 바위 굴리기를 통해 왜 인간은 소득 없는 허망한 일을 날마다 반복해야하는지를 제시해 주었다. 이러한 인생의 진리를 터득한 자의 삶은 아무리 수난을 겪어도 인생이 권태롭지가 않다.

인생은 고해이고 수난의 연속이다. 이를 알고 살아가는 인생과 그것을 모르고 아름답게만 알고 살아가는 것은 상당한 차이가 나서 다시 행과 불행으로 연결 지어진다. 나는 요즘 육신의 통증과 거동도 하지 못한 마음의 울분을 다스리기 위해 독서와 필기로써 육체적인 불행을 극복하고 있다.

내면의 행복을 도모하고자 정신적인 풍요로움을 추구하고 있는 것이다. 죽을 때까지 절망을 가져와서는 안 되고 행동이 불편하면 정신이라도 움직여야 한다.

2009. 6. 2 (火)

이롱(耳聾)증

어린 시절 시골 바로 옆집에는 종의(腫醫: 종기를 따 주는 의원) 할아버지가 사셨는데 귀가 어두워서 하루 종일 그 집에서는 큰소리가 그칠 날이 없었다. 그 노인과 대화를 하려면 큰소리를 질러대야 했는데 본인은 손바닥을 귀 뒤에 갖다 대고 소리의 흩어짐을 막아야 그나마 들리는 것이었다.

참으로 힘들게 대화를 했던 기억이 나는데 나이가 들면 귀의 신경이 약해져서 한쪽 귀부터 먹통이 되는 것 같다. 나도 예외 없이 3년 전부터 왼쪽 귀에서 전화 발신음 소리가 몇 시간을 계속 나더니 그 후부터 왼쪽 귀가 전혀 들리질 않았다.

오른쪽 귀 하나로 겨우 상대의 음성을 판독하며 생활하는데 날이 갈수록 남은 한쪽마저 잘 들리질 않으니 큰소리로 다시 물을 수밖에 없다. 그런데 이도 부창부수(夫唱婦隨)인지 아내마저 나와 똑같은 증상으로 귀머거리 생활을 하고 있으니 라디오와 TV 소리가 자연 커질 수밖에 도리가 없다.

그런데 친구들 중에도 이러한 이롱(耳聾)증으로 고통 받고 있는 사람들이 있으니 귀의 건강도 타고나야 하는 것 같다. 아직까지는 이를 예방하거나 치료할 수가 없으니 그저 소리를 질러가며 살 수밖에 없다.

2009. 6. 3 (水)

나의 젊은 한때의 독서열

지금으로부터 50년 전 그러니까 전후 1950년대 후반에 우리나라에는 프랑스의 실존주의 사조가 불어와 카뮈의 문학이 선풍을 일으킨 때가 있었다.

나도 여름 내내 장마가 져서 행상을 나갈 수가 없던 차 이종형님 댁 병원 2층에서 카뮈의 저서에 심취하였다. 또한 톨스토이와 헤밍웨이의 작품을 읽으며 3개월을 꼬박 책만 보던 시절이 젊은 날 독서의 전부였던 걸로 기억된다.

그 당시의 문학 정보는 자유문학과 현대문학의 월간잡지에서 얻어 보는 것이 고작이요, 그 외에는 대화 상대가 없으니 독서는 외로운 취미였다.

한때나마 문학과 사상이 무엇인지도 정확히 모르면서 책을 접했던 돈키호테 같은 생활이 나에게도 있었던 것이다. 다시 3개월이 지나자 생활에 위협을 느껴 다시 가방을 들고 길거리에 나가야만 했다.

그러한 처지에서 독서란 한때의 달콤한 꿈에 지나지 않았으나 마음만은 나도 언젠가는 독서를 계속할 수 있는 기반을 만들려고 다짐했었다.

다행히 늙어서야 그때의 꿈을 실현할 수 있게 됨을 다행으로 생각하지만 사유능력은 원숙해진 반면 몸이 병들어 쇠퇴일로에 들었으니 독서를 한들 마음은 수양될지 몰라도 실용가치가 없으니 이도 인생의 부조리의 일부분이라고 볼 수 있다.

그렇지만 살아 있기에 책을 읽을 수밖에 없는 운명을 어찌 하겠는가!

2009. 6. 4 (木)

눈물이 많은 민족

자유당 때 이승만 대통령이 4.19의거로 12년간의 독재정권에서 물러나고 경무대를 떠나 이화장으로 향할 때 시민들은 눈물을 흘리며 노(老)대통령을 환송하였다. 또 18년간 군사독재와 유신으로 국민의 자유를 억압했던 박정희 대통령이 시해 당했을 때도 그의 시신을 본 수많은 시민들은 눈물을 흘렸다.

이번에 노무현 대통령이 가족들의 비리에 연루되어 그 괴로움에 자살하자 국민장 기간인 7일 내내 시민들이 빈소를 찾아 슬퍼하였는데 이러한 우리들의 흔한 눈물을 이성적인 서양인들은 어찌 볼 것인지 궁금하다. 약자에게 동정심이 많아 눈물을 흘린다고 보는 것까지는 좋지만 근시안적인 값싼 눈물을 흘리는 감정이 앞선 민족으로 보지나 않을지 우려된다.

원래 정치란 냉정한 직업이다. 인정에 얽매이고 동정에 치우치는 성질의 것이 아닌데도 불구하고 봉건제도 하에서 군주정치로 이어오다가 일제식민지하에서 외세에 의해 해방이 되고 독립이 되다 보니 민주정치의 안목도 없고 훈련기간도 짧아 성숙된 정치의식이 누적되지 못한 소치가 아닌가 생각된다. 정치란 냉정한 판단과 이성이 있어야 발전할 수가 있는 것이다.

2009. 6. 5 (金)

불의의 여객기 사고

며칠 전에 에어프랑스 여객기가 브라질 상파울로 공항을 이륙하여 파리로 향하던 중 공중 레이더에서 갑자기 사라지는 사고가 발생하였다. 당국의 항공기 수색 결과 공중에서 폭발하여 바다로 추락한 것으로 판명되어 탑승객 228명 전원이 사망한 것으로 추정이 된다.

블랙박스를 아직 회수할 수 없어 확실한 사고 원인은 규명할 수 없으나 벼락 아니면 이상기류에 휘말린 것으로 추측하고 있다. 이렇듯 공중 사고로 추락 시에는 전원이 공동운명체가 될 수밖에 없는 게 대부분의 여객기 사고이다.

수많은 여객기가 지구의 상공을 주야로 떠다니고 있지만 자동차나 다른 교통수단에 비하면 사고가 적은 편이라고 한다. 그러나 한번 사고가 발생했다 하면 몰사하는 게 불가항력의 일이다. 몇 백 톤의 무게가 공중을 떠다니는 기계문명 속에서 산다는 자체가 위험을 안고 사는 것이다. 나도 여객기를 몇 번 타 보았지만 육지에 내려서야 비로소 실존을 의식할 때가 대부분이었다.

2009. 6. 6 (土)

지도자의 안목

나라의 장래는 그 나라 지도자들의 안목에 달려 있다고 해도 과언이 아니다. 우리나라도 건국 후 바로 국방력을 튼튼히 하였던들 6.25는 발발하지 못했을 것이다.

그러나 위정자들이 권력과 자리다툼에만 혈안이 되어 북에서는 전쟁준비를 착실히 했음에도 불구하고 전혀 감지를 못하다가 일방적으로 기습을 당해 그 많은 희생자를 냈으니 그 위령들을 달래기 위한 현충일이 있는 것도 사실 위정자들의 안목부족에서 온 쓰라린 산물인 셈이다.

19세기만 보더라도 이웃 일본은 명치유신과 더불어 문호를 개방하고 서양의 문물을 배워다가 자국의 문명에 박차를 가하고 있을 즈음에도 우리는 나라의 빗장을 걸고 당파 싸움만 하고 있었으니 진취적인 국민의식이 생겨날 리 없고 급기야는 일본의 먹이가 되어 희생을 당하였다.

결국 오늘날 남북으로 분열되는 비극을 맞이하고 있지만 지도자는 누구 하나 책임지는 사람이 없었으니 국민들 역시 깨어 있다고 볼 수는 없다.

2009. 6. 7 (日)

나의 일생을 돌아본다

사람의 일생의 인생사란 별것이 아님을 요즈음 새삼스럽게 깨닫는다. 시골에서 신체적으로 힘든 노동을 감당치 못해 능력과 자질 없이도 살아보겠다는 일념 하나로 서울로 올라와 고군분투하였으며 겨우 처자식을 거느리고 호구지책으로 세월만 소비했으니 허무하기 그지없다.

젊은 시절부터 끼니를 연명해 가면서도 남을 따라서 우리들의 전철을 답습해 주기는 싫어서 자식들 교육만큼은 성의를 보였던 것이 부모로서의 의무감이었을 것이다. 그리고 나도 틈틈이 책을 주워 읽어서 겨우 무식은 면했으니 불행 중 보람으로 알고 살았다. 다행히 마누라를 박덕하지 않은 사람을 얻어 실덕하지 않는 인생을 산 것만으로도 인생의 보람이었다.

그리고 내 평생에 처음 목돈이 생긴 건축을 늦게라도 배워서 자식들 셋 여우살이를 시키고 우리 내외가 미국과 유럽을 두 번이나 보고 왔으니 박복한 인생이 무엇을 더 바라겠는가? 잘난 사람은 잘난 대로 살고 못난 사람은 못난 대로 살다 가는 게 인생인가 보다! 자족하고 살자! 이것이 분수를 아는 인간의 자세가 아니겠는가!

2009. 6. 8 (月)

실효성 없는 공갈 외교

북한과 미국은 서로 공갈 외교를 일삼고 있다. 북한은 핵실험과 미사일 발사실험으로 벼랑끝 외교로 공갈을 치고 있으며, 미국은 국제금융 제재니 PSI검색이니 테러지원국 명단에 재등재니 하면서 공갈만 때리는 발언을 하고 있으니 문제의 핵심에는 접근하지도 못하고 겉만 맴도는 외교전을 펴고 있는 것이다.

미국은 여론을 고도로 조성해서 일격을 가하려는 태세이고 북한은 국가의 보존 차원에서 핵을 보유하고 있는데 너희들이 어떡할 거냐 하는 식의 어거지 외교만 하고 있으니 불안하기 짝이 없다.

너희들이 아쉬우면 돈으로 해결하든가 아니면 전쟁을 일으키면 너 죽고 나 죽기식의 핵전쟁까지 불사하겠다는 무모한 발상 앞에서는 중국이나 러시아도 말릴 도리가 없는 것 같다. 북한은 세계의 문제아가 되려고 자처한 나라인 것 같다. 이것을 잘 해결할 수 있는 제갈량은 과연 누구인지 천제(天帝)와 자연만이 알 수 있을 것이다.

2009. 6. 9 (火)

이유 있는 반항기를 생각하며

옛날 나의 사춘기 시절 반항은 뚜렷한 이유가 있었다. 15~6세부터 시작된 반항의식은 18~19세까지 한창이었던 것 같다. 가난에 찌든 살림에 힘겨운 육체노동과 같은 주변 환경은 나로 하여금 감당하기가 어려웠었다.

우리 아버지는 시기와 때에 어울리지도 않는 봉건의식에 찌들려 삼강오륜만 찾고 계셨으니 가도(家道)가 설 리 만무했고 부모님의 불화는 갈수록 심화되고 가장의 지위는 상실되었는데 이를 유지하려는 타성이 더욱 아버지를 초라하게 만든 것이다.

봉건제도가 붕괴된 시기에 재산마저 무일푼이니 처자를 막심한 질곡으로 몰아넣고 무슨 권위가 서겠는가마는 아버지는 전혀 이를 감지 못하시고 구습 그대로였으니 자연 신세대인 나의 사고와는 사사건건 맞지가 않았다. 그래서 순종할 수가 없어 말대꾸로 종종 반항을 하는 시기가 있었는데 이러한 갈등은 20세가 되자 아버지를 이해할 수 있게 되었다.

중국의 소설가 파금이 지은 '家'라는 소설은 3대가 봉건사회의 붕괴로 갈등을 겪고 멸망해 가는 과정을 담고 있는데 구세대와 신세대의 갈등이 잘 묘사되어 있다.

2009. 6. 10 (水)

죽음의 철학을 생각해 보며

사람은 늙으면 모두가 죽음을 기다리면서 살아가고 있다. 각자에게 어떠한 죽음이 찾아올 지는 아무도 예측하지 못한다. 늙은이의 소망은 그저 잠자듯이 저 세상으로 가는 것을 원하지만 그게 그리 쉬운 일은 아니다.

아내는 평소 우리 부부가 살다가 한날한시에 잠을 자다 함께 죽는 그런 죽음을 원하고 있어 나는 그때마다 천주님께 기도나 올려보라고 한다. 그러한 죽음은 참으로 행복한 죽음일 것이다. 그러나 사람들은 언제 죽을지를 몰라도 모두가 태연하고 아무 불안조차 없이 살아가고 있다.

죽음에 임했을 때 여러 해 동안 병으로 고통 받고 죽는다는 생각을 한다면 죽음이 몹시도 두려울 것이기 때문이다. 안락사 제도가 법적으로 인정된다면 고통 받는 노인들을 위해서는 얼마나 좋겠는가마는 그것도 윤리에 묶여 허용이 안 되고 있다.

카뮈가 말했듯 모든 인간은 사형 선고를 받고 사회라는 감옥에서 집행일만을 기다리며 태연히 살아가고 있는지도 모르겠다.

2009. 6. 11 (木)

잘 살고 못 살고는 의식에 달려 있다

어려서부터 정신을 똑바로 차리고 올바른 의식을 가진 사람들은 장성해서도 인간답게 살지만 부모 밑에서 귀공자로 버릇없이 자란 사람은 십중팔구 사람 구실을 못한 채 의타심으로 사는 경향이 많다. 이러한 원인을 살펴보면 부모의 육성교육에 기인해서 잘못된 타성이 생겨나 그 일생을 망쳐 놓고 있는 것이다.

이러한 습성이 배인 사람들은 아무리 공부를 한들 의식이 똑바로 생성될 수가 없다. 그래서 사람은 어려서부터 모진 고생이란 훈련이 필요하다. 그 이유는 건전한 인식과 올바른 삶의 의식을 갖추기 위해서이다.

사람이란 동물은 극기훈련을 함으로써 비로소 올바른 생의 철학을 터득할 수 있기 때문에 옛적부터 내려온 말이 젊어 고생은 사서라도 하라고 하지 않았던가! 이 모두가 세련되고 올바른 의식을 갖기 위함이고 잘 살기 위해서이다.

2009. 6. 12 (金)

보시하는 마음으로 살자

인간성이 발달하지 못한 사람은 그 마음까지 인색하여 남에게 베풀거나 배려하지 못한다. 이런 사람은 항시 고독하게 살기 마련이다. 이는 가진 것의 유무를 떠나서 마음이 너그럽지 못하면 평생을 인색하게 살기 마련이고 보시는커녕 주고받는 것도 잘 하지 못하고 살게 된다.

보시에는 두 가지가 있다. 하나는 마음에 보시로써 곤궁에 처해 있는 사람을 정신적으로 도와주는 일인데 이것은 자신의 형세에 따라 적은 물질로써도 얼마든지 불쌍한 사람들을 도울 수 있다. 예를 들면 바쁘게 사는 사람들을 위해 다만 반찬 한 가지라도 나눠 먹을 수 있는 마음이 바로 정신적인 보시인 것이다. 여기에 대가를 원하는 것은 보시가 아니다.

남에게 아무런 대가성 없이 순수한 마음으로 주고 베푸는 기쁨과 희열이야말로 삶의 가치이자 값어치 있는 삶이다. 이를 행할 줄 모르는 사람은 그러한 즐거움을 모르고 인색하게만 살고 있으니 인성이 발달할 수도 없고 늘 외로울 수밖에 없다.

2009. 6. 13 (土)

벌 떼 같은 한국정치

우리나라 정치는 자유당 때부터 고질적인 편 가르기로 보수와 진보가 공생공존의 차원이 아닌 수원지간으로 상대방을 공격 일변도로 몰아세우는 폐습을 버리지 못하고 있다.

어제도 김대중 전 대통령이 어느 모임에서 현 이명박 대통령은 너무 독선에 치우쳐 대북문제며 국사를 수행하면 불행을 자초할 것이니 국민의 소리에 귀담으라는 충고를 하였더니 보수진영에서는 일제히 물개 떼처럼 비난을 퍼부었다.

또 대검찰청에서 박연차 회장으로부터 사건 종결 발표를 하면서 노무현 대통령은 자살했기에 더 이상의 공소건이 없다고 발표하자 그쪽 변호사들은 고인의 혐의조차 인정할 수 없다는 성명서를 내기도 했다.

민주당에서는 억울한 죽음으로 몰고 간 것은 현 정부의 책임이라고 주장하고 있으니, 이러한 패거리 정치로만 일관하고 상대방을 벌 떼처럼 질타하는 풍토에선 국민의 안녕질서와 후생복지는 요원하기만 할 뿐이다.

2009. 6. 14 (日)

외로운 투쟁

북한의 핵실험과 미사일 발사에 대해 UN안보리는 만장일치로 대북 제재안을 수정 없이 통과시켰다. 이는 북한의 상무관계에 치명적인 조치일 수도 있다. 이번에는 중국과 러시아도 거부권 행사를 하지 않았는데, 북한은 즉각적인 비난 대신 플라토늄 생산을 계속하여 핵개발을 지속하겠다고 악의에 찬 반발로 맞서고 있으니 불안하기 그지없다.

국제기구가 한결같이 핵개발을 환영하지 않고 반대하고 있음에도 핵개발을 강행해서 얼마나 실효를 거둘지는 미지수이지만 이러한 외교정책은 위험천만일 수밖에 없다. 한번 주장한 상부의 명령이니 뒤에 닥쳐올 후한은 생각지 않고 밀고 나가는 북한의 실태는 세계의 이목이 주목되고 있다.

그런 식으로 살 길을 찾는 것이 과연 이치에 맞는 적자생존의 길일까 생각해 본다. 아무래도 역사의 수레바퀴의 진행방향을 지켜볼 수밖에 도리가 없다. 우방인 중국과 러시아의 충고나 조언도 무시하는 북한이니 말이다.

2009. 6. 15 (月)

조조(曹操)의 영웅심

후한 말 삼국지에 나오는 조조는 대단한 지략과 함께 한시에도 능한 영웅이었다. 그러나 덕이 부족하고 교활한 인물이었음에는 틀림없는 것 같다. 그가 승상인 동탁을 제거하려다가 실패하고 도망 다니다가 우연히 동료와 함께 백부 집을 들른 적이 있었다.

백부인 '여백사'는 조조에게 융숭한 대접을 하기 위해 수십 리 밖에까지 술을 받으러 간 사이 집안 하인들에게 돼지를 잡으라고 시켰는데 칼 가는 소리를 오인한 조조는 일가족을 몰살시키고 말았다. 그도 모자라 술을 짊어지고 돌아오는 의백부마저 살해한 다음 돌아서며 시 한 수를 남겼는데 그 시가 오늘날까지 유명하다.

영교아부천하인(寧教我負天下人), 휴교천하인부아(休教天下人負我)라. '차라리 내가 세상 사람들을 저버릴지언정, 세상 사람들로 하여금 나를 저버리지 않게 하리라'는 시를 지었다는 것을 보더라도 얼마나 조조가 영웅적인 기질로 가득 차 있었는지를 엿볼 수 있다.

이 시에서 고(故) 노무현 대통령의 죽음이 떠오른다. 비록 죽음으로써 자신의 양심을 지켰기에 국민들은 인간 노무현을 끝내 저버리지 않는 것을 볼 때 조조의 시와 비교가 된다. 죄를 짓고도 살아서 영웅이 된 사람도 있고, 죽어서 영웅이 된 사람도 있으니 세상사가 아이러니하기만 하다.

2009. 6. 16 (火)

여행의 횡액(橫厄)

중동의 예맨 땅으로 여행을 떠난 우리나라 여교사 한 명이 외국관광객 일행과 함께 그 나라 반군에게 납치되었다는 뉴스를 어제 들었는데, 오늘 아침 뉴스에서 관광객 9명 전원이 살해되었다는 비보를 전해 왔다. 그중에는 어린이 3명도 포함되어 있었다고 하니 그들의 천인공노할 만행이 가증스럽기만 하다.

아무런 원한관계도 없는 민간인을 납치해 살해한다는 것은 인간이 아닌 피에 굶주린 야수들의 만행으로밖에 볼 수 없다. 이 반군들은 알카에다와 연계되어 있어 정부에서도 그 쪽 여행을 자제하라는 경고를 수차례 했음에도 이를 무시한 것은 모험심보다는 무모한 지각이 아닐 수 없다.

불특정 다수의 살상을 목표로 하고 있는 중동지역의 아랍계 테러분자들은 세기의 무법자임에 틀림없다. 이들은 자신들이 권력을 잡지 못하면 인류 모두가 적인 셈이다. 인간의 가장 추악한 면만을 택하고 살아가는 족속들이다. 오늘 여교사의 부모는 시신을 수습하기 위해 외무부 직원과 예맨으로 갔다고 하니 얼마나 허탈하고 분통한 일인가!

2009. 6. 17 (水)

대북 제재 한미 정상회담

북한의 핵실험과 미사일 발사로 한반도 긴장이 고조되는 가운데 이명박 대통령과 오바마 미국 대통령이 워싱턴에서 정상회담을 가지고 북핵 문제에 대한 공동 대책과 한미 공조를 더욱 공고히 다짐하였다. 한반도 비핵화를 위해 북한의 핵은 절대 용납할 수 없고 만약 한반도 유사시는 미국의 핵우산 정책을 고수하겠다고 재다짐했다고 한다.

더불어 두 정상은 북한의 지금까지의 수법에 넘어가지 않을 것을 다짐했다고 한다. 그러나 북한은 또다시 대포동 미사일을 쏘아 올릴 준비를 하고 있다고 일본 신문들은 보도했다. 그렇다면 미국의 속셈은 무엇일까? 북한의 의도대로 따라가지 않고 오히려 경제면에 치명타를 날려 서서히 북한의 숨통을 조일 모양이다.

일본도 경제제재에 적극 협조하겠다고 하니 중국밖에는 북한과 소통할 나라가 없으니 자연 위축될 수밖에 없을 것이다. 핵으로 살 길을 찾으려는 북한의 속셈이 얼마나 적중될 지는 미지수이다. 앞으로의 김조(金朝)가 얼마나 순탄하게 이어나갈지 두고 볼 일이다.

2009. 6. 18 (木)

약해진 나의 몸

5~6년간 햇볕을 쬐지 못한 탓에 몸이 상당히 허약해진 것 같다. 6월 중순이 지났는데도 반팔 셔츠를 입지 못하고 내복에다 긴팔 셔츠를 입고도 조금만 온도가 내려가면 비염감기가 극성을 부려 몸을 괴롭힌다. 실내 온도 22~23도를 유지해도 가끔 오한을 느낄 정도니 몸이 약해진 탓이라 하겠다.

늙어도 신체가 건강해야지 5~6년간 두문불출로 집에서만 생활하다 보니 피부도 태양빛을 보지 못한지라 자연 저항력이 떨어진 것 같다. 그나마 아내가 힘들어하니 일주일에 두 번 목욕하는 것도 감사하며 살아간다.

나에게 무슨 죄가 이리도 많기에 신은 가혹한 시련을 안겨주시는 걸까! 극복하기가 참으로 힘들지만 이를 이겨내는 것이 또한 모진 인생이기에 오늘도 묵묵히 참고 힘든 일과를 채우고 있다. 인간은 태양이 뜨고 그 태양을 볼 수 있는 한 주어진 삶을 극복하고 이를 즐거움으로 승화시키며 살아갈 의무와 소명이 있음을 터득하고 살아가야 한다.

2009. 6. 19 (金)

허무하게 가 버린 인생사

나의 일생은 허무하고 짧기만 하다는 기분이 든다. 객관적으로 생각하면 7~80년이면 긴 세월이라고 할 수 있겠지만 나로서는 세상에 태어나서 자기 할 일을 못다 한 기분이 들어서인지 지난 세월이 짧게만 느껴진다. 생각해 보면 나의 능력이 그것밖에는 안 되었기에 남겨 놓은 것이 없겠지만 늦게야 철이 들어 부랴부랴 서둘러봤어도 생명의 한계는 이를 용납하지 않았다.

세인들은 이를 칭해서 만시지탄(晩時之歎)이라고 비웃을지도 모른다. 젊은 시절에는 왜 그리도 앞날에 닥쳐올 수난을 예측 못하고 안일한 삶에만 빠져 좀 더 진취적인 사고를 갖지 못했을까? 물론 과대한 욕망은 화를 자초한다지만 그래도 늙어서 남의 도움 없이 자족할 만큼은 되어 어려운 이웃에게 부담 없이 보시할 수 있으면 얼마나 좋을까!

겨우 입에 풀칠이나 하고 노년을 보내려고 일생을 걸어왔다고 생각하면 허무하기 그지없다. 이 또한 자업자득이라고 생각하면서도 과거의 미흡했던 삶이 한스럽고 허무한 건 감출 수가 없다. 젊음을 되돌려 받을 수만 있다면 얼마나 좋을까?

2009. 6. 20 (土)

고향이란 개념이 희박하다

고향이란 자신의 탯자리요, 조상 대대로 살아온 고장을 말한다. 그러나 나는 지방 도시인 광주 명치정 5정목, 지금의 금남로 5가에서 기구하게 태어나 23세까지 11번의 이사를 다녔었다. 11세까지 4번의 이사를 했고 그 후 목포로 이사 가서 1년을 살면서 2번의 이사 후에 다시 장성으로 옮겨와 5번의 이사를 다녔으니 어디가 고향이라고 할 수 없다.

그러나 우리 아버지는 나와는 달리 고향이 있다. 40세에 광주 지방 도시로 이사 나올 때까지 화순군 이양면 초방리에서 조상이 대대로 이어 나오면서 농사를 광작하였다. 지금도 우리 숙부님은 고향 그 자리에서 건재하고 계신다.

그러나 나는 23세에 혈혈단신 서울로 올라와서 지금까지 55년 동안 24년을 강남에서, 강북에서 31년을 산 편이다. 그러니까 78년간에 29번의 이사를 했으니 서민의 살림이 무엇 하나 남아난 것이 있겠는가?

이사를 많이 다녔다는 것은 안정된 생활이 없었다는 반증이기도 하다. 떠돌이 신세에 고향이란 개념도 있을 수 없지만 말년에는 한군데서 오래 살아 외로움이 덜하다는 것을 알 수 있다.

2009. 6. 21 (日)

장마가 시작되었다

해마다 이맘때면 장마철이 시작되는 것 같다. 시일이 조금 이를 때도 있고 늦을 때도 있지만 우리나라와 일본 그리고 중국의 일부는 동해와 서해와 남태평양에서 오는 더운 공기로 인해 구름 떼가 형성되어 이 시기에 연속적인 비를 뿌리게 되는데 이것이 장마이다. 또 동남아 일대는 하루 한 번씩 매일 스콜 비를 뿌리고 지나간다.

이렇게 지구상에는 지역별로 기상이 다르고 기후가 다른 게 자연이라 하겠다. 이 장마기간도 해마다 일정치가 않아서 짧게는 15일에서 길게는 한 달 이상을 계속되는 해도 있다. 그리고 비의 양도 일정치가 않아서 지역적으로 적게 내리는 데가 있는가 하면 폭우가 쏟아져 수해를 입는 지역도 있지만 인간의 힘으로는 이를 완전히 막는 데는 한계가 있다.

기상청에서는 첨단과학을 지향하고 있지만 변화무쌍한 기상의 변화는 아직도 예측에 불과하여 사고 예방에 도움을 줄 뿐이다. 금년 장마도 적당한 선에서 지나가기를 바라지만 장마가 그치면 또 10여 개의 크고 작은 태풍이 기다리고 있다.

2009. 6. 22 (月)

강남호의 추적

미국은 유엔 결의안에 따라 대량 살상 무기를 실었다고 의심이 가는 북한 상선 '강남호'를 공해상에서 추적하고 있다고 한다.

'강남호'는 현재 중국 모항을 떠나 싱가폴로 향하고 있는데, 재작년에도 미얀마로 무기를 실어 나른 경력이 있어 더욱 주목하고 있다. 북한은 무기 수출이 국가 수입의 상당부분을 차지하는 나라인데 미국이 드디어 경제제재를 하기 시작했으니 북한은 과연 어떤 태도로 나올지 궁금하다.

핵문제로 인해서 국민생활이 더욱 어려워진 것은 아닌지 같은 동포 입장에서 심난하기만 하다. 대다수 국민들을 도외시한 봉건전제 정치 하에서는 국민의 의견이 수렴될 수 없고 권력을 쥔 몇 사람만의 독단이 국가의 운명을 좌우하고 있으니 이 얼마나 위험하고 불행한 일인가?

힘센 자의 횡포에 도전하는 것만이 정의론이 아니고 힘 있는 자와 더불어 살아간다는 지혜가 요구되는데 이러한 생존원리를 무시하고는 원시사회건 문명사회건 살아남을 수 없다는 것이 인류사의 정론이었다. 자고로 이를 무시한 민족이나 위정자는 항시 고달픔을 면치 못하는 것 같다.

2009. 6. 23 (火)

독서의 시기는 언제인가

사람이 독서를 하는 것은 정신적인 영양소를 섭취하기 위해서이다. 그러나 그 시기가 중요한 것 같다. 젊은 학생 시절에 책을 읽는 것과 늙어서 책을 읽는 것은 큰 차이가 있다. 젊어 책을 읽으면 기억력이 오래 가지만 늙어서 책을 읽으면 같은 책을 두 번씩 읽어도 기억에 남는 것이 거의 없다.

나는 이 근래 책을 읽으며 세월을 소일하고 있다. 늙어서나마 책을 볼 수 있으니 얼마나 다행한 일인가! 이러한 기회가 젊어서부터 부여된 자들은 행운아인데 그것을 깨닫지 못한 사람들이 얼마나 많은가! 나는 젊어서 책을 볼 수 있는 처지도 아니었지만 틈틈이 책을 읽으면서도 불안을 안고 책을 볼 수밖에 없었다. 우선 목구멍이 포도청인지라 생계에 쫓겨 마음 놓고 편히 읽지를 못했다.

지금처럼 안정된 마음으로 책을 읽을 수 있는 여건이 되었다면 큰 학자도 될 수 있겠다는 생각을 해 보지만 지나간 팔자를 되돌릴 수 없으니 만시지탄일 수밖에 없다. 책을 읽을수록 매력에 끌리는 것은 어찌할 수가 없다.

2009. 6. 24 (水)

노인을 배려하는 마음

나에게는 삼촌 한 분이 계신다. 우리 조부님이 만득으로 얻으신 분이어서 막내인 나보다 여덟 살 위인 분이시다. 지금도 유일하게 시골을 지키고 계시는 고향 애호가이시다. 많은 자녀들을 두었으나 서울과 지방에 살고 있어 당신 내외분은 90이 되도록 해로하시면서 고향을 지키고 계신다.

늙으면 고독하기 마련인데 시골서 비둘기 집처럼 양옥집을 깨끗이 지어 놓고 무료함을 달래기 위해 면사무소까지 게이트볼을 치기 위해 오토바이로 다니신다고 한다. 숙모님은 관절염으로 거동이 불편하여 바깥출입을 못하시는 처지인데도 잘 적응하고 계신다.

나는 나이가 들어갈수록 돌아가신 아버지 생각을 하게 된다. 그럴수록 살아계신 삼촌에게 문안전화라도 드려야겠다는 마음이 들곤 한다. 이것은 인지상정이라 하겠다. 가끔 약과 함께 적은 용돈이라도 일 년에 한 번 정도는 보내드리고 있다.

어제는 인스턴트 갈비탕을 한 박스 보내드렸다. 두 분이서 손쉽게 데워 드시라는 뜻에서 보내드리고 나니 마음이 한결 가벼워진다. 부모가 안 계시니 대리 봉양이라도 하자는 심사에서이다. 살아 있을 때 계란 한 개의 배려가 죽어서 진수성찬보다 나은 것이다.

2009. 6. 25 (木)

이란 대선에도 부정선거가

이란이란 회교국가에서도 대통령 선거가 있었다. 그런데 선거과정에 부정이 있었다고 많은 민중들이 연일 시위를 하고 있는데 이를 저지한 경찰과의 충돌로 수십 명이 죽었다고 외신들이 보도했다. 이런 와중에 종교의 최고 지도자까지 현 정부 편을 들어 더욱 복잡한 정국을 만들어 가고 있다.

민주주의 후진국에서는 겪어야 할 선거부정이 개발도상국인 이란에서도 어김없이 권력자들의 만행으로 나타나고 있다. 현 대통령에 당선된 자는 영국과 이스라엘의 첩자들과 미국이 배후세력이 되어 권력을 포기할 수 없다면서 데모 군중들을 강경진압하고 있다.

외세의 위협이 있는 나라일수록 깨끗한 정치가 요망되는 데 권력을 쥔 측에서는 탐욕을 부리고만 있으니 부정으로 이어져 나라가 시끄러울 수밖에 없다. 이란도 석유가 나오는 바람에 국력을 신장하려고 핵을 개발하고 있는데 혹시 기원전의 페르시아 대국의 망상을 꿈꾸는 것은 아닌지 싶다.

2009. 6. 26 (金)

민주주의와 지역 이기주의

민주주의의 원칙은 다수결이라고 하지만 한사코 집단이나 지역 이기주의는 배제되어야 한다. 이를 방치해 두면 민주주의의 암이 되고 국가 발전의 병폐가 된다. 국가 경제가 위축되고 서민경제가 타격을 받으며 영세 상인들의 생계는 바닥을 헤매고 있다.

게다가 실업자는 이미 백만 명을 육박하고 있는데도 대기업의 공공기업 근로자들이 다수의 힘을 믿고 국민생활을 담보로 처우개선을 요구하고 있음은 누가 보아도 이기주의의 발상으로밖에는 볼 수 없다.

아무리 노동3권이 보장되고 자기들의 요구가 정당할지라도 중류생활이 보장되는 처우를 받고 있는 처지에서 분규를 일으키면 그로 인해 손해를 보는 하위 계층들은 무엇을 어디에 요구해야 한단 말인가?

사회에서 소외를 받는 열악한 처지에서 정당한 명분으로 공공복리를 위하는 투쟁만이 국민들의 호응을 받을 수 있다. 비단 옷을 입고도 더 이상의 요구를 하는 파업은 분명 이기주의에 속한다. 오늘부터 부산지하철 노조가 파업을 단행하였다고 하니 민주주의 절제가 요구된다고 하겠다.

2009. 6. 27 (土)

전통과 허례허식

각 민족마다 전통과 풍속이 있기 마련이다. 그래서 우리는 그것을 지키며 살아왔다. 그러나 전통과 풍속에는 시대의 조류에 전혀 맞지 않는 것이 있는데 보수적인 생각이 강한 사람들은 전통이니 무조건 고수하려는 경향이 있다. 우리 조상들은 옛날에 중국에서 성리학을 도입하여 이를 금과옥조의 학문으로 신봉하고 충효사상을 중시하여 왔다.

임금에게 충성하고 부모에게 효도하는 것을 나라의 기강으로 삼아서 부모의 사후에도 제사를 꼭 지내고 4대 봉사를 의무화하였다. 이를 시행하다 보니 형세의 차이에서 오는 폐단도 많이 생겨나 자발적인 효사상이 해이해진 점도 있다. 아무리 미풍양속이고 취지가 옳다고 해도 시대에 맞지 않으면 합리적으로 개선하는 것이 문화인이고 현대인인 것이다.

옛날 우리 집도 조상의 신주만 모시는 사당이 있었고 도시로 이사 와서는 가묘만 모시는 장을 별도로 만들었지만 가세가 기울어져 셋방으로만 전전하다 보니 전통예절은 그저 빛 좋은 개살구에 지나지 않았다. 지키지 못할 전통은 합리화하고 간소화하여 그 정신만을 이어받아야 한다.

2009. 6. 28 (日)

접객(接客)

옛날부터 우리 집안은 내 집을 찾는 손님들은 정성껏 대접해서 보내는 것을 미덕으로 알아왔다. 지금 세태처럼 자기 가족, 자기 입만 아는 사람들을 아주 경시하는 가풍 속에서 살아온 것이 우리네의 가정교육이었고 미풍양속이었다. 형세가 있으면 있는 대로 없으면 없는 대로 성의를 다하는 것을 선으로 알고 사람의 도리로 알았다.

집안 여자들도 자연 훈련이 되어 양가(良家)의 상사(常事)로 알았는데 요즈음은 가치관이 전도되어 이런 가정이 드문 편이다. 각박한 세상을 살다 보니 자기 입과 자기 식구들밖에 모르는 동물의 속성이 그대로 노출되는 듯한 인상을 주고 있다.

원래가 접빈을 잘 한 집안에서는 좋은 먹거리가 있으면 남을 대접하기 위해 자기들은 아끼는 것이 덕행인데 지금은 바보취급을 당하는 것이 실상이다. 옛날에 우리 고향 다라실 마을에는 부자들이 많이 살았는데 지나가는 과객들에게도 어찌나 후하게 숙식을 대접했던지 소문이 자자했다. 아무튼 덕을 많이 베푸는 것은 본인과 가정에도 행복한 일이다.

2009. 6. 29 (月)

적응력

지나온 내 생애를 돌이켜 보면 이 사회에 대한 적응력 점수가 100점 만점에 50점도 안 되는 것 같다. 내 자신이 비위가 없고 낯이 두껍지 못해 능력 있는 자에게 달라붙지도 못했고 아래 사람들을 잘 돌보지도 못했으니 무엇 하나 제대로 이루어 놓은 것이 없다.

사람이 자기의 목적을 달성하고 그것을 성취하려면 사회에 대한 적응능력이 양호해서 누구에게나 호감을 줄 수 있는 매너가 무엇보다 필수적이다. 그래서 능력 있는 상대에게 신임을 받는 일이 출세에 중요한 한몫을 차지하는데 실력과 능력도 없는 주제에 사교성까지 없었으니 이 모양 이 꼴로 오늘에 이르게 된 것을 누구를 탓하겠는가!

그나마 근면성마저 없었다면 말년에 빵 문제로 자식들에게까지 부담을 주어 인생이 얼마나 서글펐겠는가를 생각해 보면서 자위를 해 본다. 인생의 뒤안길은 늘 후회와 회한으로 점철된다.

2009. 6. 30 (火)

부부지간

자고로 부부지간(夫婦之間)은 일심동체(一心同體)라고 하였다. 어느 정도 사고와 이상이 밸런스가 맞고 인격적으로도 융합이 될 때 더욱 일심이 되는 법이다. 모든 면에 부부가 언밸런스가 되어 어느 한쪽을 무시하는 심리를 가지고 있으면 일심동체는 거리가 멀어질 뿐이다.

지금은 예전처럼 가부장제도 아니고 여필종부(女必從夫)의 시대도, 남존여비(男尊女卑)의 시대도 아닌지라 어디까지나 부부간에 동등한 인격이 유지되어야 한다. 그래야 화목이 유지되고 사랑이 유지되는 시대라 할 수 있다.

그런데 이상한 현상은 어느 한쪽이 현명하지 못한 방식으로 살아가면 다른 한쪽이 현명하다 할지라도 시간이 갈수록 현명하지 못한 쪽으로 부부가 물들어 감을 주위에서 흔히 보아왔다.

그래서 옛날 가부장제도 하에서는 남자가 성군이면 여자도 성군이 되고, 남자가 도둑이면 여자도 도둑이 된다는 말이 지금까지 속담으로 내려왔나 보다.

2009. 7. 1 (水)

똑똑함과 우둔함

세인들이 저 사람은 똑똑한 사람이다 또는 우둔한 사람이라고 칭하는 것은 무엇을 의미하는 것일까? 그 기준을 생각해 보면 보통 똑똑하다 함은 머리가 영리해서 닥쳐올 앞일을 사전에 헤아려 대비하고 더불어 독립적인 인격을 갖춤을 말한다. 거기에 지식과 경험이 풍부해서 남 앞에서도 늘 떳떳하게 말과 행동을 하는 사람들을 일컫는다.

대개의 사람들은 이처럼 똑똑한 사람들을 선호하기 마련인데 그렇다면 우둔하다는 것은 무엇일까? 앞으로 다가올 일은 전혀 생각지 못하고 있다가 일이 닥치고 나서야 후회하고 그도 아니면 무관심으로 일관해 버리는 몰인정한 이기주의자들을 말한다.

오로지 자기만을 알고 체면불구하면서 남의 것만 탐내는 이들은 남 앞에서도 떳떳할 수가 없는 법인데 세상 사람들은 그들을 우자니 우둔하다고 칭하며 경멸하기 일쑤다. 마음이 나쁘고 행동거지가 나빠서가 아니라 머리가 우둔하고 욕심만 앞서는 사람들은 사회의 보이지 않는 질책과 미움을 받고 있는 격이니 우리는 똑똑하지 못하면 최소한 중용은 지켜야 될 것이다.

2009. 7. 2 (木)

만학의 공

사람은 늦게라도 공부를 시작하는 게 안일한 생활을 하는 것보다는 낫다. 한재가 40이 훨씬 지나서야 공부의 필요성을 터득하여 갖은 노력을 기울이더니 몇 년 전에는 공립학교 임용고시에 합격하여 사립학교에서 공립학교로 전근을 할 수 있었다. 그러다 근래에는 장학사 시험에 다시 매진했는데 무난히 합격을 하였다는 통지를 받을 수 있었다.

세상만사가 노력 없이는 이루어질 수 없는 법이라 늦게나마 면학의 진수를 터득한 덕이라고 생각한다. 그도 안하고 안일하게 세월만 보냈다면 평교사로 지내다가 정년을 맞이할 수밖에 없을 테고 진취적인 발전은 기대할 수가 없을 것이다. 그러나 진급이 되면 그에 따른 책임과 고충도 막중해질 것이다.

통솔력과 처세술이 무엇보다 필요할 것이며 이를 잘 수행하기 위해서는 겸손한 인격이 요구된다. 산 정상에 올라갈수록 힘이 들듯이 사람의 지위라는 것도 올라갈수록 처신의 어려움은 더하다는 것을 미리 알고 대비하는 것이 현명할 것이다. 이래서 현명하고 지혜롭게 산다는 것이 그토록 어려운 것이라고 세인들은 말하나 보다.

2009. 7. 3 (金)

식생활의 중요성

식생활은 사람에게 있어 생명의 원천이다. 식생활을 원활히 잘해야 건강도 유지되고 활력이 생겨 활동하는데 지장이 없다. 영양 면에서 지나쳐서도 안 되지만 모자라도 안 되게 식단을 짜는 것이 중요하다. 그러나 아직도 우리나라 주부들은 이러한 식생활의 중요성을 소홀히 하는 경향이 있다.

원칙은 식품의 칼로리를 따지고 성분 하나하나를 헤아려 식단을 짜야만 건강을 유지할 수 있는데 이를 무시하고 마구잡이로 과잉과 결핍의 불균형적인 식생활을 해대니 각종 질병의 근원이 되는 것이다.

가장 이상적인 식생활은 한식과 양식을 겸해서 가능한 지방 섭취를 줄이고 채소와 생선 등의 육류를 소량으로 연령에 맞게 섭취하는 것이다.

뒤늦게 병이 걸려야만 식생활의 중요성을 인지해 보았자 별로 소용이 없다. 일생을 잡곡밥으로 길들이고 신선한 반찬으로 식생활을 지속하면 각종 성인병들을 멀리하고 건강한 삶을 영위할 수 있을 것이다.

2009. 7. 4 (土)

우리나라의 의식주 수준

우리나라의 의식주 수준은 5~60년대에 비해 많은 개선과 발전을 가져왔다. 서구에 비해서는 아직도 질적인 면에서 많이 부족하지만 그래도 이제는 의식주의 중요성을 인식할 정도의 문화문명국이 된 셈이다.

섬유산업이 과거부터 발전하여 남녀노소 편한 캐주얼의 옷을 사시사철 맞추어 입을 수 있고, 균형 잡힌 식생활은 국민 전체에게까진 이르지 못하고 있어도 굶주리지는 않고 있으며, 주거문제도 예전에 비해선 쾌적한 환경이 되어 위생 면에서 많이 개선되었다고 본다.

50년 전이나 100년 전과 비교한다면 의식주 전반에 걸쳐 얼마나 많은 발전을 가져왔는지 참으로 세월의 무상함을 느낄 수가 있다. 상전벽해(桑田碧海)가 바로 이를 두고 한 말이며 역사의 장이 이처럼 변화되어 수레바퀴처럼 끊임없이 돌아가고 있음을 실감할 수 있다.

여든 가까운 세월에도 이렇듯 현저한 의식주의 변화를 경험하며 살아온 것이다. 그저 변화무쌍한 문명사회의 혜택을 본 것만으로도 우리는 참으로 감사의 마음을 가져야 한다. 19세기의 열악했던 우리의 의식주를 돌이켜 보면 절로 감사하고 살아야 할 것이다.

2009. 7. 5 (日)

직업과는 무관한 독서의식

사람이 살아가는데 좀 더 가치 있고 풍요로운 삶을 영위하려면 고전과 양서를 많이 읽어두는 것이 필수적이다. 그런데 시기적으로 어느 때에 집중적으로 읽어두는 것이 효과적이냐 하는 것이 문제인데 경험에 의하면 사춘기 때를 전후한 20대 초반이 적기라고 생각된다.

그런데 우리나라의 교육 현실은 고등학교 때까지는 모두가 점수 따기에 여념이 없어 교과서 외의 책은 읽을 여유가 없으니 천상 대학에 들어가서야 원하는 독서를 할 수밖에 없는 노릇이다. 대학 시절에 전공과목 이외의 양서와 고전을 4~5백권 정도 읽어 두면 사회에 나가서도 어느 곳에서건 해박한 지식으로 각광받는 인물이 되고 처세도 잘할 수 있을 것이다.

자기 전공 분야밖에 모르는 폭 좁은 생활보다 다방면에서 박식한 인생을 살기 위해서는 폭넓은 분야의 독서가 무엇보다 우선이라고 할 수 있다. 평생을 쉬지 않고 꾸준히 독서를 계속하면 직장은 물론 인생 전반에서도 1인자가 되기 어렵지 않는데도 이를 소홀히 하는 사람들이 안타깝기만 할 뿐이다.

2009. 7. 6 (月)

날로 변하는 세상

세상은 10년이 다르게 변화하고 있다. 이제는 지구촌이란 말이 실감날 정도로 세계 여러 나라들과 빈번한 교류를 하고 있는 것이다. 뿐만 아니라 과학이나 산업 분야의 정보가 일 년이 채 못가서 공개되는 실정인지라 문명의 이기는 어느 특정국이 아닌 대부분의 국가들에게 널리 퍼지게 되었다.

소형 핸드폰은 남녀노소 가리지 않고 모두가 휴대하는 세상이 되어 전국 어디에서건 하시를 가리지 않고 통화가 가능해졌다. 통화 기능뿐만 아니라 카메라와 시계 등 편리한 기능들이 한데 모여 별도로 휴대할 필요가 없는 시대가 온 것이다. 트랜지스터가 개발되어 IT의 활용으로 각종 전자제품들에 활용되어 벽걸이 TV가 생겨나고 컴퓨터도 소형화에 이르게 된 것이다.

앞으로 10년이나 20년 뒤에는 그간 불치로 여겨졌던 병들도 치유할 만큼 의학이 발달하여 인간 수명이 150년에 이를 수도 있을 것이다. 이렇듯 세상이 급속도로 바뀌어 가면 미국이나 유럽까지의 여행도 3시간 안에 가능해질지도 모른다.

과학의 힘은 어디까지가 한계일지 헤아리기 힘들고 국력 면에서도 세계의 판도는 달라질 것이다. 아마도 중국과 인도가 1위, 2위를 차지하여 동양이 전 세계의 패권을 잡을지도 모르겠다.

2009. 7. 7 (火)

개천에서는 용이 나지 않는다

사람들은 흔히 대성한 인물을 보고 그의 집안을 살펴보면서 개천에서 용 났다고들 하는데 그것은 근거가 희박한 말이다. 용이 태동하기까지는 남들이 알지 못하는 사연과 내력이 숨어 있기 마련이고 그 집안을 비롯한 본인의 피나는 공이 깃들어 있다고 본다.

예를 들어 대대로 남의 밑에서 노예 생활만 해 온 집안에서 그 자손이 어느 날 갑자기 장관이 되고 대통령이 된다면 개천에서 용 났다고 하기에 충분하겠지만 세상의 이치는 이를 결코 용납하지 않는 법이다. 이런 집안에서도 인물을 배출시키려면 연차적인 훈련과 시련과 고통이 함께 수반되는 것이다.

우리 집안도 산간벽촌에서 도시로 이주하기 전까지만 해도 많은 우여곡절이 따르는지라 도시로 나오는 데만도 많은 재산이 탕진된 셈이다. 자식들 교육을 위해 우리 아버지는 도시로 나와 많은 재산을 날리고도 겨우 딸 하나 전문학교, 아들 하나 중학교를 나온 것으로 끝이 났다.

우리 증조부는 농군으로서 일밖에 모르셨지만 조부님은 서당에도 다니셨고 자수성가하여 우리 아버지를 30년 동안 글을 가르치며 유명한 학자의 사사도 받게 하였지만 시대의 변천에 적응하지 못해 무위로 돌아가고 말았으니 한 집안의 발전도 점진적인 계단을 밟아야만 하는 것이 아닌가 하는 생각이 들곤 한다.

2009. 7. 8 (水)

고질적인 한국정치 바꿀 때도 되었다

같은 안건을 가지고도 여야의 입장차가 늘 다르고, 사소한 견해 차이에도 조금의 양보나 타협이 없는 옹고집으로는 원만한 민주정치를 기대하기 힘들다. 요즘 국회에서는 비정규직 근로자의 안건을 가지고 한 달 이상 실랑이로 공전을 거듭하고 있는데 여야가 서로에게 그 책임을 떠밀고만 있는 꼴을 보고 있자니 불신과 혐오감은 더욱 커져만 간다.

우리나라 정치인들의 속성은 정권을 잡을 때와 야당이 되었을 때가 180도로 달라지는 것을 본다. 한나라당이 야당에 있을 때 민주당의 사학법 개정을 놓고 그토록 극렬하게 반대를 일삼았는데 이제는 그 반대가 되어 민주당이 사사건건 여당에 대해 반대만을 주장하고 있으니 도대체 국민을 위하는 정치인지 정치패거리들의 보복을 위한 국회인지 가늠이 되질 않는다.

국민의 다수가 판정을 내렸으면 정치인들은 그것을 승복하고 인정하는 것이 민주정치라고 할 수 있는데 지금 같은 정치 형태로는 남북분단 역시 영원히 고착되지 않을까 우려될 뿐이다. 이제는 정치가 바뀌어야만 온 국민이 살 수 있다.

2009. 7. 9 (木)

지루한 와병 생활

만 6년 동안 몸이 불편해 거동을 자유로이 하지 못했다. 아파트의 제한된 공간에서 겨우 자리보전만 하다가 3년 전부터서야 겨우 부축을 받아 식탁의자에 앉아 있는 것이 나의 움직임 전부였다. 참으로 막막하고 절망적인 생활인 것이다.

아무도 알아주지 않는 감옥 같은 생활을 극복하려면 무엇인가 돌파구를 찾아야 하겠기에 생각해 낸 것이 독서였다. 늙어서도 부모의 덕택인지 정신력은 건재하여 조금만 노력하면 독서는 얼마든지 가능한 일이었다. 처음 적응할 때는 울분에 못 이겨 몸부림도 치고 정신과 약을 복용하면서까지 마음을 추슬러 독서에 취미를 붙여갔다.

옛날에도 틈틈이 책도 읽고 글도 써 봤지만 그때는 어디까지나 거동이 자유로울 때였고 지금은 겨우 두뇌활동만 자유로운 처지에서 만사를 아내의 조력을 받아야만 한다. 이러한 녹녹함 속에서도 다행히 책은 꾸준히 읽을 수 있어 정신적인 풍요만큼은 타 노인들보다 혜택을 받고 있는 듯하다.

와병 중에도 이렇듯 자구책을 챙겨 두뇌를 부지런히 움직이며 살아가는 것이 천정만 바라보고 죽을 날을 기다리는 것보다는 훨씬 덜 지루한 생활이라고 본다.

2009. 7. 10 (金)

삶의 생각을 남기는 일

인생을 살아가는 방법과 생각은 사람마다 다르기 마련이다. 인생을 잘살면 잘산 대로 못살면 못산 대로 그 사람이 살다간 흔적을 남기고 가는 것이 타 동물과 다른 인간만의 차이가 아닌가 싶다.

그래서 뜻 있게 살다간 선인들은 무엇인가 흔적을 남기려 한 것을 엿볼 수 있다. 물론 역량에 따라 그 가치야 다르겠지만 무명인일지라도 흔적을 남긴 집안은 그것이 집안의 문집(文集)이 되고 역사가 되어 자손들에게는 귀감이 될 수도 있음을 보아왔다.

그러나 우리 집안은 유감스럽게도 그러한 집안의 흔적을 찾을 수가 없다.

조부모님 때부터 한학을 공부하셔서 고을에서는 출입께나 하셨고, 부친 역시 30년간 한학의 서생으로 보내셨지만 이렇다 할 흔적을 남기시지 못하고 세상을 뜨셨는데 겨우 남겨 놓은 것이라곤 그날그날의 상황 변동을 한두 줄로 기록한 한문 일기장 몇 권이 전부였었다.

그마저 모진 가난에 못 이겨 전부 소실되어 버리고 빛바랜 갱지에 사망 직전까지의 일상사를 기록한 낡은 책자 하나가 보존되어 명맥을 유지하고 있음은 불행 중 다행이라고 생각한다.

사람이 먹고만 살다가 아무 것도 남긴 것 없이 허무하게 사라져 버린다면 하등동물과 무엇이 다르겠는가?

그래서 나는 무엇이라도 흔적을 남기고 가고 싶은 욕망을 떨쳐 버릴 수가 없는 것이다.

2009. 7. 11 (土)

수포로 돌아간 이상향

옛말에 이르기를 화무십일홍(花無十日紅)이요 권불십년(權不十年)이라 했다. 허무한 것이 인생이요 허망한 것이 권력이 아닌가 싶다. 어제는 노무현 전 대통령이 세상을 뜬 지 49일이 되어 고향 봉화마을에 그 유해가 안장되었다.

그동안 그곳 절에다가 안치해 두었는데 49일을 기해 낙향했던 장소에다 평장하고 그의 유언대로 작은 비석 하나를 세우는 것으로 종지부를 찍었다.

그저 돌조각 하나만이 적막한 산기슭에서 마을을 내려다 볼 뿐이다. 그가 대통령 임기를 마치고 고향마을로 내려가 이상향의 마을을 만들겠다는 꿈은 1년이 채 못 되어 물거품으로 변할 줄을 누가 알았겠는가?

평소 소박한 정치철학과 개혁진보 이념으로 추종세력들의 지지도 받았지만 집안의 어거(馭車) 부족인지 아니면 재물의 유혹을 뿌리치지 못한 탓인지는 모르지만 한 점의 오점 때문에 자존심에 모욕을 느껴 자살이라는 극단적인 방법으로 양심을 대변했음은 인간적으로 안타까운 일이다.

중국 고사에 나오는 사지금(四知金)이라는 격언을 미리 알았더라도 이러한 비극은 없었을 것이고 보기 드문 대통령의 말년상을 과시하면서 봉화마을 한 곳이라도 이상향이 만들어질 것인데 수포로 돌아갔으니 인력으로는 유토피아가 이루어지기는 어려운가 보다.

2009. 7. 12 (日)

수명은 늘어만 가는데

생활의 여유와 의학의 발달로 수명은 늘어나 앞으로 40년 후인 2050년경에는 출생은 줄어들고 수명만 늘어 초고령사회로 변해갈 것이다. 65세 이상의 노년층이 인구의 40%가 된다고 하니 남한 인구를 5,000만 명으로 잡으면 자그마치 2,000만 명이 노년층이라는 말이다. 거기서 일어나는 문제들을 지금부터 미리 대비하지 않으면 커다란 사회문제가 아닐 수 없다.

직장의 연한도 75세까지 연장해야 되고 사회복지도 그만큼 늘려야 100세 이상의 노인들의 삶이 보다 윤택해질 것이다. 지금의 청소년들과 젊은 세대들은 더욱더 노후 대책에 유의하고 신경을 써야만 한다. 앞으로 DNA 검사의 발달로 각종 질병과 난치병 역시 미리 예방할 수 있는 의학적인 시스템이 생겨나서 평균수명이 100세에 이르는 날이 머지않아 도래할 것 같다.

사정이 이러하니 젊은 층들은 지금부터라도 정신을 똑바로 차려서 신체건강에 유의해야 고령사회에 대비할 수 있을 것이다. 아무리 의학이 발달해도 원초적인 건강관리의 몫은 개인에게 있으므로 적당한 운동과 규칙적인 생활은 필수적이다.

2009. 7. 13 (月)

비육지탄(髀肉之嘆)을 생각하며

중국 후한 시대에 유비가 출전을 하지 않고 집에서 별로 할 일 없이 있던 시기에 나온 고사이다. 항시 말을 타고 전쟁터에서 조정의 저항세력들과 싸우던 사람이 집에만 있자니 엉덩이 넓적다리가 살이 찌는 것을 한탄하는 말로써 능력이 있어도 때가 오지 않아 쓰이지 못한다는 의미이다.

삼국지 소설에 의하면 유비는 비육지탄을 하고 있다가 삼고초려(三顧草廬)로 제갈량을 얻어 촉나라를 세워 조조의 세력과 맞서게 된다. 두문불출(杜門不出)의 신세에 있는 나 역시 아무리 혼자 책을 많이 읽고 실력을 양성한다고 해도 다 늙어 공부한다는 것이 비육지탄에 지나지 않을 것이다.

또한 아무리 제갈량을 구하고 기다린다고 해도 허사임을 스스로 알고 있지만 그렇다고 가만히 천장만 보고 있는 것보다는 소일거리 자구책에 불과한 독서를 하는 순간만큼은 정신적인 풍요를 느낀다.

젊어서 이렇듯 독서를 계속했더라면 제갈량 구하기도 훨씬 용이했겠지만 다 늦게 새벽 호랑이가 되어 봤자 먹이사냥도 못한 채 심산유곡으로 숨어들 수밖에 없을 것이다. 이러한 내 처지가 서글프기만 하다.

2009. 7. 14 (火)

석우의 학교를 둘러보며

언제부터 한 번은 가 보고 싶었던 석우의 학교를 한재가 둘러보자고 하기에 휠체어를 차에 싣고서 아내와 셋이서 나들이를 나섰다. 요즘은 어딜 가나 차량의 홍수 속에서 서행하기 마련인데 한 시간 남짓 뻥 뚫린 도로를 달려 동두천까지 다다를 수 있었다.

그런데 길가마다 음식점들이 줄줄이 박혀 있는 것을 볼 때 우리나라처럼 먹거리 공화국이 또 있을까 하는 생각에 씁쓸한 기분이 들었다. 세계 어느 나라에서도 볼 수 없는 희귀한 현상이 아닐 수 없다.

한 달에 두 번씩 석우에게 편지로만 보냈던 장소를 직접 찾고 보니 의외로 규모가 컸다. 신설학교라서 그런지 다른 고등학교 캠퍼스보다는 월등하게 장소도 넓었고 시설도 양호한 편이었다. 금년에 겨우 2회 졸업생을 배출했고, 석우가 내년에 졸업을 하면 3회째가 된다고 하니 학교의 역사라야 없는 셈이지만 우수한 학생들만 모집해서 공부를 시키기에 분위기는 양호하다고 한다.

학교의 전교생이 기숙사 생활을 하는데 식당이나 도서관 등의 시설이 현대식으로 잘 갖추어져 있었고 외국어학교답게 교사들은 모두 외국인이라고 했다. 이 학교도 여학생이 2/3를 차지하니 앞으로 우리나라도 우먼파워 시대가 올 것 같다.

2009. 7. 15 (水)

지방자치제의 장점

요즈음 지방 어디를 가든지 도로만큼은 잘 뚫려 있다. 전 국민 마이카 시대를 대비해서 지방 예산을 중점적으로 도로 확충에 집행한 것 같다. 하기야 국가의 동맥과도 같은 도로소통이 원활해야 도시와 농촌 간이 한나절 생활권 속에서 활발한 유통을 할 수 있으니 이는 당연한 것이다.

그러나 아직까지도 우리의 농촌과 지방 도시는 예전에 비하여 개량되었다고는 하지만 주택과 건물이 서양식 현대식으로 들어서지는 못하고 있는 실정이다.

그저 획일적으로 성냥갑 같은 아파트만 늘어나고 있는 추세여서 미관상 볼품이 없다. 일국의 생활문화가 발달하고 의식주가 개혁되기까지는 오랜 시간이 소요되는 법이다. 그러나 지방자치제가 제대로 실시되어 간다면 다방면에서 타지방과의 경쟁이 작용하여 개량의 속도 또한 탄력을 받을 수 있을 것이다.

예전 중앙집권제 시절에는 중앙의 예산을 타오기까지 많은 제약과 시일이 걸렸고 특정지역에 편중되었다. 하지만 이제는 지방에서 직접 세수를 확보하여 소요되는 사업에 즉시 예산집행이 가능하니 효율성과 신속성을 추구할 수 있게 되었다.

물론 초창기에는 경험부족으로 시행착오도 많았지만 확실히 새로운 프로젝트들이 눈에 띄게 늘어나고 있음을 볼 수 있다. 그럼에도 여전히 각 지방마다 예산 불균형의 문제를 해결하는 것이 숙제로 남아 있다.

2009. 7. 16 (木)

컴퓨터 대란

나는 컴퓨터를 전혀 다룰 줄 모른다. 정은이가 컴퓨터를 사다 놓은 지 두 달이 지났지만 취미도 없고 작동을 할 줄 몰라서 인터넷 연결을 하지 않고 있다.

말하자면 우리 부부는 컴퓨터 문맹인이 되어 현대인이 아닌 셈이다. 컴퓨터를 사용할 줄 알면 인터넷을 이용하여 각종 정보 등을 알 수 있고 민원사무도 집에서 처리할 수 있어 늦게라도 배워 두는 것이 좋다고 정은이가 적극 권했지만 어쩐지 손대기가 무서운 것이다.

첫째가 손놀림이 자유롭지 못해서 마우스를 이리저리 원하는 대로 움직일 자신이 없다. 요즘은 모든 기능을 컴퓨터에 의지하여 국가 대사마저도 움직이고 있지만 그에 따른 부작용이나 사이버 범죄도 늘어나고 있다. 며칠 전에는 해킹이 침범하여 국가의 전산망이 일시에 마비되었다니 이러한 범죄가 더욱 발달하면 국가의 기밀이나 회사는 물론 개인정보까지 누출되는 것이 아닌가 심히 우려된다.

이번에도 간첩의 소행으로 수사의 초점을 맞추고 있다 하니 아무리 좋은 기계나 문명의 이기가 생겨도 허점과 취약점은 있기 마련인가 보다. 갈수록 컴퓨터 범죄는 지능화 되고 있으니 앞으로 컴퓨터를 이용하여 국가 전체를 마비시키는 범죄도 일어날지 모른다. 그리 되면 영화에서처럼 기계대란이 일어날 가능성도 배제할 수 없다.

2009. 7. 17 (金)

외롭기만한 북한 정책의 투쟁

중국이나 러시아도 호응을 안 하는 가운데 북한의 최고 인민회의위원장인 김영남이 절대로 6자 회담에 응하지 않을 것이며 미국이 적대 행위를 계속하는 한 핵 또한 포기할 수 없다고 선언하였다. 객관적으로 볼 때 북한의 외교정책은 참으로 무모하고 위험한 태도가 아닐 수 없다.

그러한 주장들은 미국이나 러시아, 중국, 프랑스, 영국 같은 강대국들만이 주장할 수 있는 자위적인 언사가 될 수 있지 힘없는 약국이 아무리 말해 봤자 역효과만 날뿐 먹혀들지 않는 객기에 지나지 않는다는 것을 모르나 보다.

미국도 더 이상 아쉬울 것이 없는 양 회담의 필요성이 없다 하고 유엔에서도 핵개발 장소와 미사일 기지 등 8곳에 제재를 가하겠다고 하니 북핵 문제의 돌파구는 해결될 기미가 보이질 않는다.

게다가 김정일 국방위원장의 끊임없는 와병설이 나돌고 있는 마당에 양보를 모르는 일방적인 요구만 하는 것이 과연 얼마만큼 자국에 이익이 될지는 두고 볼 일이다. 우방인 중국이나 러시아마저 등을 돌릴 수도 있는 정책만을 쓰려고 하니 힘을 얻을 때까지는 일보 양보가 해법이라는 것을 북한이 알았으면 한다.

2009. 7. 18 (土)

다시 대두되는 개헌론

어제는 61회 제헌절이었다. 이 나라에 처음 자유 민주정치를 시행하기 위해서 헌법을 제정한 날이다. 환갑의 세월 동안 집권자의 탐욕에 따라 헌법을 몇 번씩 뜯어고치는 우여곡절의 오욕의 역사가 대부분이었다.

원래 성숙된 나라의 헌법은 부득이한 경우를 제외하고는 쉽사리 개헌하지 않는 것이 상식이다. 일국의 헌법을 제정할 때는 전문 학자는 물론 각계의 권위 있는 식자들이 총동원 되어 완전무결하게 만들고 이를 모두가 준수할 의무와 책임이 있다.

그런데 우리나라는 집권자들의 탐욕과 횡포에 의해 무리한 개헌을 반복해 왔음에 국민의 민도를 측정할 수 있다. 그동안 장기집권의 비극과 부작용을 막기 위해서 대통령 임기를 5년 단임제로 정했던 헌법을 또다시 4년 연임제로 환원하자는 개헌론이 일각에서 나오고 있다.

단 한 번의 짧은 임기로는 시책을 이룰 시간도 부족하고 책임도 떨어진다는 구실이다. 이러한 개헌론은 어제 김형오 국회의장의 기념사에서도 언급되었다. 법의 개정이 문제가 아니라 그 법의 운영의 묘가 부족해서 불상사가 났던 과거의 역사를 망각하는 정치인들이 지금도 이 나라에는 수두룩한 것 같다.

2009. 7. 19 (日)

역설적인 한국의 정치인들

우리나라 정치인들 중에는 그 말로가 비참하게 끝난 사람들이 많다. 그 원인을 분석해 보면 모두가 권력의 한계를 벗어난 탐욕에 따른 비극이었다. 이승만 대통령과 이기붕 국회의장이 그러했고, 심복에게 배신당한 박정희 대통령의 경우도 유래 없는 일인 독재정치의 결과이다.

박 대통령은 옛날 로마의 카이사르와 브루터스를 연상케 했으며 최근 노무현 대통령의 비극 역시 직분을 지키지 못한 일종의 제가(齊家)와 어거(馭車) 부족에 의한 말로였다.

불행 중 다행으로 노 대통령의 경우 그의 민주화 치적과 일말의 양심이 자존심을 살려 많은 국민들의 애도를 이끌어냈다. 아무튼 이러한 일련의 비극적인 말로는 역설적으로 우리나라 민주정치의 밑거름이 된 셈이다.

이승만이 해외로 쫓겨나고 이기붕과 최인규가 죽음으로써 이 나라의 부정선거가 사라졌고, 박정희와 김재규의 죽음으로 장기집권이 꺾이고 말았다. 이번 노무현의 죽음은 앞으로 대통령 자리에 앉은 자들이 재물을 탐하지 않도록 할 것이다.

역설적으로 말해서 고위권력자들의 비극은 민주정치의 장래를 밝게 해 주는 희생양이었던 것이다.

2009. 7. 20 (月)

바다는 육지의 저수창고이다

금년 장맛비는 예년에 비해 강수량이 많은 것 같다. 전국적으로 평균 5백 밀리 이상의 비가 7월 중에 퍼부은 듯하다. 이렇듯 하늘에서 쏟아진 빗물은 일부는 대지를 적시며 땅속으로 스며들고 또 일부는 골짜기를 막아서 계곡에 가두어 두었다가 인간들이 요긴하게 사용하고 있다.

그리고 나머지 물은 바다로 흘러 들어가 저장이 되었다가 태양열에 의해 반사되어 다시 수증기가 되고 구름이 만들어져 바람을 타고 다시 육지로 쏟아지는 일을 반복 순환한다. 이러한 자연의 순환원리 덕분으로 모든 생물들은 생존할 수 있는 것이다. 물은 모든 동식물을 먹여 살리는 생명수와 같다.

그래서 중국의 노자도 물을 이 세상에서 최상의 물질로 여기며 숭배했던 것이다. 물이 없으면 인간은 고사하고 미생물마저도 존재할 수 없게 된다. 이 광활한 우주의 혹성 중에서 아직까지는 지구에만 물이 있는 것으로 판명되고 있는데 이러한 자연의 섭리를 만든 자는 누구인지 불가사의한 일이다.

그런데 탐구력이 동양인에 비해 월등한 서양의 선각자들은 이 불가사의한 난제를 풀다풀다 못하니까 신, 즉 하느님에게 귀결 지어 사람들을 설득해 온 것이다. 그 밖에는 다른 대안이나 답이 없기 때문이다.

2009. 7. 21 (火)

만청(晩晴)이란 호를 지은 내력

사람이 나이가 들어가면 이름 외에 호를 지어 사용하곤 한다. 그 진의를 생각해 보면 자신이 살아갈 지침이나 희망하는 인생관, 앞날을 상징할 수 있는 암시적인 글자를 넣어 사용했던 것이 예로부터 내려온 범례였다. 대개 명사들은 성과 이름을 잘 기억 못해도 그 호를 말하면 금방 그 이름을 떠 올리게 될 만큼 호가 널리 사용되었다.

우리 조부님의 호는 만취(晩翠)였고, 부친의 호는 하산(何山)이었다. 옛날에는 호가 통용되어 추사니 다산, 사계, 우암, 정암, 송강, 서예, 퇴계, 율곡, 화담 등 호만 말해도 누구든지 그 사람을 알 수 있었듯 호는 예부터 널리 통용되어 왔다.

비록 학문이나 인격을 갖추어야 호가 어울리긴 하나 나도 칠순이 지나 호를 한 번 지어보았다. 그간 나의 생애가 얼마나 고달팠던지 여생이나마 쾌청한 맑은 하늘처럼 살아보자는 염원에서 만청(晩晴)이라고 지어 보았다.

현실은 여전히 신체조차 마음대로 움직일 수 없는 역경뿐이지만 내 마음만은 모든 것을 초월해서 안정을 찾고 즐겁게 독서라도 할 수 있으니 이것이 만청이란 호의 의의라고 자위하며 황혼을 만끽하고 있다.

2009. 7. 22 (水)

스스로 베풀어야 이웃도 있다

이 세상을 살아가기 위해서는 먼저 남에게 베풀어야 한다. 말로 베풀고 마음으로 베풀고 물질로 베풀어야 남이 나를 따르고 이웃도 생겨나는 법이다. 따뜻한 마음과 부드럽고 온화한 말로 다만 차 한 잔이라도 오고 가는 정이 있어야 사람은 따르기 마련이다. 그래서 공자도 비인정(非人情)이면 불가근(不可近)이라고 했다.

사람의 정이 없으면 친밀한 관계가 유지될 수 없고 의리도 생겨나지 않는 법이다. 스스로 베푼다는 것은 인간성의 문제이다. 인간성이 발달하지 못한 사람은 베푼다는 생각을 도외시한다. 이러한 사람들에게는 이웃도 없고 진정한 친구 관계도 유지될 수가 없는 것이다. 그래서 항시 외롭게 살아가야 한다.

세상에 처세를 잘한다는 것은 물심양면과 행동으로 잘 베푸는 것을 말한다. 그런데 이렇게 처세하기가 쉬운 일은 아니다. 많은 인생 공부와 수양과 체질화가 따라야만 가능하다. 이기주의자나 유아독존(唯我獨尊) 격의 소유자에게는 베푼다는 것이 무의미한 공염불에 불과하겠지만 이들은 모두 인생을 멀리 내다보지 못하고 코앞만을 보는 근시안적인 사람일 뿐이다. 이 세상을 같은 값이면 가치 있고 폭 넓게 살다 가는 것이 바람직하지 않을까?

2009. 7. 23 (木)

현대인의 결혼관

남녀 간의 결혼의 정의는 가정의 시작이요, 종족보존의 기원이다. 그래서 예로부터 부모들이 결혼은 신중히 여겨온 것이다. 그러나 옛날에는 당사자들의 의사나 결혼관은 무시되고 부모나 집안 어른들의 판단에 따라 혼인이 성사되었다. 그저 여자는 여필종부(女必從夫)의 룰을 지키며 남자는 칠거지악(七去之惡)이 없는 한 백년을 해로하고 살아왔다.

생각해 보면 당사자들은 의사표시도 못하는 불합리하기 짝이 없는 결혼이었다. 요즘 사람들은 상상도 할 수 없는 결합이 이루어져 왔지만 그런대로 인류 역사는 지속이 되어 왔다. 그런데 오늘날의 결혼관은 본인 당사자들의 의사가 충분히 반영되었음에도 불구하고 인격의 미완성이나 경험 부족으로 이혼율이 젊은 기혼자들의 1/4이나 된다고 하니 사회문제가 아닐 수 없다.

이를 분석해 보면 결혼을 너무 가볍게 생각한 나머지 책임의식은 없이 그저 몽상과 쾌락만을 생각하고 시작한 탓이 아닌가 싶다. 성숙된 인생의 출발이란 서로 다른 인격체의 결합이므로 상대방을 이해하는 공동운명체로서 노를 저어야 한다는 철학적 인식이 있어야 하는데 이를 망각한 젊은이들의 선부른 결혼관은 분명 문제가 있는 것이다. 인생은 고해라는 것을 잊어서는 안 된다.

2009. 7. 24 (金)

법치주의란

우리나라 국회상을 바라보면서 법치주의의 실천은 아직도 요원함을 느낀다. 이번에도 방송법 개정과 기타 법안의 의결 과정에서 여야가 첨예한 대립으로 치달아 마침내 폭력과 욕설이 난무한 법의 산실이 되고 말았다. 이런 난장판을 보면 우리 국민의 저질 민도와 더불어 법이 잘 지켜지지 않는 원인을 발견할 수 있었다.

법을 제정 내지 개정할 때는 각계 전문가들의 충분한 의견을 수렴하고 토의한 끝에 신중히 해야 하는데 그저 당리나 소수 개인의 이익만을 대변하려는 모습에서 국민들은 납득을 할 수 없다. 우리의 역대 국회는 언제나 여야가 서로를 헐뜯고 잘못을 상대방의 탓으로 돌리는 게 일쑤였던지라 국민들의 혐오감은 날로 심해져 가고 있다.

매번 국민들 앞에서 혐오극만을 관람시키는 우리나라에서 법을 지키는 자가 오히려 바보로 치부되니 자연 이기집단이 난무할 수밖에 없는 것이다. 한마디로 말해서 이 나라에 탁월하고 역량 있는 지도자가 나오기 전에는 만인이 평등한 나를 위하고 너를 위한다는 준법정신이 우러나오지 않을 것 같다.

2009. 7. 25 (土)

지구상의 저항 세력들

이 지구상에는 언제나 힘으로 인류를 지배하려는 세력과 이에 맞서는 세력이 상존하고 있다. 그것이 오늘날에는 일명 보수와 진보라는 형태로 발전하여 대결을 하고 있는데, 강자가 약자를 억압하고 약자는 강자에게 저항하는 모습은 지구가 멸망하는 날까지 계속될 것이다.

한나라 안에서도 권력을 쥔 기득권 세력과 비주류들 간의 대립이 있는가 하면 국가와 국가 간에도 강국이 약소국을 침범하면 이에 따른 저항이 있기 마련인데 대부분 약소국이 많은 피해와 고통을 감내해 온 것이 인류의 역사였다.

예외적으로 100여 년간의 저항 끝에 드디어 강자의 손을 들게 한 민족도 있었는데 이는 훌륭한 민족 지도자가 존재했기에 가능했던 것이다. 아시아의 베트남 민족이 그러한 예이고 호치명이 바로 그들의 지도자였다.

호치명의 힘은 위선자가 아닌 민족의 양심을 대변하는 데 있었다. 그는 일생을 가난과 고통을 함께한 빈민들의 아버지요 동네 아저씨였다.

2009. 7. 26 (日)

무기수의 옥살이

과거 우리나라 두 대통령이 불명예의 중형을 언도받고 옥살이를 하는 것을 봤다. 그래도 최고 권력자였기에 특별 대우를 해 주었는데 9평 남짓한 독방에 침대와 화장실을 따르게 하여 죄수로서는 최고의 환경을 보장해 주었다. 물론 과거의 궁전이나 호화주택에 비하면 이루 말할 수 없는 하급생활이겠지만 세상과 격리된 영어의 몸으로서는 월등한 대우를 받은 것이다.

이 세상에는 중죄를 짓고 무기징역을 사는 사람이 있는가 하면 나처럼 죄를 짓지 않고도 신체를 움직일 수 없어 바깥 출입을 못하고 고급 장기수처럼 집에만 갇혀 지내는 경우도 있다. 생각해 보면 병으로 인해 자유로운 보행을 못하고 세상과 담을 치고 살아가는 내 신세는 영락없는 무기수나 다름없다.

단지 나의 경우는 30평 내의 주거공간에서 보호자의 보필을 받으며 생존한다는 특혜가 주어질 뿐 바깥 세상과 격리되어 목숨을 유지하고 있는 모습은 장기수나 매일반인 것이다. 과거 김대중 대통령이 한때 사형수가 되어 만사를 체념하고 독방에서 책만 읽었다는 심정으로 나 역시 절망 속에서도 책으로 달래보지만 다 늙은 나이에 보람 있는 독서는 될 수 없으며 그저 궁여지책으로 읽을 뿐이다. 그래도 무위도식하는 것보단 나을 것이다.

2009. 7. 27 (月)

지식인의 말은 품위가 있어야 한다

지식을 갖춘다는 것은 고상한 인격을 갖추기 위함이다. 아무리 지식이 높다 하더라도 역화 되지 않은 감정을 그대로 표출하면 천박하기 짝이 없다.

이 근래 김동길이라는 연대 교수가 노무현 전 대통령의 장례 조문 행렬을 보고 한 말이 가관이다. 조문행렬에 가담한 그들을 보고 돈을 받고 참가했다고 하는 것도 모자라 김대중 대통령 보고는 그나마 뛰어내릴 힘이 있을 때 노무현 대통령처럼 자살을 하라는 악담을 해서 국민들의 빈축을 사고 있다.

한때는 자신도 권력과 금권이 탐이 나서 재벌에 빌붙어 대통령 선거운동에까지 가담했던 소위 정치지식인이라는 사람이 맹목적인 반공우익의 속성과 근성을 버리지 못한 채 함부로 지껄이고 있다. 자신이 내뱉은 말이 진보세력들의 부메랑이 되어 돌아올 거라는 생각을 어찌 하지 못한단 말인가! 그야말로 세상을 하직할 때가 오지 않았나 사료된다.

인간은 자신이 보는 만큼 알고 아는 만큼밖에 보지 못한다는 말이 있듯이 지식인이 시국을 제대로 파악하지 못한다면 식견 없는 범부만 못할 것이다. 지금은 21세기를 달리고 있는 한국이다.

2009. 7. 28 (火)

소설을 다시 땜질하며

평생 처음 써 본 소설이라서 두고두고 손질과 땜질을 해도 흡족하질 못하고 계륵(鷄肋) 같은 존재에 불과하다. 2인칭 대화가 미흡하고 내가 의도했던 사상성이 약해서 주제가 뚜렷하지 못해 내 마음에 차지 않는 것이다.

그래서 다시 한번 훑어보면서 내 실존에 의한 자연주의적인 리얼한 삶을 좀 더 부각시키고자 몇 안 되는 대화 상대지만 2인칭 대화 양식을 취해 봐야겠다.

나와 같은 소설의 초보자가 여러 번의 수정 작업을 한다는 것은 너무나 당연한 일인데도 그동안 망설였던 이유는 컴퓨터를 사용하지 못해 2중으로 남의 손을 빌려야 하기에 미루어 왔던 것이다.

일류 문인들도 소설 하나를 완성하기까지는 몇 년의 세월을 두고 수없이 손질하는 것이 다반사인데 나 같은 문외한이 소설 흉내를 내려면 더 많은 노력과 수정이 필요할 것이다. 이를 잘 수행하여 하나의 작품을 만들어봐야겠다.

2009. 7. 29 (水)

늙을수록 인내심이 필요하다

늙으면 귀가 순해져야 한다고 공자는 말했다. 귀가 순해진다는 것은 많은 인내심과 수양이 필요함을 뜻한다. 남이 나에게 아니꼬운 행동과 언사를 하여도 이를 무시해 버리는 습관이 체질적으로 길들여져야 남과 부딪히는 일을 방지할 수 있다.

그러한 차원에 이르기까지는 상당한 수양을 해야 자신의 품위와 위신을 지킬 수가 있다. 상대적인 비행을 보고 서로 시비를 따진다는 것은 옳고 그름을 고사하고 한결같이 대인은 못 된다는 반증이기도 하다.

이 세상의 대인관계고 정치판에서의 처신이고 모두가 동일한 이치이다. 상대를 존중해야 자신도 존중받는다는 간단하고도 어려운 이치가 정착될 때 분쟁은 없어질 터인데 인간의 속성상 그러기가 힘이 든다.

모든 사람들이 세련된 환경에서 자라나고 교양과 지식을 갖추기 전에는 상대를 존중하기가 어려운 것 같다. 나이가 들수록 인내로써 자신의 속된 마음을 다스리는 일이 중요하다는 것을 깨닫는다.

2009. 7. 30 (木)

원인과 결과와 그 보답

불가에서는 흔히 인과응보를 강조한다. 이는 불교의 주장뿐이 아니라 세상을 살아가는 사람의 이치이자 진리인 것이다. 사람이 살면서 선한 업을 닦으면 선한 결과를 초래하고 악한 업을 닦으면 그 결과가 악한 보답이 온다는 것은 자명한 이치이다. 이를 모두가 알고 있지만 세상을 살다 보면 선한 일만을 골라 할 수는 없는지라 그 업보를 치유하는데도 많은 시간이 소요되는 것이 인생이다.

업이란 다름 아닌 사람의 행동이자 일상생활이다. 따라서 모든 만사에는 인과응보가 적용되어 업보가 되어 돌아온다는 사실을 깨달을 때 비로소 선한 결과의 업보를 받으며 인생을 영위할 수 있게 된다.

어려서 일찍부터 공부 잘하고 부지런히 근면을 취한 보답에는 풍요로운 삶이 보장되지만 그를 깨닫지 못한 보상은 무엇인가를 생각할 때 인과응보의 진리는 만사에 적용됨을 알 수 있다.

2009. 7. 31 (金)

세계신기록 여덟 쌍둥이 출산

인류 역사 이래 사람이 한꺼번에 여덟 명의 아이를 출산한 일은 이번이 처음이다. 미국에서 금년 1월에 33세인 '나디아 슐만' 이란 여인이 여덟 쌍둥이를 무사히 출산해 세계적인 화제가 되고 있다.

그 여인은 이미 6명의 아이가 있는데도 불구하고 또다시 체외수정으로 여덟 명의 쌍둥이를 출산하여 양육하고 있다니 사람도 개나 비슷한 체질을 가지고 있는 듯싶다. 의학이 발달하고 과학이 발달한 소치인 것이다.

그런데 유럽 덴마크의 TV촬영회사(아이워스 제작사)가 3년간의 육성 리얼리티쇼에 출연하는 조건으로 미화 25만 달러(한화로 3억 1천만 원)에 계약했다고 한다. 돈은 3차에 걸쳐 지불하기로 하고 3년 동안 이상 없이 육아에 성공하면 또다시 재계약을 하겠다고 하는데 그 아이들이 모두 정상적으로 성인이 될지는 그 누구도 장담할 수 없다. 오직 신의 섭리라고 할 수밖에는 없다.

앞으로 이런 세상이 발전되면 국가의 인구도 마음대로 조절할 수 있는 계획된 생산공장화도 가능할지 모른다. 아직까지는 신변보호를 위해 화제인물의 거처를 공개하고 있지 않지만 혹여라도 공개가 되면 많은 일화가 생길 것이다.

2009. 8. 1 (土)

대인 관계는 원활히

사람이 세상을 살아가려면 수시로 대인 접촉을 하는 게 일인데 이를 잘하고 못하고에 있어 그 처세가 정해진다. 그러나 만인에게 한결같이 잘하기란 참으로 어려운 일이다. 왜냐하면 인간은 상대적이어서 상대에 따라서는 불쾌하게 대할 수도 있고 또한 상냥하게 대할 수도 있는 것이 보통 우리들의 대인 관계일 것이다.

상대가 부드러운 어조로 미소를 띠며 대하는데 불쾌하게 대하거나 상대가 성난 어조로 대하는데 상냥하게 대하는 것도 정상적인 대화태도는 아니다. 그러나 상대가 불쾌하게 고성으로 나올 때 똑같이 행동을 취하면 틀림없이 싸움으로 발전하게 된다. 이때는 한쪽은 말을 참았다가 기다린 후에 톤을 낮추어 대화를 하는 것이 좋은 방법이다.

무엇보다 대화 중에 주의할 점은 상대가 무지해서 모른다고 깔보는 태도나 언질은 아주 금물이다. 언제나 사고의 발단은 상대를 경멸하고 무시하는 데부터서 시작이 되는 법이다. 상대의 질과 수준에 맞추어 대화하는 것이 제일 좋은 처세이지만 그러기 위해선 자신이 상당한 수준의 수양과 교양을 완비해야 한다.

2009. 8. 2 (日)

훌륭한 조상을 두었어도

조상이 아무리 훌륭한 업적을 남겼더라도 그 후손들이 뜻이 없고 말로만 자랑을 늘어놓는다면 무가치한 염불에 지나지 않는다. 모름지기 후손들은 훌륭한 조상이 있었으면 그 정신과 얼을 이어받아 그 업적에 버금가도록 노력을 기울여야 한다.

조상이 어느 고을에서 이름을 떨쳤으면 그 자손은 도에서 명인이 되도록 노력하고, 그 다음 대에는 국가적으로 전 세계적으로 도약을 하여야 조상도 빛이 나고 가문도 빛이 날 것이다.

그런데 우리네 가정들은 전통정신이 희박하고 큰 뜻이 없어 대대로 명예로운 집안이 무척이나 드물다. 명인이란 비단 한 분야에 속해 있는 것이 아니라 모든 종목에 해당될 수 있다. 학문에서도 철학, 문학, 과학, 공학 등이 있고 기술면에서도 수십 종의 장인들이 있는 것이다.

예를 들어 조선 시대에 김사계(김장생) 집안은 동양적인 석학은 못 되었지만 우리나라에서는 드물게 대제학이 한 집안에서 6명이나 나왔다. 이들은 모두 조상에 대한 충분한 도리를 이행했고 자신의 발전에 대한 책임과 노력을 다한 셈이다. 사람은 모름지기 뜻이 깊어야 발전이 있는 법이다.

2009. 8. 3 (月)

말년을 풍요롭게 보내려면

늙어서 병이 들더라도 정신적으로나마 보다 나은 삶을 영위하다 가야 된다는 것이 나의 평소 지론이자 신념이다. 그러기 위해선 무엇보다 정신적으로 풍요롭고 고상한 취미를 가져야 한다.

정년퇴임을 하면 최소한의 의식주만 해결할 정도에서 새로운 취미 생활을 즐기다 세상을 뜨는 것이 바람직한 삶이라고 본다. 이런 말년의 설계를 잘한 사람은 보람 있는 행복을 찾는 것이 아닌가 생각해 본다.

황혼에 지친 심신을 독서로써 달래고, 떠오르는 수상을 글로써 표현하면서 무료할 땐 세계 명곡이나 민속 음악을 음미하면서 소일하는 것도 늙어서의 좋은 아이디어이다. 거기에 가끔 좋은 친구들과 담소의 낙을 즐기는 것도 말년의 좋은 취미가 되겠다.

이러한 노년의 설계는 마음과 뜻만 있으면 누구에게나 가능한 문제이다. 단지 무의미하고 성실한 인생관이 없으면 멋있는 황혼이 될 수 없을 것이다. 인생은 스스로 설계를 잘 짜나가야 한다.

2009. 8. 4 (火)

철학이란 무엇인가

철학이란 한마디로 말해서 인생의 지침과 미래를 예측하는 개개인의 사유로서 자신의 경험과 문헌상의 고증을 토대로 연구하는 학문이다. 그러므로 한 없이 어렵자면 어렵고 쉽다면 쉬운 것이 철학의 개념이다.

인간이 살아가는 세계에 대한 지혜나 원리를 관념이나 또는 직관으로 탐구하고, 형이상학이나 형이하학적으로 진리를 인식하고 억측하여 가장 적합한 진리로 인식시켜 주는 것이 철학의 본질이라 하겠다. 이렇게 따지고 보면 참으로 어려운 학문인데 또 쉽게 풀이하면 인간 누구나가 철학자이고 자기 나름대로 철학관을 가지고 살아가고 있는 것이다.

단지 그 사고나 사유에 있어 우열의 차이와 심박의 차는 있어 인생의 행과 불행을 가늠하는 것이 개개인의 철학이라 할 수 있다. 그래서 우리는 살아가면서 인생의 철학을 배우고 죽을 때까지 살아가는 철학을 터득하는 꼴이다.

철학을 어렵게 소크라테스나 플라톤, 아리스토텔레스에게서만 찾지 말고 가까운 우리 주변의 삶에서 찾는 것이 바람직할 것이다.

2009. 8. 5 (水)

세련된 정치를 못하는 정치인들

요즈음 우리나라 국회상을 보면 여야가 아주 매끄럽지 못한 정치 형태를 보이고 있다. 민주당도 옛날 한나라당처럼 장외투쟁으로 방송법 날치기 통과를 규탄하며 원천무효 투쟁을 계속하고 있다. 거기에다 한나라당 의원들이 대리투표를 하였다고 사직당국에 고발까지 하며 투쟁을 강화하는 실정이다.

이에 박희태 한나라당 대표는 민주당은 정치를 하고 있는 것이 아니라 망치(亡治)를 하고 있다고 비난하고 나섰다. 이러한 사태를 보고 있는 국민들의 눈에는 모두가 순탄한 정치를 하고 있다고 볼 수 없다. 국민들 생각에는 여야가 한결같이 세련된 정치를 못하고 있다고 보는 것이다.

지금 여당이 야당을 할 때에도 똑같이 사학법 반대 투쟁을 하면서 장외투쟁을 일삼은 적이 있었다. 이때는 망치가 아니고 정당한 흥치(興治)를 했단 말인가! 여전히 사학법 개정은 아무 탈 없이 집행되고 있다. 한국의 정치인들은 반대를 위한 반대의 아집만 내세우지 타협과 합리적인 국민을 위한 정치는 못하고 파행정치로만 일관하고 있는 것이 안타깝다.

2009. 8. 6 (木)

클린턴 전 대통령의 방북

클린턴 전 미국 민주당 대통령이 이틀 전 북한을 전격 방문하여 억류중인 미국 여기자 2명과 함께 하루 만에 되돌아갔다. 힐러리 국무장관의 남편이기도 한 클린턴의 방북은 과연 무엇을 의미하는 것일까?

아직은 비밀에 싸여 있지만 그는 10여 년 전 집권 당시에도 라이트 국무장관을 방북케 하여 핵문제를 호의적으로 해결하려 노력하였다. 그러한 점으로 보아 이번 방북도 개인 자격으로서가 아니라 핵에 관한 미국 정부의 모종의 메시지를 가지고 갔음이 틀림없다.

미국 정부는 개인 자격으로 방북한 것이라고 변명을 하고 있지만 간첩혐의로 몰아갔던 미국 여기자 2명을 전격 석방시키고 클린턴을 극진히 대접한 것으로 봐서는 분명 북한이 얻은 것이 있으리라 짐작된다. 옛날부터 북한이 노린 정책은 미국을 직접 상대해서 이익을 보장받자는 속셈이었다.

양측이 지금까지 버티어 오다가 결국 미국이 양보한 것은 아닌지, 아무튼 이번 클린턴의 방북으로 현안문제가 풀려 핵문제 해결의 물꼬가 트였으면 한다. 이 문제를 지지부진 끌다가 다시 공화당 정권으로 넘어가면 우리 한반도의 평화도 장담할 수 없기 때문이다.

2009. 8. 7 (金)

인간은 정신이 모든 것을 지배한다

사람은 개개인에 따라 그 정신력이 강하고 약한 사람으로 분류된다. 이 정신력에 따라 그 사람의 삶의 질은 결정된다. 정신력이 흐리고 약한 자는 그 삶의 질도 별 볼일이 없으며 정신력이 똑바로 박힌 사람은 그 생활양식도 분명하여 향상을 목적할 수 있는 것이다. 결국 이러한 정신력의 차이가 시간이 지나면 결과로 나타나 인간의 성패를 좌우하는 것이다.

사람이 잘 살고 못 살고, 또는 성공하고 실패하고, 공부를 잘하고 못하고는 오로지 이 정신력이 90%를 차지하는 것이다. 여기에 적극성과 노력이 10%의 비중을 차지한다. 자고로 영웅달사나 위대한 지도자 또는 일의 성취를 이룬 사람치고 정신력이 박약한 사람은 하나도 없다.

하다못해 조그마한 무에서 유를 창조할 수 있었던 사람들까지도 정신력만큼은 모두가 강한 것을 엿볼 수 있다. 이 정신력은 어려서부터 부모의 인위적인 훈련과 교육환경의 영향을 받은 것이다. 흐리멍청한 정신으로 사는 사람들은 언제나 강한 정신으로 사는 자의 밑에서 기를 펴지 못하기 마련이다.

2009. 8. 8 (土)

인간에게 100% 완전무결이란 없다

역사상 지금까지 완전무결한 사람은 하나도 없었다. 아무리 현명한 성인이라 할지라도 그 취약점은 지니고 있기 마련이다. 그래서 자기의 주장이 절대적이라고 할 수 없는 것이다. 사람은 죽을 때까지 미완의 지식과 진리를 터득하며 살아가는 존재일 뿐이다. 끊임없이 배우고 익혀도 한이 없는 것이다.

그래서 배우며 살아가는 인생에게는 교만과 오만이 존재할 수 없고 항시 겸손이 따르기 마련이다. 그런데도 배움을 꾸준히 실천하기가 그리 쉬운 일은 아니다. 겸손하려면 우선 죽을 때까지 좋은 책을 읽고 항시 호시탐탐 요동치는 미혹들을 다스리고 진정시키는 수양이 필요하다.

인도의 간디 같은 인물을 보더라도 얼마나 마음을 다스렸으면 일생을 비폭력으로 국가를 구제할 수 있었던가! 사람이 이러한 경지에 이르지는 못할망정 교만과 오만이 없어질 만큼의 수양은 해야 한다고 본다. 오만과 교만의 근본 원인은 남을 무시하는 우월감에서부터 싹이 튼다고 본다.

인간의 지식은 한계가 있어 완전무결에 도달할 수 없거늘 어찌하여 조금 안다고 해서 우월감에 스스로 도취하려 한단 말인가? 항상 미숙하다는 겸손한 의식을 가질 때 비로소 인간은 타인으로부터 존경을 받는다는 것을 잊어서는 안 된다.

2009. 8. 9 (日)

약으로 연명하는 인생들

사람이 나이가 들면 고질병이 생기기 마련이다. 병이 들면 고통이 따라서 이를 완화하기 위해 약을 먹는다. 그럼으로써 생명이 연장된다. 옛날 같으면 의학이 발달하지 않아 고통을 받다가 죽어갔다. 돈 많은 귀족이나 지체가 높은 왕에 이르기까지 약이 없어 불가항력으로 생을 마감해야만 했으므로 조사한 예가 많았다.

그러나 지금은 희귀한 몇 가지 병을 제외하곤 의술의 발달로 어지간한 병은 치유하여 생명을 연장시킬 수 있게 되었다. 나부터서도 약 없이는 당장 소양증(가려움증)에 못 견딘다. 알레르기성 고질병을 이겨낼 수가 없어 항히스타민제를 수십 년간 한두 알씩 복용하고 있으며 뿐만 아니라 근래에는 신진대사에까지 문제가 생겨 이뇨제와 변비약까지 복용해야만 한다.

아내 역시 혈압과 콜레스테롤 수치가 높아 고지혈증까지 있어 수십 년을 약에 의존해 살고 있다. 하루 이틀만 약을 끊어도 신체에 이상이 올 정도이니 옛날 같으면 모두가 땅속에서 안주할 수밖에 없었을 것이다. 오래 사는 것이 능사는 될 수 없지만 너무 빨리 죽는 것도 자연적인 현상은 아니니 수명연장이 되면 무엇인가 가치를 부여할 수 있는 일을 하는 것이 타당할 것이다.

2009. 8. 10 (月)

힘든 임종을 보면서

그토록 정신력이 강했던 김대중 전 대통령의 임종이 가까워졌는지 몇 달 전부터 자주 병원을 드나들며 호흡곤란이 온다고 한다. 사람이 나이에는 장사 없다고 85세의 고령에다 예전에 다쳤던 몸인지라 정신력만으로는 한계에 다다른 것 같다.

그런 분은 자신의 의지와 투지로 대통령까지 지내보고 노벨 평화상까지 받아 세계에 명예를 떨쳤으니 죽어도 여한이 없겠지만 죽음의 길은 그렇게 힘이 드나 보다.

사람의 임종은 가지각색이라서 쉽게는 심한 뇌졸중이나 심장마비로부터 어렵게는 식물인간으로 산소 호흡기를 코에 대고 몇 년을 연명하며 고통을 가중시키기도 한다. 이왕 연로해서 죽을 바에야 약물주사나 산소호흡기 등으로 억지로 생을 연장시키는 것은 모두에게 무의미한 일이다.

모든 사물은 자연의 이치에 순응하여 살아가고 존재해야만 의미를 부여할 수 있다. 사람은 살만큼 살고 할 일을 끝냈으면 자연으로 돌아가야 한다. 인위적으로 단시간 생명을 연장시키는 것이 능사도 도리를 다했다고도 볼 수 없는 것이다.

2009. 8. 11 (火)

재력은 자력으로 살아갈 만큼만 필요하다

재력이 많을수록 좋다는 말은 사치스런 말이다. 재산이 많을수록 죄를 짓기도 쉽고 선한 마음을 가지기 어렵게 된다. 그렇다고 또 너무 없이 살면 사람 구실을 제대로 할 수 없고 천상이 되기 십상이다. 그래서 맹자도 제나라 경공에게 가르쳐 주기를 무항산이면 무항심이라고 하였다.

일정한 재산이 있어야 마음이 항시 떳떳할 수 있다는 것으로 사람이 쓸 때 가서는 써야 마음이 떳떳할 수 있다는 뜻이다. 꼭 써야 될 자리에서 쓰지 못하면 명분도 서지 않고 자존심도 지킬 수 없기에 독립할 만큼은 재력을 갖되 낭비를 해서는 안 된다. 이것이 사람이 살아가는 원칙이다.

그런데 사람들은 이러한 재물의 생리나 필요성을 분별하지 못해 조절이 어렵다고들 한다. 즉 적당성을 조절 못하고 살아가는 것이다. 그래서 있는 사람은 재물이 넘치고 없는 사람은 쩔쩔매는 생활을 한다. 중간에서 재력을 적당히 조절해서 장양하고 번 사람이 현명하다 할 것이다.

이것은 젊어서부터 계획되고 설계해 나가면 인위적으로도 가능한 문제인데 대개의 사람들은 경제관념이 희박해서 젊을 때는 등한시하거나 너무 욕심을 부려 실패하고 늙어서야 후회를 해대지만 이는 만시지탄일 뿐이다.

2009. 8. 12 (水)

주거 환경의 중요성

2500년 전에 맹모는 주거환경을 중시하고 세 번씩이나 옮겨 다닌 끝에 자식 교육에 대성하였다. 우리의 조상들도 집터의 명당을 찾고 주변 환경과 여건을 꽤나 찾아 주거지에 따라 빈부의 격차가 가려지는 것 같다. 주거환경을 따질 때 으레 몇 가지가 있다.

쾌적하고 교통이 편리하고 교육 시설이 양호하며 시장이 가까워 구매력이 활발한 곳을 택하게 된다. 나도 이곳을 처음 찾아올 때는 서울의 변두리였지만 그래도 1호선과 4호선의 환승역이 가깝고 아파트에서 5분 거리에 농수산유통매장이 있어 선택을 하게 되었다.

남북으로는 도봉산과 북악산이 병풍처럼 쳐 있는 한가운데 위치해서 지리조건이 괜찮아 보였다. 그래서 왜정시대부터 전라도 갑부인 김연수 씨가 이곳에 터를 잡고 살았나 보다. 그런데 지금은 우리 아파트 옆으로 바짝 고층 아파트가 들어서 북한산과 도봉산은 한쪽 구석밖에 보이지 않게 되었다.

그러나 바로 옆에 시립체육관과 운동장이 생겨 편리하게 이용할 수 있게 되었고 앞으로 전철 역사에 대형건물이 들어선다 하니 문화시설도 늘어나고 중랑천까지 운하가 연결되어 유람선이나 보트도 띄울 계획이라고 한다. 그렇게 되면 이곳은 상급지(上級地)는 못 돼도 주거환경 중급지(中級地)는 될 것 같다.

2009. 8. 13 (木)

죽기 전에 화해를

김영삼 전 대통령이 엊그제 세브란스 병원에서 혼수상태에 있는 김대중 전 대통령을 찾아가서 병문안을 했다. 거기에서 그동안의 라이벌 앙숙 관계를 화해한다고 일방적으로 선언했다고 한다.

민주화 투사로서 김영삼 씨는 그래도 옥살이는 면하고 집에서 연금을 당했는데 민주화의 봄을 맞이하여 대통령직을 놓고 암투하다가 김영삼 씨가 선수를 쳐서 3당 합당을 해 먼저 대통령이 되는 촌극을 빚기도 했다.

그 와중에 두 정치인은 수원지간처럼 20여 년을 지내온 처지였다. 국민들이 생각할 때는 같은 민주화 동지로서 서로가 형님 먼저, 아우 먼저 하는 페어플레이를 원했다. 하지만 한국 권력의 속성상 또한 영호남의 지역감정상 두 사람은 불목하고 지내다가 한 사람이 죽기 직전에 그것도 의식이 없을 때 화해를 청한다는 것은 안 하는 것보다야 낫겠지만 때늦은 감이 든다.

두 사람 모두 도량이 큰 정치인으로 보기에는 너무도 사욕이 지나친 사람들이 아니었나 싶다. 누가 먼저 대통령이 되고 나중에 되면 어떻다고 서로 먼저 하려 동지애를 저버렸다는 것은 사욕으로밖에 이해할 도리가 없다.

2009. 8. 14 (金)

자연재해로 인한 인근 국가들의 수난

해마다 이맘때면 찾아오는 태풍이지만 금년에는 일본과 대만 중국의 남동부를 강타해서 심각한 피해를 안겨주고 있다. 수십 수백 명의 사망자와 실종자가 생겨나고 있는 가운데 일본에서는 설상가상 진도 6.5의 강진이 발생하여 수많은 건물들이 붕괴되는 참상이 일어났다.

금년 여름은 유난히 지진이나 태풍 등의 자연재해로 인한 피해가 큰 것 같다. 다행히 우리나라는 아직까지 무사하지만 여름과 초가을에 수차례의 크고 작은 태풍이 지나가므로 아직은 마음을 놓을 수 없다. 우리나라 역시 강도의 차이는 있겠지만 해마다 한두 차례는 겪어야 되는 지리적 위치에 놓여 있기 때문이다.

동남아 남태평양의 적도 근처에서 만들어진 태풍은 바람의 방향에 따라 대만이나 남중국 또는 일본 및 우리나라의 피해규모를 결정한다. 인력으로는 어쩔 수 없는 태풍이나 장마 같은 자연재해는 피할 수도 없고 속수무책으로 감수해야만 한다. 자연 앞에 인간의 무력함을 드러낸 셈이다. 인간은 자연 앞에서는 참으로 약한 존재일 뿐이다.

2009. 8. 15 (土)

부모도 독립을 못하면 소홀히 한다

사람은 죽을 때까지 독립해서 살아야 떳떳하다. 그러한 철칙은 부모 자식 간에도 그러하다. 자식을 양육할 때는 몰라도 그 자식이 장성해서 독립을 하지 못하거나 혹은 부모가 늙어 스스로 경제력을 갖추지 못하면 모두가 떳떳할 수가 없게 된다. 자식들의 부모에 대한 소홀함은 어쩌면 당연한 것인지도 모른다.

조선 시대에 삼강오륜의 도덕관이 지배할 때도 진심으로 부모를 섬긴 자가 과연 얼마나 있었겠는가? 남의 눈을 의식해서 그저 하는 척 하는 위선이었다고 본다.

요즈음 같은 핵가족 시대의 효도란 도덕관이 확립되지 못한 때에 부모가 독립을 하지 못하고 자식에게 의탁하려 하면 부모의 처지나 입장을 진심으로 이해해 주는 자식이 얼마나 될 것인가 생각해 본다.

옛날 나는 어린 시절부터 부모가 독립을 못하고 딸자식들에게 의탁했던 환경 속에서 자라났던지라 그 처지를 너무나 잘 알고 있다. 그런 상황에서는 딸자식들이 부모를 어렵지 않게 생각하여 부모를 은연중에 무시하고 소홀히 대한다는 것을 어린 눈에도 알 수 있었다. 그래서 나는 그때 속으로 다짐을 하곤 했다.

'나는 절대로 늙어서도 독립해서 살겠다고!'

그것만이 부모가 자식들에게 진정으로 무시와 홀대를 당하지 않는 비결임을 뼈에 각인했던 것이다.

자식들이 불효자라서가 아니라 부모가 독립을 못 하면 대접을 못 받는 것은 당연한 현실이다.

2009. 8. 16 (日)

이 대통령의 8.15 경축사

이 대통령은 북한이 핵을 포기하면 경제협력을 전적으로 지원하겠다고 8.15 경축사에서 피력하였다. 이 말을 과연 북한 당국에서는 얼마나 신빙성 있게 받아들일지는 두고 봐야 알겠지만 북한 입장에서는 쉬이 용납할 수 있는 문제가 아닌 듯싶다.

우선 핵을 포기하기도 어렵거니와 그렇다고 남한의 경제협력을 쉽사리 수용할 수도 없는 처지일 것이다. 경제적인 원조를 얼마나 어떤 방식으로 하겠다는 구체적인 안도 없는 상황에서 현금으로 몇 백억 불을 준다면 몰라도 그 밖의 방안은 받아들여지기 어려운 제안일 것 같다.

그렇다면 공염불만 띠우는 것은 정치적인 발언일 뿐이고 대내외적인 선전술에 지나지 않다고 볼 때 북핵 문제는 미국이 열쇠를 가지고 해결하기 전에는 해결이 어렵지 않나 보인다. 하기야 하늘의 조화로 뜻밖의 해결이 나올 수도 있겠지만 그러기까지는 강대국들의 넓은 아량이 우선되어야 할 것이다. 한 나라의 흥망성쇠도 인위적인 것보다는 천운이 작용되는 것이기 때문이다.

2009. 8. 17 (月)

악연의 문병을 보며

이번에 전두환 대통령이 김대중 씨가 입원한 병원을 찾아갔다고 한다. 중환으로 직접 면담은 할 수 없었지만 아무튼 문병은 하고 갔다고 한다. 참으로 세월이 약이라는 말은 이를 두고 한 말인 것 같다.

김대중 전 대통령도 입원하기 전에 전두환 씨를 용서하려 노력하는 중이라고 적어 놓은 것을 보면 죽기 전에 모든 원한을 다 풀고 떠나려는 인생 마지막의 정리가 아닌가 싶다. 모든 사람은 죽을 때가 되면 선한 마음이 된다고 한다.

전두환 씨는 문병을 와서 과거 정권들 중에 김대중 정권 당시가 자기에게 제일 박해를 하지 않았다는 말로 용서와 화해의 제스추어를 취했다. 전두환은 과거 정권을 차지하기 위해 김대중을 제거할 목적으로 내란음모죄로 몰아 사형까지 시키려 하였으나 우방국제 간의 여론으로 실행하지 못했다.

아이러니한 역사는 훗날 그에게도 광주 5.18학살과 어마어마한 부정수탈을 죄명으로 사형을 언도케 했으니 정치의 비정함과 무상함을 뉘라서 막을 것인가? 이 정글의 원리 속에서도 살아남아 패권을 차지하고 죽을 때가 되어서야 정치의 무상함을 인식하고 화해한 명목으로 찾아다니는 정치인들의 속성을 바라보면서 씁쓸한 미소를 지어본다.

2009. 8. 18 (火)

인생을 잘 사는 사람과 못 사는 사람

사람이 세상을 살아가는 데는 사람마다 특색이 있고 각자의 방식도 다른 것인 인생사이다. 그런데 살아가는 방식에는 어쩔 수 없이 객관적인 평이 따르기 마련이다. 그래서 저 사람은 인생을 잘 산다든가 또는 못 산다든가 하는 자신도 모르는 제 3자의 평가 속에서 우리들은 지내고 있는 것이다.

자신이 원하지 않는 점수가 매겨지는 가운데 주위 사람들의 입에 오르내리며 살아가고 있음을 우리는 무의식적으로 느끼며 일상을 보내고 있다. 흔히들 저 사람은 인색하다느니 또는 인정머리가 없다느니 덕이 부족하다느니 자존심만 강하다느니 하는 호평보다는 악평으로 더 많이 평가되곤 한다. 참으로 처세함에 있어 호평을 받기란 어려운 것이다.

그래서 두리뭉실 적당히 살아가기 위해선 상당한 능력과 인생 공부가 필요한 법이다. 우선 능력만 하더라도 자발적으로 처세를 터득한 사람이 있고 남에게 길을 물어 노력을 한 결과 올바른 인생길을 터득한 사람도 있다. 아무리 좋은 길을 인도해 주어도 스스로 미로로만 빠져들고 남의 탓으로만 돌리는 사람도 있는 것이다.

인생이란 다름 아닌 사람이 살아가는 수단이요 형식을 말하는 것이다. 인생을 잘 사는 사람은 주위에서 평가점을 후하게 줄 것이며 잘못 산 사람은 박한 점수를 받게 될 것이므로 각자가 알아서 택할 문제이다.

2009. 8. 19 (水)

인명은 재천이다

노무현 전 대통령이 타계한 지 채 3개월도 되기 전인 어제 낮에 김대중 전 대통령이 천수를 다하고 향년 86세로 세상을 떠났다. 사람은 인위적으로는 아무리 생명을 빼앗아 가려해도 하늘의 뜻이 아니면 저 세상으로 인도할 수는 없었던 것 같다.

그는 파란만장한 생을 보내면서 죽어야 될 고비도 여러 번 넘기면서 말년에는 대운을 타서 대한민국 대통령과 노벨 평화상까지 받는 영광을 만끽하였으니 세상을 떠나도 여한이 없을 것이다.

그가 생전에 남긴 공적은 우리나라 민주화의 기틀 마련과 IMF 위기를 단시일 내에 극복할 수 있게 했다는 점과 남북화해의 물꼬를 열어 평화정착을 마련했다는 점이라 하겠다. 한 가지 아쉬운 점이 있다면 아무리 목적을 위해서라지만 청빈한 정신이 있었으면 했다. 그러나 이 모든 그의 일생은 강한 투지와 집념으로 점철된 생애였다.

이번에도 조문객들이 쇄도할 것 같다. 국가에서는 전직 대통령으로서는 처음으로 예우해서 그의 장례를 6일장의 국장으로 모시기로 했다. 사람은 죽어서 그 진가를 평하기 마련이고 역사가 이를 뒷받침하여 평가하게 될 것이다.

2009. 8. 20 (木)

발사 직전 멈춰 버린 '나라호'

고흥 인공위성 발사 기지에서 쏘아 올린 우리나라 최초의 우주탐사선 '나라호'가 그동안 미비점을 보완하느라 여러 차례 발사 연기를 해 오다 어제 오후 5시를 기해 역사적인 발사를 시도했다. 그러나 유감스럽게도 발사 직전(7분 56초 전)에 추진 장치에 결함이 생겨 자동정지 시스템이 작동하고 말았다.

온 국민이 TV 앞에 모여 앉아 마음을 졸이고 있었는데 실패 소식이 자막으로 전해지자 맥이 풀려 버리고 말았다. 그나마 발사 후 사고가 아니라서 천만다행이라는 생각이 들었다.

그동안 우리나라 인공위성은 두 차례 우주로 쏘아 올려 졌으나 모두 외국의 기술을 빌려온지라 이번에는 고흥에 우주센터를 만들어 러시아 우주과학자와 기술진의 조력 하에 발사를 시도하였는데 실패하여 아쉬움이 많이 남는다.

우주과학이란 참으로 정밀을 요하다 보니 천분의 일의 오차만 있어도 차질이 생기기 마련이다. 이를 보완하고 원인을 규명하여 재발사를 시도하려면 다소간의 시간이 걸릴 듯하다.

2009. 8. 21 (金)

재물은 자급할 만큼은 있어야

사람이 늙어서 죽을 때까지는 분수에 맞는 재력을 가지고 있어야 한다. 그러기 위해서 모든 사람들은 젊어서부터 열심히 일을 하며 저축을 하는 것이다. 그러나 사람들 중에는 젊어서부터 무계획적으로 생활을 하다가 노년을 생각지 않는 사람들이 대부분인 것 같다.

젊음이 한없이 계속되리라 믿지만 어느덧 세월이 가면 원치 않는 황혼이 찾아들어 인생은 서글프기 마련이다. 이럴 때면 돈이라도 자급자족할 수 있어야 소외감이 덜해진다. 늙어서 궁색하게 자식들에게 의지하는 것처럼 처량한 것도 없다. 그러지 않기 위해서는 젊어서부터 원대한 계획 아래 생활을 해 나가야 한다.

그렇다고 먹을 것을 못 먹고 입을 것을 못 입는 구두쇠 작전으로 인색하게 처세하라는 말은 아니다. 돈을 지혜롭게 쓰면서 모으라는 것이다. 아무리 많은 재물을 축적한다한들 지혜가 부족하면 그 재물은 유지가 어려운 것을 터득하고 적당히 조절해 가면서 쓸 것은 쓰고 남에게 베풀어가면서도 실속 있게 자급자족을 도모하는 게 지혜로운 인생살이이다.

2009. 8. 22 (土)

민주주의의 장점

인류의 역사는 집단화를 이루면서부터 갖가지 정치 형태를 가지게 되었는데 권력층과 지배층이 종족을 이끌어 오면서 여러 가지 형태를 보여 왔다. 주로 근래까지는 봉건체제와 전체주의가 대세여서 절대 권력을 가진 소수의 계층이 백성 앞에 군림해 왔다.

특히 문명이 뒤떨어지고 민도가 낮은 나라에서는 왕을 중심으로 소수의 주장이나 1인 독재체제가 영속되어 대다수 국민들의 의사는 무시되었다. 오로지 권력자들의 횡포만이 반영되어 평민들의 정치참여는 그야말로 하늘의 별따기 식이었다.

우리 역시 민권이란 털끝만큼도 찾아볼 수 없는 봉건전체주의 속에서 살아오다 광복 후 이제는 민주제도가 도입되어 60여 년 동안 시행착오를 거쳐 실시해 오고 있다. 권력자들의 횡포와 힘의 논리가 국민들을 압도한 면이 강했지만 정치권력의 분산도 상당히 이루어져 국민 모두가 빈부귀천 가릴 것 없이 민권이 신장되었다.

뚜렷한 뜻이 있고 자격만 갖추면 대권에도 누구든지 참여할 수 있는 제도가 바로 민주주의 제도인지라 그동안 여러 명의 각계각층의 대통령이 탄생하여 자기 나름대로의 역량을 펼쳐 보이기도 했으니 이제는 모두에게 기회가 열려 있는 셈이다.

2009. 8. 23 (日)

분수를 지키며 살자

분수를 모르고 사는 사람들은 참으로 불행하다. 분수란 자기 능력 이외의 과욕이나 운명 이상의 것을 바라는 허욕을 억제하고 현실 그대로를 직시하여 수기(修己)로써 행동함을 말한다.

그런데 분수를 지키지 못하면 허영에 날뛰기 쉽고 공허한 귀족의식에 사로잡혀 자신의 처지를 망각하고 불평불만에만 쌓여 타인을 원망하고 마치 자신의 운명이 남에 의해 지배를 받는 양 착각 속에서 살아가기 마련이다. 그래서 분수를 모르는 지각없는 공허한 귀족관은 불행한 인생의 씨앗인 것이다.

인간은 자신의 운명을 개척하고 스스로 타개할 임무를 가지고 살아가고 있는 것이다. 분수를 알고 살아가는 사람은 절대로 교만한 생각을 가질 수 없고 나태한 생각이 없으며 따라서 겸손해진다. 그래서 그리스 사람들은 2500년 전부터 '너 자신을 알라' 고 돌에 새기면서 교훈으로 삼았다.

분수를 지킨다는 것은 먼저 자기 자신부터 잘 아는 것이다. 왕자나 공주도 아니고 귀족의 신분으로 태어나지도 못한 사람은 그저 겸손하게 살면서 열심히 일하는 것만이 분수를 지키는 일이요 병에 걸리지 않는 예방책이 될 것이다.

2009. 8. 24 (月)

즐거운 마음으로 일하자

남녀노소를 막론하고 자신이 원하고 적성에 맞는 일이라면 조금 벌더라도 신나게 일을 할 수 있는 것이다. 거기에 즐거운 마음까지 곁들이면 그 능률은 배가가 된다.

똑같은 일을 하면서도 이것은 내가 해야 할 일이라고 생각하면서 즐거운 마음가짐으로 일하면 아무리 고된 일이라도 힘든 줄을 모르지만 억지로 마지못해 하는 일은 능률은 둘째 치고 재미도 생기지 않아 퇴불심만 생겨난다.

그러므로 모든 일에 희망을 걸고 즐거운 마음으로 일을 하면 간섭이나 감독이 필요 없이 자신이 알아서 신나게 일할 수 있는 것이다. 무슨 일이건 여기까지는 도달하겠다 하는 정신적인 자세를 만드는 분위기와 여건 조성이 무척이나 중요하다.

청소년 시절의 공부가 그렇고 젊은 시절의 직업관이 또한 그러하다. 모든 일에 희망을 걸고 희열이 넘칠 때 일에 대한 즐거움이 생기고 신바람도 나는 법이다. 사람은 이러한 희망의 리듬을 타야 목표에 도달할 수 있고 성취의 길도 앞당길 수 있다.

2009. 8. 25 (火)

죽어서도 남북의 화해 물꼬를 열려나

엊그제 고 김대중 전 대통령의 국장 영결식이 엄수되었다. 그의 평소 화해와 평화의 정신을 기리기 위해 북한에서도 조문사절단을 보내 애도를 표시하고 김정일 국방위원장의 메시지까지 청와대로 전달되었다고 한다.

그 내막은 아직 확실치 않지만 남북한이 평화를 유지하고 6.15 공동성명을 잘 이행하자는 취지인 듯싶다. 그리고 이명박 대통령도 핵만 포기하면 경제협력이나 원조를 아끼지 않겠다는 메시지를 보낸 것으로 추정된다.

과거 미국이 중공과의 수교 물꼬를 틀 때 핑퐁 외교를 이용했듯 이번 김 전 대통령의 조문외교로 남북 간의 교류가 활발해질 수 있다면 얼마나 다행한 일일까! 그리 되면 김 전 대통령은 죽어서까지 남북간 화해에 기여하는 셈이 될 것이다.

그의 노벨 평화상은 더욱 값지게 될 것이며 남한 정부 당국이나 북한에서도 명분이 서고 국민들의 인식도 달라질 것이지만 이런 기회를 놓치면 서로가 실기(失期)한 셈이 될 것이다. 우리 국민들은 독일의 통일을 부러워하고 선호하고 있다. 우리나라에는 언제나 통일의 날이 오려나!

2009. 8. 26 (水)

고독과 싸우는 인생

사람은 고독한 존재이다. 그래서 항상 무엇인가에 의지해 보려는 심리를 가지고 사는지도 모른다. 남자는 여자에게 여자는 남자에게 또 자식은 부모에게 부모는 자식들에게 서로 의지하고 싶은 심리가 있어 접촉을 꾀하려 드는 것이다. 그러나 그러한 심리는 고독을 면해 보려는 일시적인 자위책에 불과할 뿐 근원적인 해결책은 아니다.

인생이란 어차피 혼자서 생존 문제와 싸우며 살아가야 할 고독한 존재인 것이다. 그래서 죽을 때도 외롭게 혼자서 보따리를 챙겨 떠나가야 할 외로운 존재가 바로 인간인 것이다. 모든 사람들이 이 고독을 회피하려고 몸부림을 치고 있지만 결국은 고독으로 귀착되어 홀몸이 되어 인생을 조망하면서 허탈해 하는 것이다.

인생은 허무 그 자체인지도 모른다. 그러나 이러한 모든 악조건과 싸우면서 이겨내는 것이 생존가치일 것이다. 고독과 허무와 부조리와 절망과 싸우고 싸우다 가는 게 인생이 아닌가 싶다. 누가 인생은 투쟁이라고 했던가? 전쟁터에서는 용감한 전사가 되고 투사가 되어야 한다.

2009. 8. 27 (木)

'나라호' 인공위성의 실패

1주일 만에 다시 재발사를 시도하여 이번에는 발사에는 성공하였지만 대기권을 벗어난 이후 교신이 두절되어 그 행방조차 알 수 없으니 완전 실패한 것이나 다름없다. 수천억 원을 들여 러시아의 기술을 빌려가면서까지 공을 들였는데 수포로 돌아갔으니 얼마나 허통한 일인가?

워낙이 정밀을 요하는 기술이다 보니 만분의 일의 오차만 생겨도 실패로 돌아가는 것은 당연지사겠지만 지금으로선 그 원인 규명이 시급하다 하겠다. 수년 전 미국에서도 챌린저호 인공위성이 궤도에 진입하기도 전에 폭발하여 우주인 7명이 희생되었는데 그러한 참사에 비하면 불행 중 다행이지만 여하튼 경제적인 손실은 이만저만이 아니다.

그래서 돈이 없으면 우주 경쟁도 할 수 없는 시대이다. 세계 200여 개 국가 중에서 불과 10여 개국만이 우주에 위성을 쏘아 성공한 셈이다. 이러한 첨단과학 기술에 실패가 따르지 않을 수는 없겠지만 이번 실패가 성공의 모체가 될 수 있도록 우리의 기술을 더욱 양성하여 독자적으로 성공할 날이 오기를 고대할 뿐이다.

2009. 8. 28 (金)

젊은 시절을 회상하며

나는 젊은 시절 혈혈단신 무작정 상경하여 갈 곳이 없어 할 수 없이 쌀쌀하고 냉정하신 이모님 댁을 찾아 7년여 간을 문간방을 빌려 기거한 사실이 있다. 없이 사는 가난한 친척이라 멸시도 많이 받았지만 이를 숙명으로 알고 일절 의뢰심 없이 살다 보니 이모님의 생활관이나 성격을 이해할 수 있었다. 남들이 이모님을 매도한 것처럼 야박하고 인색한 분이 아니었다.

사람은 누구나 다 자기가 가진 것을 안 빼앗기려는 방어심을 가지고 있기 마련인지라 몰락한 지주로서 당연한 귀결이라고 생각하니 모든 것이 이해되었다. 나는 그 집에서 젊음을 보내면서 많은 것을 터득하여 인생관이 달라졌는데 선악이개오사(善惡而皆吾師)였고 인장지덕(人長之德)을 본 셈이다. 적어도 정신적인 면에서는 말이다.

나는 그래서 이모님을 지금까지 잊을 수 없다. 그것이 인간의 도리이기보다는 의리의 정이라고 생각한다. 그러나 지금은 이모님이 안 계시니 이모님이 키워낸 손녀들과 서신으로나마 추억의 정을 나눌 수밖에 없어 1년에 몇 번씩 안부를 묻고 있다.

사람은 무엇보다 근본을 알고 처세함이 분수를 지키고 아는 인간이 된다. 분수를 모르는 인간은 그 양심마저 상실한 저속한 인간이 됨을 나는 명심하고 있다.

2009. 8. 29 (土)

대통령은 덕과 능력을 겸비해야

일국을 다스리는 리더가 되려면 덕과 능력이 있어야 된다는 생각이 든다. 덕이란 자기 희생에서 나오는 품격과 인내심이요 사랑의 실천이자 극기심이기도 하다. 그리고 능력은 자신의 이상(理想)을 추진하는 힘이다. 대통령쯤 되면 수없는 반대자도 생겨나고 도전자도 있기 마련인데 이를 다 포용해서 융화할 수 있는 것을 갖추어야 한다.

그런데 우리나라 역대 대통령들을 보면 그 덕들이 여실히 나타나 덕의 여하에 따라 행과 불행이 비례되는 것 같다. 대통령이 되었으면 자신의 임기 내에 국가적인 업적을 무리 없이 한두 개 정도는 수행해야 하는데 이것이 능력이요 정치적 수완이다. 이를 무리하게 추진하기 위해 강권을 동원하고 폭력을 쓰는 것은 독선이고 독재여서 위험한 발상이다.

그리고 무엇보다 유념할 것은 공익을 위해서는 사익이나 사욕을 배제해야 그 정념성이 유지되어 능력 있는 대통령으로 추앙받을 것이다. 대통령이 되려면 무엇보다 덕과 능력이 필수적으로 갖춘 자가 선출되어야 한다.

2009. 8. 30 (日)

사람의 일생

사람마다 우여곡절과 파란만장의 생애를 겪게 되지만 황혼의 길에 접어들어 일생을 관조해 보면 별것이 아니었음을 느낄 뿐이다. 누구나 젊은 청춘에는 이상과 희망에 부풀어 살아왔건만 그 성취 여부를 떠나서 60고개를 넘고 70고개를 넘어서면 살아온 과거가 그다지 큰 의미를 부여치 않게 되고 별것 아닌 것처럼 느껴지는 까닭은 무엇일까?

그것은 다름 아닌 일생 동안을 보람 있고 가치 있는 인생을 살지 못했다는 반증일 것이다. 꾸준하게 세상을 위해서 보람되고 가치 있는 삶 속에서 살았더라면 후회도 없고 회한도 있을 수 없겠지만 어디 보통 사람들의 생활이 그러기 쉽겠는가! 끊임없이 시행착오를 되풀이하며 종착지에 와서야 자신의 삶이 무가치했다는 것을 비로소 깨닫는 푸념은 일장춘몽의 인생임을 대변하는 것이리라.

그러나 사람에게는 나름의 변명과 구실이 있는 것이 인간의 속성이 아닌가 싶다. 그래서 사람은 늙기 전에 좀 더 보람 있고 가치 있는 삶을 찾아 오류를 범하지 않고 착실하게 살아가야 한다.

2009. 8. 31 (月)

모든 것은 양면성이 있다

세상의 이치는 한쪽이 좋으면 한쪽은 좋지 않는 게 상식이다. 모든 것이 상대성 원리를 가지고 있는 것이다. 낮이 있으면 밤이 있고, 남자가 있으면 여자가 있기 마련이다. 가난이 있으면 부유함이 있고, 못난 사람이 있으면 잘난 사람도 있다. 이렇듯 헤아릴 수 없이 많은 상대성 속에서 인간은 조화를 이루며 살아가고 있는 것이다.

그런데 세상에는 또 절대적이고 완전무결한 것도 없다. 장점이 있으면 단점도 있고 단점 속에서도 장점은 발견될 수 있다는 것이다. 그리고 사람의 길흉화복 역시 영구히 계속되는 것은 없다. 가난하게 살 때도 있고 부유하게 살 때도 있다. 가난하게 살면 물질적으로 궁색하고 육체적으론 고통스럽지만 정신적으로 유리한 점도 있어 강인한 인내력과 삶에 대한 진가를 터득하여 인생의 활력소가 되기도 한다.

부유하게 지내면 물질적으로는 풍요하지만 부작용도 있어 정신적으로는 해이해지기 쉽다. 그래서 사람은 빈부귀천을 막론하고 분수를 알고 그에 상응할 수 있도록 지혜를 가지며 살아야 한다. 그러려면 언제나 상대적인 반대 입장에 서서 깊이 사유하는 습관을 들일 필요가 있다.

2009. 9. 1 (火)

일본의 정권 교체

일본은 54년 만에 자민당(自民黨)에서 민주당(民主黨) 정부로 바뀌는 이변이 일어났다. 54년간을 자민당이 중의원을 석권하면서 정권을 잡아 왔는데 이번 8.30 총선거에서 민주당이 총 430석 중 308석을 차지하여 과반수를 훨씬 넘게 지지를 받은 반면 자민당은 119석밖에 지지를 얻지 못해 야당으로 밀려나는 참패를 당했다.

이제는 일본인들도 민주적인 의식 개혁이 일어나고 있는 게 사실인가 보다. 일본인들은 원래가 관료주의나 군국주의에 잔뼈가 굵은 나라이다. 겨우 전후 미국 민주주의를 도입해서 정치를 해 오고 있지만 보수니 진보니 하는 개념은 희박했으며 사회당이나 공산당이 존재하고는 있지만 국민의 지지는 약해 그저 미미한 존재이다.

그동안 자민당은 국민 다수의 지지를 받았으나 과반수에 미치지 못한 때도 있어 야당과 연정을 시도할 때도 있었다. 어떤 정당이고 오랫동안 정권을 잡으면 부패하기 마련이어서 국민들의 마음이 이완된 것이다. 이번에 민주당이 집권을 하면 무엇이 얼마나 달라질지는 두고 봐야 할 일이고 미국과의 유대관계나 우리를 포함한 주변 국들과의 외교 관계 변화가 주목거리이다. 미국에서는 종전처럼 우호 관계를 희망하고 있다.

2009. 9. 2 (水)

노학(老學)은 필요한가?

사람들은 모두 젊어서 공부하고 늙어서까지 공부하는 사람들은 무척이나 드문 편이다. 공부에 취미를 갖지 못해서도 그렇고 다 늙어 죽을 날이 가까운데 무슨 공부냐면서 자포자기하는 심사에서 여러 핑계를 대는 것이다. 이들은 모두가 배운다는 의욕과 필요성을 느끼지 못하는 소치라고 본다. 늙어서는 많은 양의 공부를 할 필요는 없다고 본다.

딱딱한 과학 분야의 공부보다는 인문학 계통의 공부를 하는 것이 여생에도 도움이 될 것 같아서 고전에 취미를 가지고 동서양 선각자들의 사상과 생애를 고찰해 보니 논어의 첫머리에 나오는 말처럼 '배우고 익히니 어찌 기쁘지 않으랴' 는 말이 실감이 날 정도로 희열을 느낀다. 본시 인간은 모르는 것을 알고자 하는 탐구적인 존재이다.

그래서 죽을 때까지 배우고 익히면서 터득을 하다가 가는 재미도 무의미하지는 않을 것이다. 그러나 대개의 노인들은 아무런 할 일이 없음에도 타성에 젖어 세월을 무의미하게 보내고 있는 것이다. 몰랐던 사실을 알고 또 발견하고 내 것으로 만드는 상식이나 진리는 그야말로 값지고 보람을 느낄 수 있다. 이런 이유로 나는 노학의 필요성을 느끼고 조금씩이나마 공부를 게을리 하지 않는다.

2009. 9. 3 (木)

잉여 인생이 늘어나고 있다

일본은 우리보다 인구도 배가 많고 GNP도 배가 넘으면서도 상대적으로 실업률은 낮은 편이다. 이번 총선에서 야당인 민주당이 승리할 수 있었던 배경은 일본 국민들이 무엇보다 국민생활의 안정을 도모하고자 하는 공감대를 형성했기에 가능했다.

그런데 우리나라의 현실은 말로만 민생문제를 거론할 뿐 여전히 실업자 문제는 해결되지 않고 해마다 대학을 졸업하는 고등 잉여 학력들이 증가하고만 있다. 그런데도 정치권은 이를 해소하려는 노력보다는 당리당략에만 집착하고 있으니 민생문제나 국민의 안정된 생활은 기대하기 힘든 것이다.

젊은 청년들이 일정한 교육을 이수하고도 일자리가 없어 방황하고 있다면 본인들의 직업관에도 문제가 있겠지만 그 사회 자체의 문제가 더욱 심각한데도 정치권은 물 건너 불 보기 식으로만 방관하고 있으니 무능하기 짝이 없다. 안일무사주의와 관료주의의 늪에 깊이 빠져 있음에도 누구 하나 질책하는 사람이 없는 실정이다.

많은 청년 남녀가 일자리가 없다는 것은 정치부재요 국가발전에도 커다란 문제점이 아닐 수 없다. 우리는 이것을 선거에서 바로 개선할 수밖에 없는 것이다.

2009. 9. 4 (金)

현실에 감사하고 살자

구태여 신앙인이 아니더라도 자신의 분수를 알고 범사에 감사하며 살아가는 것은 인간의 도리이다. 그런데 하물며 신앙인들이 자기의 분수를 모르고 현실에 불평불만만을 가지고 짜증으로 살아가는 사람들이 있다.

이들은 대개 자기 잘난 맛에 살아가고 있으며 자신의 처신과 능력으로는 좀 더 잘 살고 만족스럽게 살 수 있는데 누군가 때문에 못살고 있다면서 상대를 탓하는 습성에 길들여져 있다. 말하자면 주체성도 없고 독립심도 없는 반노예 근성으로 자기 분수를 망각하고 있는 것이다.

항시 사람은 내 터수에 이렇게라도 살 수 있는 것은 첫째가 하느님 덕과 은혜 때문이요 다음은 주위 사람들의 덕임을 알고 살아야 한다.

그리하면 자연 감사의 마음이 우러나올 터인데 인생을 소홀히 여기는 사람들이 감사할 줄 모르고 함부로 처신하면서 자연 손복을 하는 것이다. 항시 겸손한 자세로 자신의 처지를 받아들일 줄 아는 것이 복을 받을 수 있는 인생이다. 현실을 부정하고 불평해 보았자 자신에게 돌아오는 것은 플러스보다 마이너스뿐임을 우리는 알아야 한다.

2009. 9. 5 (土)

최고의 전술이 최상의 외교가 될까?

북한과 미국의 외교전이 막바지에 치달은 느낌이 든다. 미국 국무부 차관보가 중국과 한국, 일본을 차례로 방문하여 북핵 문제 해결의 필수조건인 6자 회담을 성사시키고자 열을 올리고 있으나 북한은 우라늄에서 추출한 플루토늄으로 무기 생산에 성공했다는 전술외교로 일관하고 있다.

한 단계 한 단계 노골적으로 핵보유국임을 과시하는 전술로 나오면서 미국과 한국을 압박하려 하고 있는 것이다. 이러한 손자병법 같은 압박 전술이 21세기 초에도 과연 요긴하게 먹혀들지는 의문이지만 아무래도 위험한 최후의 선택이 아닌가 싶다. 과연 그러한 방법만이 미국을 상대할 수 있는 최상의 외교 수단일까?

덩달아 이란 대통령도 핵무기 제작을 서두르겠다고 큰소리를 치며 그 길만이 강대국의 간섭을 피할 수 있는 최선의 정책이라고 외쳐대고 있으니 정말 핵 때문에 지구의 종말이 빨라지는 건 아닌지 모르겠다. 죽기를 두려워하지 않는 나라와의 외교전은 참으로 상대하기가 어려운 것이다.

과거 일본이 그랬고 독일 나치가 그러했다. 그러나 손해 보는 쪽은 애매한 국민들일뿐이다. 거기에 혈안이 된 위정자들은 최후의 심판이 가려 주겠지만 그 속의 백성들이야 명분 없는 자존심 싸움에 휘말려 고통만 당하고 있을 뿐이니 모든 난제는 자연이 해결해 줄 뿐이다.

2009. 9. 6 (日)

의식적인 생활

사람은 늙어서도 의식적인 생활이 필요하다. 왜냐하면 의식적인 생활을 하지 않으면 무질서하게 되는 대로 살아가기 때문이다. 인간은 목표를 세우고 살아갈 필요가 있다고 본다. 길게는 일생의 목표를 세우고 짧게는 10년, 1년, 1달, 1주일, 그리고 단 하루의 계획과 목표가 설정되어야 마음먹었던 일을 차질없이 소화할 수 있게 된다.

이러한 습관이 젊어서부터 밴 사람들은 늙어서도 한결같이 계획된 생활을 할 수 있게 된다. 인생의 황혼기에 무슨 커다란 목표나 계획이 있겠는가마는 책 한 권을 읽는데도 이 책을 며칠 내에 독파하겠다는 계획을 세워야 되고 한 달에 몇 권의 책을 읽겠다는 목표가 있어야 삶의 보람을 느낄 수 있게 된다. 되는 대로 아무렇게나 생활하는 사람은 발전이 없고 무의식적인 생활일 뿐이다.

무의식은 사유가 없는 무감각한 삶일 뿐이다. 데카르트는 '인간은 의식적인 동물이다' 라고 갈파하였다. 그러므로 존재할 수도 있다고 했다. 젊어서는 그 말을 흘려들었는데 나이가 들수록 그 말이 실감나게 받아들여지는 것은 그만큼 인생을 터득했다는 증거이기도 하다. 사람은 정신이 80% 이상을 차지하며 인생 전반을 좌지우지한다. 의식은 순전히 정신의 소유물인 것이다.

2009. 9. 7 (月)

파한잡상(破閑雜想)기를 쓰면서

내가 지금 이 노트에 매일 한 장씩 적어가고 있는 글은 한가함을 이겨내고 심심소일 삼아 그날그날 떠오르는 잡다한 생각들을 무질서하게 나열한 것이다. 아무런 부담 없이 그저 붓 가는 대로 써 가는지라 일기라고 할 수도 없고 에세이라고 하기에는 너무나 짧아 잡상록이라는 이름을 붙여 보았다.

순간순간 떠오르는 나만의 생각들을 종이 한 장에 끼적거려 그날의 한가함을 메꾸자는 의도로 시작한 것이 지금은 병상의 일과가 되었다. 머리에서는 속도 제한이 없이 생각들이 잘 돌아가지만 손이 말을 들어주지 않아 고전을 하는 편이다.

이도 안 하면 더욱 정신적인 타격이 가중될 것 같아 남들은 단 10분이면 써 버릴 사연들을 1시간 이상을 걸려 벌써 6년째 써 오고 있는 것이다. 늘 반복되는 일상이다 보니 어떨 때는 생각이 궁해져서 한참 동안을 주제 찾기에 골몰하곤 한다. 비록 무가치한 잡기에 불과할지라도 혹시 나중에 자손들이 볼 기회가 있다면 한 선조는 말년의 병상을 이런 식으로 극복했다는 것을 알게 될 것이다.

2009. 9. 8 (火)

자신을 알고 살자

나폴레옹은 말년을 비참하게 보내면서 고백하기를 자신의 실패와 몰락은 스스로를 너무도 몰랐기에 그렇게 된 거라고 하였다. 우리 사회에서 남녀를 불문하고 자기 자신을 잘 파악하고 살아가는 사람이 얼마나 있겠는가마는 자신을 잘 모르는 것처럼 불행한 일도 없다.

자신의 위치를 알고 분수를 지키고 살아가는 사람들은 그래도 남에게 지목받지는 않고 살아갈 수 있다. 이에 반해 너무도 자신의 분수를 망각하는 사람들은 세상을 불만으로밖에 살 수 없어 남을 원망하기 일쑤이다.

중국의 손자도 그의 병서에서 상대를 알고 나를 알면 전쟁에서 실패하지 않는다고 하였다. 우리의 사회생활도 마찬가지이다. 자신을 먼저 아는 것이 성공하는 지름길이다. 그래서 옛사람들은 목단어자견(目短於自見)이라고 하지 않았던가! 두 눈으로 사물은 잘 보지만 자신의 눈 속은 못 본다는 뜻으로 자기 자신을 알기가 어렵다는 말이기도 하다.

그러므로 고대 희랍인들은 커다란 신전의 대리석 바닥에 '너 자신을 알라'고 크게 새겨 사람들에게 교훈이 되게 했음은 인간의 불행을 막기 위해서는 분수를 지키고 사는 것이 중요하다는 뜻이기도 하다.

2009. 9. 9 (水)

비망록에 대해서

사람이 살다 보면 오래오래 기억하고 싶은 사항이나 글귀들이 있다. 그러나 절실하게 기억하고 싶은 생각도 조금만 시간이 지나면 망각해 버리는 것이 인간의 한계이기도 하다. 그래서 옛사람들도 의식적으로 산 사람들은 일기나 비망록에다 그 당시의 동태나 개인의 사유 또는 이것만은 꼭 기억하고 싶어 수시로 떠들어 볼 수 있도록 비망록을 만들었다.

평소 중요한 경험이나 교훈이 될 만한 것들을 적어 놓은 일종의 메모장이 비망록인 셈이다. 아무리 천재적인 머리를 지녔어도 귀감이 되는 말이나 생활에 도움이 될 만한 사연들을 오래도록 기억하며 실행하는 사람은 극히 드문 법이다. 그래서 놓치면 아까운 금언이나 사연들을 메모해 두었다가 다시 되뇌어 보는 습관을 갖기 위해서 나는 몇 년 전부터 비망록을 만든 것이 몇 권이 된다.

내가 그동안 독서를 하면서 마음에 와 닿는 글이나 평소 실행하고 싶었던 사연들, 또는 공부해 보고 싶었던 책들의 개요 등을 적어 본 것이다. 남이 보면 무의미한 짓으로 보일지 몰라도 이런 미미한 일이라도 하지 않으면 소일거리가 없어 그야말로 무위도식으로 세월을 보낼지도 모른다는 생각에 궁여지책으로 계속하고 있다. 비록 무가치한 일일지라도 하루하루 보람을 느낀다면 죽을 때까지 쉬지 않고 하는 것이 나을 것이다.

2009. 9. 10 (木)

임진강 변의 참사

임진강의 상류는 북한 땅에 속해 있는데 거기에는 큰 댐이 설치되어 있다. 그런데 이번에 북측에서 아무런 예고 없이 때아닌 방류를 하여 연천 임진강 변에서 야영을 하던 휴가객들 6명이 갑자기 불어난 물에 익사하는 사고가 발생하였다. 강변에 주차해 둔 수십 대의 차량들도 모두 물속에 잠겨 버리는 어처구니없는 일이 벌어진 것이다.

익사한 사람의 시신이라도 수습하기 위해 사흘이 넘도록 수천 명의 군경이 수색 작업을 한 결과 겨우 찾아내기는 하였으나 한바탕 큰 소동이 벌어지고 말았다. 지난 80년대 북한의 금강산 댐의 수공작전에 대비한다고 남한에서도 평화의 댐을 착수하여 한바탕 소동을 벌인 일이 있었다.

이번 사건을 계기로 북한이 또 한 번 지형을 이용한 수공전을 펼친다면 아무런 대책이 없다는 것을 확인하고야 말았다. 물이 불어나면 미리 작동을 하여 대비할 수 있다는 경보시스템도 작동하지 않았다고 하니 안보 상태가 허술하기 짝이 없다.

북한 당국은 큰 비가 오지 않았음에도 불시에 방류한 이유에 대해 아무런 설명도 없이 그저 유감표명만 하고 있어 남한 당국은 고의성을 주장하면서 국제법 위반을 들고 나와 항의를 하고 있지만 나 몰라라 하는 데는 허사일 뿐이다. 그저 뒤늦게나마 우리 측에서는 이번 일을 거울삼아 철저한 예방책을 강구해야만 하겠다.

2009. 9. 11 (金)

삶의 선택은 가정교육으로부터

대개의 사람들은 그 성장 과정에서 인생 전반의 선택이 형성되기 마련이다. 개개인에 따라 올바른 길을 택해 사람의 도리를 이행하는 삶이 있는가 하면 인간의 도리는 도외시하고 그저 먹고 사는 데만 치중해서 체면불구하고 살면 된다는 생각을 가진 사람들도 태반인 것을 보면 가정교육의 중요성을 무시할 수가 없다.

부모들이 인성교육에 역점을 두고 양육하는 집안과 빵문제에만 치중한 집안의 자녀들은 다방면에서 차이를 보임을 알 수 있다. 옛날 집안의 어른들이나 부모로부터 들은 교훈이 있는데 남에게 적악(積惡)을 하면 자손에게까지 미쳐 결국엔 죄를 받게 되고 적선(積善)을 하면 당대에는 못살망정 그 자손 대에라도 복이 되어 돌아온다고 했다.

또한 남을 해치지도 않았으나 자기 것을 베풀지도 않은 사람들 역시 복을 받지는 못한다고 하였다. 남에게 적선과 적악은 비단 물질적인 면만을 논할 수 없고 정신적인 인간성의 문제까지 포함된 것이다. 자손들이 잘 되고 풍요로운 생활을 할 수 있는 것은 모두가 조상들의 음덕이 깃들여져 있기 때문인지도 모르는 일이다.

2009. 9. 12 (土)

90년 전 선고(先考)의 필적을 보며

어제 광주 처남으로부터 옛날 선고께서 자신의 사부님께 올린 한문 서한 몇 점을 보내왔다. 나로서는 의외로 귀중한 선물이었다. 선고께서는 지금으로부터 100년 전에 남원 '살앵이' 에 가셔서 기노사 선생의 손자인 기송사(奇松沙) 선생의 문하에서 수학을 하셨는데 집에 돌아와서 스승에게 올린 편지를 용케 지금까지 고산서원에서 보관하다 지금에서야 발견이 되어 나에게 돌아왔으니 얼마나 감개무량하고 고마운 일인가!

다른 사람들에게는 별가치가 없는 초서로 된 한문 편지일지라도 나에게는 아니 우리 집안에서는 귀중한 조상의 체취가 담긴 보물이며 길이 보존해야 한다는 생각이 들었다. 조상의 위품을 보관하는 데 반드시 명인이나 명필일 필요는 없겠지만 부친의 글씨는 지금 보아도 상당히 숙련된 글씨임에 틀림이 없었다.

지금으로부터 93년 전후에 보내진 편지였는데 그 내용은 초서로 되어 있어 알 수 없는지라 한문에 능한 사람의 자문을 빌려서라도 번역을 해 액자로 만들 셈이다. 그것도 뜻이 있는 자손이라야 그 진가를 알겠지만 조상의 위품이나 필적은 세월이 지날수록 빛이 나고 집안의 귀중품이 될 것이다.

2009. 9. 13 (日)

지나친 허식을 배제하자

인간을 가리켜 현실적인 동물이라고 하지만 지나치게 형식을 취하다 보면 실속 없는 허례허식으로 변해 본질을 훼손한 낭비 쪽으로 기울기 쉽다. 사람은 어느 정도는 형식과 예의를 좇아 살아가야 하지만 불합리한 제도는 개선하고 시정해서 살아가는 것이 문명인이자 문화인이라고 생각된다.

우리 민족은 그동안 유교문화에서 살아온 탓에 관혼상제의 예법이 지나칠 정도로 폐단으로 치우친 것이 많았는데 이제 우리는 폐단의 불합리성은 과감히 생략하고 개선해서 그 정신과 의의만 살려 전통을 유지하면 된다고 본다.

이번에 시골의 숙부님께서 조상의 산소에 올라갈 수 있는 글을 만든 것 같은데 그런 일은 자손 중에서 아무나 그런 방면에 뜻이 있고 여유가 있는 자손이면 할 수 있는 문제이지 강요한다고 해서 되는 일은 아니라고 본다.

나는 평소 조상의 사진 한 장이나 글귀 한 점, 손때가 묻은 유물 한 점이라도 소중하게 보존하는 것이 결국 진토가 되어버린 묘 관리에 치중하는 것보다 훨씬 현실적이고 가치 있는 일로 생각하기에 누가 호화 묘를 만들었다는 데는 별로 관심이 없다. 오히려 조상들의 유물에 더 관심을 가지는 편인데 이것이 허례허식을 배제한 최소한의 인간들이 대를 잇고 계승할 수 있는 형식이 아닌가 하는 생각이 든다.

2009. 9. 14 (月)

50이 넘으면 철학자가 되어야 한다

사람이 50 인생을 살았으면 나름대로 인생의 지침이 서야 한다. 인생을 어떻게 사는 것이 자신에게 가장 합리적이고 값어치 있는지를 생각하고 사는 것은 달리 말하면 철학인 셈이다. 철학하면 거창하게 데카르트나 칸트 헤겔 등을 연상하는데 누구나 사유할 수 있는 능력만 있으면 모두가 철학자가 될 수 있다고 본다. 제각기 인생을 나름대로 현명하게 영위하는 것이 바로 철학인 것이다.

인생을 살다 보면 성공한 사람도 있고 그렇지 못한 사람도 있기 마련이다. 또 경제적으로 여유 있는 사람은 그 사람 나름의 인생관이 있고 물질이 궁한 사람은 그런대로 정신적으로라도 풍요롭게 살 수 있도록 개발하고 추구하는 것이 인생의 철학이다. 구태여 형이상학이다 형이하학이다 하는 어려운 수식어를 찾지 않아도 선과 악을 구별하여 베풀고 사는 것이야 말로 가치 있는 생활이다.

물질이 있는 사람은 물질로 베풀고 물질이 없는 사람은 인간성이나 정신적으로 남에게 베풀면 풍요로움을 추구할 수 있다. 사람은 누구나 주어진 현 위치에서 최선과 최대의 가치추구를 하면 보람을 찾을 수 있지 먼 외계에서 찾을 필요는 없다. 언제나 행복의 파랑새는 내 주위에 있기 때문이다.

2009. 9. 15 (火)

자신을 모르면 행복할 수 없다

왜 나는 남과 같이 잘 되지 못하는 걸까? 항상 자신보다 위만 쳐다보고 비교하는 사람들은 절대로 행복한 생활을 할 수 없다. 자신의 처지나 능력, 노력은 도외시하고 좋은 환경과 배경을 가지고 있는 사람들만을 샘내고 부러워해 보았자 시기와 질투심밖에 생기지 않게 된다.

사람은 되도록 새벽호랑이가 되지 말고 초저녁부터 혼신의 노력과 치밀한 계획을 세워야 사냥에 성공할 수 있다. 그 능력에 따라 소나 돼지도 잡을 수가 있고 토끼나 쥐새끼도 잡는 것이다. 모두가 굴속에 깊이 잠적한 새벽이 되어서야 허둥대봤자 배를 채울 수 없음에도 사람들 중에는 분별력 없이 월등한 남만 쳐다보고 자신의 신세를 한탄하는 사람들이 적잖이 있다. 그래봤자 현실은 조금도 변함없이 불행한 마음만 가중될 뿐이다.

사람은 현실에서 안빈낙도를 꾀하는 것이 가장 현명한 것이다. 부질없이 남과 비교해서 배 아파하면 행복은 더욱 멀어질 뿐이다. 그저 앞만 보고 열심히 달리다 보면 중간대열에는 낄 수도 있는 것이지 앞서 가는 남을 샘내는 것은 자기 자신의 능력을 너무나 모르는 철부지일 따름이다.

2009. 9. 16 (水)

머리가 너무 영리하면 날넘는다

옛날부터 재주가 있고 머리가 명석한 반면 충분한 공부를 하지 않으면 경박해지기 쉽기 때문에 실덕을 많이 하고 경솔해지는 사람이 많다. 이런 사람은 차라리 머리가 보통 사람보다 못하다는 것이 일반적인 견해이다. 머리가 좋은 사람은 순간순간 판단은 빠르지만 지혜가 부족하여 자기 꾀에 자기가 넘어가는 사례가 많다.

또 이런 류의 사람들은 노력이나 인내심이 부족하여 한 가지 일에 집중하지 못하므로 전문적인 지식을 습득하지 못한다. 다방면에 조금씩은 아는 것 같지만 조금만 대화를 계속해 보면 그 얕은 실력이 노출되고 마는 것을 볼 수 있다. 깊은 공부를 하지 않고 머리와 잔재주에만 의존하기 때문이다.

이렇게 되면 머리나 재주가 보통인 사람들은 꾸준한 노력으로 경험과 학문을 닦아 풍부한 지혜가 생기는데 반해 머리가 좋은 사람들은 못 된 우월감 때문에 자신의 발전을 오히려 망치기가 쉽다.

재승박덕(才勝薄德) 해지기가 쉬워 사람들로부터 환영을 받지 못하는 것이다. 칼도 너무 예리하게 날을 세우면 한쪽으로 넘어가서 밀리듯이 머리가 좋은 사람은 그만큼 노력과 인내심 없는 우월감만으로는 한계가 있다. 머리가 조금 둔할지라도 덕을 갖추는 편이 오히려 살기가 용이함을 알 수 있다.

2009. 9. 17 (木)

주(週) 단위의 생활

사회생활에도 룰이 있고 계획이 있듯이 개인의 생활에도 규칙이 필요하다. 일정한 시간에 취침을 하고 기상을 하며 시간에 맞추어 식사를 마치고 일터에 나가 일하는 것이 사람들의 일상생활이다. 이것이 반복되어 주일 단위로 하는 일이 정해지고 이것들이 모여 달이 되고 해가 되는 것이다.

나는 집에서 별로 하는 일이 없지만 되도록 규칙적인 생활과 주 단위의 계획성을 선호하는 편이다. 가능하면 정확한 시간에 기상하고 식사를 하고 보행 연습이나 독서 시간 역시 규칙적으로 해 나가려 한다. 그래서 어쩌다 손님이 찾아올 경우를 제외하곤 거의 일정한 사이클로 일주일 단위가 반복된다.

따라서 아내도 주일 단위로 자기 생활을 하게 된다. 월, 수, 금요일은 아침 7시경에 집을 나서 사우나에 가서 반신욕을 하고 10시 30분에 귀가를 한다. 화, 목, 토요일에는 수영장에 8시 20분에 나가 10시 반이면 돌아온다. 그리고 일요일에는 성당 9시 미사에 참례했다가 역시 10시 반이면 돌아오는 것이 우리 집의 규칙된 주 단위 생활이다. 사람은 늙어도 이처럼 정신적인 생활을 하는 것만이 방종과 무질서를 예방할 수 있는 길이 됨으로 이를 택하고 있는 것이다.

2009. 9. 18 (金)

뜻이 없으면 좋은 것도 알지 못한다

일상생활에 있어 아무리 가치가 있고 필요한 일이라고 거기에 무관심하다면 그 가치를 알지 못한다. 건강을 위해서 매일같이 운동이 필요하고 정신을 풍요롭게 하기 위해서 독서를 하는 것이 좋다는 것은 누구나 알지만 그렇다고 강요에 의해 행해질 일은 못 된다. 어디까지나 자발적인 각성에 따를 문제인 것이다.

사람은 늙어서도 늘 생각하면서 지내야 한다. 생각을 바르고 정직하고 가치 있는 생각만을 하며 시간을 보내면 더욱 유익하다. 하다못해 무엇인가 살아있을 때 흔적이라도 남겨두고 간다는 뜻이 있어야 하는데 그게 그리 쉬운 문제는 아니다. 혹 뜻이 있다손 치더라도 늙은 노구로서는 갈 길이 멀고 일락서산이니 쫓기는 마음뿐이다.

사람은 평소부터 고상한 취미와 소질을 가지고 있으면 말년에도 자연스럽게 그 취미생활이 이어진다. 늙어서 아무런 취미도 없고 소일거리도 없는 것처럼 무료하고 무의미한 생활도 없다. 이런 생각마저 못하고 가는 세월만 보내는 무용지물은 되지 않아야겠다.

2009. 9. 19 (土)

학이시습(學而時習)을 생활화하자

공자의 말이 아니더라도 늙어서 배워 아는 것처럼 즐거운 것도 없다. 공자는 논어(論語)의 첫 구절에서 학이시습지(學而時習之) 불역열호(不亦說乎), 유붕자원방래(有朋自遠方來) 불역락호(不亦樂乎), 인부지이불온(人不知而不慍) 불역군자호(不亦君子乎)라고 말했는데 요즈음 나는 이 말이 실감이 난다.

젊어서는 무심코 보아 넘기고 옛 성인들의 한가한 말로만 여겼는데 내가 창살 없는 감옥생활을 하면서 공부에만 열중하다 보니 공자의 말씀이 옳게만 받아들여진다. '배우고 익히니 어찌 기쁘지 않겠는가!' '벗이 멀리서 찾아오니 또한 어찌 즐겁지 않겠느냐!' '남이 나를 알아주지 않아도 답답하고 속상하지 아니하니 군자가 아니겠는가!' 참으로 구구절절 옳은 말이다.

나는 혼자서 독습을 하면서 때로는 외로울 때 친구라도 찾아주면 즐거운 마음이 들고 또 부질없는 생각에 말 상대라도 할 수 있는 제갈량을 구하기를 염원했지만 이런 생각을 접어두고 수양을 계속하는 것이 군자가 되는 길이요 성숙한 인간이 된다는 것을 뒤늦게야 깨달았다.

나이가 들어 말년을 보내면서도 배우고 익히는 것은 분명 기쁘고 즐거움을 갖는 일이다. 남을 의식해서 하는 일이 아닌 이상 알아주고 몰라주고는 문제될 것도 없거니와 의식할 필요도 없이 혼자 만족하면 되는 것이다.

2009. 9. 24 (木)

가정교육은 어릴 적부터

사람은 어려서부터 가정교육이 중요하다. 그러나 그 부모나 어른들이 윤리도덕이나 예절을 모르면 아이들이 배울 수가 없다. 부모들에게 교육적인 관념이나 관심조차 없다면 가정교육은 황이 되기 마련이고 호래자식들을 양산하게 된다.

아동 교육의 대부라고 불리는 페스탈로치는 이렇게 말하고 있다. 어릴 때부터 동전 한 닢을 아끼는 것을 가르치는 것은 사회에 나가서 감옥이나 교수대로 가는 길을 막는 길이라고 했다. 어릴 때부터 낭비를 가르치면 커서 범죄자가 되기 쉽다는 말이다.

또 어려서부터 어른들의 근면성과 성실성을 보고 익히도록 하는 것이 올바른 어린 아이들의 가정교육이라 할 수 있을 것이다. 독일의 계몽주의 철학의 완성자라 할 수 있는 칸트는 교육적인 입장에서 말하기를 어린 아동들이 부지런히 일하는 것을 배우는 것은 매우 중요한 일이라고 했다.

인간은 일을 해야만 살아갈 수 있는 유일한 동물이기 때문이라고 그 이유를 설명했다. 우리는 무엇이 인간이 살아갈 수 있는 본질인지를 어릴 적부터 가정교육을 통해 가르칠 의무와 책임이 있음에도 불구하고 아이들의 학과 점수 따기에만 치중한 나머지 도덕교육이나 실생활교육은 등한시하고 있으니 장차 우리 사회가 암울할 뿐이다.

2009. 9. 25 (金)

고위 공직자로 임명된 청문회를 보며

누구나 양심에 비추어 부끄러움이 없는 자가 없겠지만 그래도 국민의 지도자급은 도덕적인 하자가 있어서는 안 된다는 차원에서 국회는 청문회를 통해 검증하게 된다. 하지만 우리나라에서 국민들이 보기에는 어디까지가 도덕적인 하자인지 참으로 애매모호하다.

부동산 투기를 목적으로 주민등록을 위장 전입하는 것이 나타나고 자식들의 병역을 기피할 목적으로 유학을 핑계 삼아 미국 국적을 취득하고 종합소득세를 포탈한 사실이 발견되기도 했지만 이 모두에 대한 여야의 시각이 달라서 청문회는 있으나마나한 제도인 것 같다.

하기야 도덕불감증이 만연한 나라에서 한 점 부끄러움이 없는 사람을 지도자로 찾기란 낙타가 바늘 귀를 통과하는 것보다 어려울 것이다. 심사석에 앉아 예정자들을 상대로 질문을 하고 있는 사람 자체가 양심의 가책을 느낄지도 모른다.

그보다는 우리 국민들, 특히 정치인들을 포함한 고위 공직자들의 도덕성 회복과 비리척결 등의 대대적인 운동이 시급하다 하겠다. 이러한 추세에서는 대통령을 비롯해서 국민에 이르기까지 준법정신이 참으로 갈망되는 것이다. 그나마 양심이 살아있는 사람은 자살이라도 하여 책임을 다하지만 그렇지 못한 사람은 후안으로라도 살아가고 있으니 말이다.

2009. 9. 26 (土)

근검절약 정신

옛날부터 소위 뼈대 있는 양반 집안에서는 근검절약을 신조로 삼았는데 상놈 집안은 장사를 해서 흥청망청 사는 것이라고 어른들은 말하였다. 부지런하고 아껴 쓰라고 강조하는 말일 것이다. 절약이라는 것은 인색한 것과는 질적으로 다르고 낭비와 인색의 중간 정도로써 절약하는 사람들은 써야 할 때는 긴요하게 쓰는 습관을 가지고 있다.

옛날부터 선비 집안의 평소 식생활은 맛있는 반찬이 있으면 아껴두었다가 손님에게 대접하는 절약정신을 보이곤 했는데 아내 역시 지금도 맛있는 음식이 있으면 먹어 치우지 않고 냉동 보관했다가 손님이나 손자가 오면 꺼내주곤 한다. 하기야 없는 서민생활에 나 먹고 싶은 것 다 먹고 쓸 것 다 쓰고 나면 남을 대접할 수가 없으니 아끼고 절약했다가 접객하는 것이 지혜일 것이다.

그저 자기 욕심만 챙기고 인색하게 사는 사람들은 진정한 절약정신의 뜻을 모르고 구두쇠처럼 남에게 인색하기 짝이 없다. 우리는 절약정신의 참다운 미덕을 알고 근검절약을 생활화 해야겠다.

2009. 9. 27 (日)

실존의 의의로 살자

넓은 의미에서 실존이란 현재 의식적으로 살아가는 것을 말한다. 세계 2차 대전 전후 서구의 실존 철학자들이 어려운 수식어를 붙여가면서 인간 삶의 부조리니 불안 초조니 하며 실존의 의의를 규명하려고 애를 썼지만 실존이란 방황과 흔들림 없이 삶에 충실하고 자신과 싸우며 삶을 인내하는 것이라고 나 같은 비철학자는 주장한다.

나는 1950년대에 서구에서 실존주의 물결이 한창일 때 동족상잔의 비극을 겪고 1954년부터 폐허가 된 서울에 홀홀단신 올라와 길거리를 나그네처럼 누비며 실존의 의의를 다지며 살아왔다. 사람은 누구나 실재로 현재 존재하고 있지만 뜻이 있게 존재하는 사람도 있고 아무런 뜻 없이 그저 살아 있으니까 살아가는 사람들도 있다.

지고의 목표나 이상을 가지고 현실을 되풀이하며 살아가는 자는 그래도 삶의 철학을 안고 사는 사람들이다. 매일같이 되풀이되는 반복된 인간의 생활 속에서도 내가 왜 살고 있는가를 알고 사는 사람이 실존의 의의를 진정으로 알고 있는 사람이 아닐까 생각해 본다.

2009. 9. 28 (月)

아직도 우리는 배울 점이 많다

우리나라가 19세기 때부터 서구의 문명을 일본처럼 받아들였다면 국치의 슬픔도 국민의 생활난도 면할 수 있었을 터이다. 그러나 워낙 문명의 안목이 없어 잠에서 깨어나지 못하고 우물 안 개구리 같은 민족이었기에 위정자들은 일본에게 나라를 빼앗기고 나서야 피동적으로 개화의 문명을 받아들인 채 현대교육을 받기 시작했다.

그러나 워낙 뿌리 깊이 박힌 봉건 잔재의 인습이 아직도 우리 농촌에는 남아 있어 인간의 생존권이기도 한 직업관이 투철하지 못하고 사농공상의 낡은 사상에 젖어 직업의 미로를 헤매는 사람들이 있다. 나는 서양을 돌아다니며 무엇이 우리들보다 우월하고 무엇이 열등한가를 자세히 살펴보고 우리가 서구에서 배울 점이 더 많고 삶의 철학 면에서도 그들이 앞서 있다는 것을 보고 느꼈다.

우선 직업 관념부터 우리는 배워야 하며 구습을 타파해야 선진국에 진입할 수 있다고 생각한다. 우리는 문화에 있어서도 취사선택을 할 수 있는 안목과 식견을 갖추어야 한다. 우리 동양의 좋은 전통은 계승하고 나쁜 것은 빨리 버려야 한다. 사람은 보는 것만큼 알고 아는 것만큼 볼 수 있기에 열심히 배워야 한다.

2009. 9. 29 (火)

자찬은 미풍이 아니다

옛날부터 우리말에 아내를 자랑하면 미친놈이고, 자식을 자랑하면 반 미친놈이고, 자화자찬을 하면 바보라고 했다. 그런데 요즈음은 자기 PR 시대인지라 자기 가족과 자기 자랑을 늘어놓는 사람이 많아져서 듣기 민망할 때도 많다. 얼마나 자랑거리가 없기에 반대로 얼마나 자신이 있기에 저렇듯 자랑을 일삼는 것일까 싶어 의아할 때가 한두 번이 아니다.

사람이 실력이 있고 뛰어나면 자연 남이 알고 칭찬하기 마련인데 내 가족 나 자신을 스스로 높여봤자 남들에게는 그렇게 관심거리가 될 수는 없다. 물론 내 가족이나 나 자신을 헐뜯고 비하하는 것도 좋은 일은 아니지만 그렇다고 미화하고 추켜세우는 것이 세련된 일도 아니다. 사람은 중용지도가 무난한 처세이다.

설령 가족의 잘잘못이 있더라도 중용지도를 벗어나면 남들은 거부반응으로 일으킨다는 것을 염두에 두고 처세를 해야 한다. 그래야 바보가 되지 않는 길이요 손해 보지 않는 처세가 될 것이다. 좋으면 자기 식구나 명예롭고 좋은 일이지 남까지 그 기분이 미치지는 않는다는 것을 항상 명심해야 한다.

2009. 9. 30 (水)

남을 칭찬하는 습관을 갖자

나를 포함한 우리나라 사람들은 남을 평할 때 칭찬에 인색한 편이다. 남의 장점을 인정하지 못하고 자신을 과시하려는 편협하고 세련되지 못한 심성은 역사적으로도 부인할 수가 없어 우리의 과거 정치사를 관조해 보아도 서로를 헐뜯고 시기하는 문화였다. 그런 뿌리 깊은 전통이 지금껏 이어져 내려 지금도 우리의 정치판에선 자기만이 잘난 사람인 것처럼 행동한다.

이러한 습성은 유식하고 무식하고를 떠나 유럽에 간 유학생들까지 동일하여 교수들에게 지적을 당한다고 한다. 독일의 철학 교수 한 분은 자기의 수제자인 한국 학생들에게 질문 겸 충고로써 하는 말이 있다.

일본 학생들에게는 같은 동료의 안부를 물으면 한결같이 그 사람의 장점을 들어 참 좋은 분이라고 말하는 데 반해 한국 학생들은 동료의 안부를 묻는 질문에 그 사람의 단점만 꼬집어 얘기하는 경향이 있다고 했다. 예를 들면 그 사람은 술을 잘 먹는다는지 나쁜 습관이 있다느니 하면서 험담을 일삼는다는 것이다.

이는 우리의 세련되지 못한 민족성으로밖에 볼 수 없다. 프랑스인들은 '똘레랑스'라는 상호존중의 풍조가 있어 우선 남을 존중해줌으로써 스스로 존중받는 문화라고 한다.

2009. 10. 1 (木)

남을 배려하는 것이 나를 위함이 된다

이 세상의 이치는 모두가 상대성인 것 같다. 공을 벽에 던지면 내게로 다시 돌아오듯이 내가 남을 배려하면 남도 나를 배려해 주는 것이 세상의 상정이다. 그러므로 인간성의 발달은 다른 무엇보다 우선 되어야 한다. 인간성이 발달하지 못하면 자기밖에 모르는 이기주의로 빠지기 쉽다.

남의 입장과 사정을 조금도 고려하는 법 없이 자신의 입장과 욕심만 챙기면 결국 남과의 유대관계는 멀어지고 외톨이가 되어 고독해짐을 우리는 주위에서 보고 있다. 그러나 이런 사람들도 자신이 아쉬울 때는 남과의 접촉을 시도하여 배려하는 척하지만 세상인심이 어수룩하지 않아서 겉으로는 응하는 척해도 속으로는 냉소를 보내기 마련이다.

이 세상은 혼자서만 약은 척 해서는 절대로 환영받지 못한다. 남과 더불어 공존한다는 정신으로 상대를 배려하면서 인간성을 발휘하며 사는 것이 나를 위하는 길이고 외롭지 않는 인생이 될 것이다. 이왕 한 평생을 살면서 인생을 멀리 내다보고 처세하는 길이 낫지 않겠는가!

2009. 10. 2 (金)

좋은 개성(個性)이란?

사람마다 개성이 있어 제각기 다르다. 이 중에는 타인들이 호감을 갖고 선호하는 개성이 있는가 하면 거부감을 느끼는 개성도 있다. 감수성이 둔해 대인관계에 있어 무덤덤하고 인정도 없는 개성의 소유자는 좋은 개성을 지니고 있다고 볼 수 없다.

좋은 개성이란 주관이 뚜렷하고 감수성이 풍부해서 사물을 대할 때 감응이 빠르게 전달되는 특성을 가진 인간성을 뜻한다. 좋은 것을 보나 나쁜 것을 보나 별로 감동이 없고 기쁠 때나 슬플 때도 감각이 둔해 반응이 늦은 사람은 몰인정하다는 오해를 받기 쉽다.

반면 사람을 만나고 대화를 할 때도 반갑고 다정한 표정이나 표현을 하는 사람들은 타인에게 호감을 사서 호평으로 받으며 처세를 할 수 있는 것이다. 이것은 모두가 타고난 유전자 덕이지만 후천적으로 인위적인 훈련을 통해서도 어느 정도는 가능하다. 선천적인 개성도 후천적인 환경과 훈련으로 개선을 해야 후진 인간성을 가졌다는 말을 면할 수 있을 것이다.

2009. 10. 3 (土)

중추가절

금년 추석 명절은 조금 철이 늦은 감이 있다. 그래서 오곡백과가 더욱 풍성하게 영글었다. 우리나라 명절 중에서 설과 추석을 제일 비중을 두는데 그중에서도 추석은 더욱 즐거운 마음으로 맞게 된다. 그 이유는 만물이 무르익어 마음이 풍요로운 데다 계절마저 좋아 달도 밝으니 어찌 가절(佳節)이 아닐소냐?

그래서 예부터 우리나라 사람들은 더도 덜도 말고 한가위만 같아라고 기원하면서 자연과 조상님들께 새로 수확한 과실과 곡식으로 정성껏 차례를 올렸다. 이러한 미풍양속은 서양에도 있어 추수감사절이란 게 있다. 첫 수확한 농산물을 신에게 먼저 바치고 칠면조를 잡아서 한껏 축제를 즐긴다.

이러한 수확의 계절에 명절을 제정한 선인들의 지혜가 엿보인다. 동남아에서는 우리나라와 중국이 설과 추석을 민족적인 축제로 여기지 일본은 추석과 설을 그다지 명절로 여기지 않으며 음력설은 존재하지도 않고 양력설을 기준으로 삼고 있다.

그리고 중국은 추석보다 설 명절을 중히 여겨 예전에는 거의 한 달 가량을 축제 분위기 속에서 놀고 즐겼다고 한다. 우리나라는 두 명절에 조상의 산소에 성묘를 가고 집안 어른들과 동리 어르신들을 찾아뵙는 미풍양속이 있어 지금도 전통을 이어나가고 있다.

2009. 10. 4 (日)

권력의 체계를 생각해 본다

인간이 살아가는 데는 무리를 지어 집단생활을 해야 살아가기가 용이하다. 그러기 위해선 그들을 이끌어 나갈 리더가 필요했다. 태곳적 원시사회에서는 인구가 얼마 되지 않아 민주주의 방식으로 선출했겠지만 수가 늘어나면서 점차 권력이라는 게 생기고 독재성이 나타나기 시작했다.

뒤이어 봉건적인 왕권제도가 생겨나고 이 권력을 종속하기 위해서 세습체제를 구축하면서부터 권력은 더욱 악랄해졌다. 왕권에 도전하는 자는 가혹한 탄압을 받은 것이 인류의 역사였다. 절대 권력을 타도하기 위해서는 그보다 우월한 힘이 필요했고 살상이 뒤따르는 약육강식의 원리가 지배하였다.

근세에 들어와서야 서양 일부에서나마 민권이 태동하여 학정에 시달린 인민들이 미국이란 신대륙으로 건너가 오늘날과 같은 민주제도를 만들었다. 그러나 역시 권력이란 돈과 조직력이 좌우하니 옛날의 폭력이 돈과 조직과 능력으로 이름만 바뀐 셈이다. 아직도 지구상에는 왕권세습으로 권력을 이어가는 나라들이 존재하니 그 민족들은 늦잠을 자고 있는 것이다.

2009. 10. 5 (月)

공부에 시달리는 수험생들

우리나라 고등학생들은 필요 이상의 과열 경쟁으로 혹사당하고 있는 것을 보면 안타깝기 그지없다. 고교 시절에는 충분히 학교공부에 충실하고 전문교육을 받을 기초를 닦는 것이 원칙이지만 고등학생 반수 이상이 고액 과외를 하며 불필요한 암기와 주입식 교육으로 에너지 낭비를 하고 있는 것이다.

이렇게 비문화적이고 소모적인 문제점이 있는데 대대적으로 시정할 점이 몇 가지 있다. 첫째, 사농공상의 뿌리 깊은 유교의 전통에 젖어 있어 너도나도 교육열만 높은데다 직장마저 구하기가 어려우니 자연 좋은 대학을 보내기 위해 온 에너지를 낭비하는 것이다.

부모가 돈이 없는 게 불행이지 모두가 고액 과외를 선호하면서 인간의 두뇌를 기계화시키고만 있으니 수험생들이 견디기엔 무척이나 힘이 들 것이다. 거기에 생활수단의 향상과 고등학교 평준화는 오히려 과외공부를 부추기고 있는 요인이 되고 있다.

우리도 손자가 올해 고3이라 시류에 따라 부모들이 신경을 쓰는 것 같다. 우리나라도 언제나 서양 선진국처럼 직업과 삶이 안정되어 정상적인 교육이 실시될지 모르겠다.

2009. 10. 6 (火)

인간의 금욕심은 교회에서부터

사람이 살아가는 데는 정신적으로 도움이 필요하고 정신생활에서 안정을 얻고자 신앙과 종교를 택하는 것이다. 물론 종교라고 해서 자기의 노력 없이 신앙만으로 모든 어려움을 해결해주는 것은 아니다. 신앙에도 극기와 수양과 교리공부가 필요하고 자기절제와 금욕정신을 실천하는 것이 행복에 접어드는 길이다. 즉 현실에 족하다는 마음가짐이 곧 행복이라는 것이다.

보통 물심양면으로 어려운 처지에 있거나 나이가 든 사람들이 교회나 성당을 많이 찾는다. 모두 자신을 구원받기 위함이다. 그런데 개신교회는 적극적인 신앙의 태도로 신도가 늘어나는 추세인데 구교회(성당)는 적극적으로 선교 활동을 하지 않아도 꾸준히 신도가 늘어나 생긴 지 20년 정도 되면 신도들이 포화상태가 되어 분교의 필요성이 생긴다.

서양에서는 볼 수 없는 우리나라만의 기이한 현상을 어찌 받아들여야 할까? 서구의 중세 이후 교회가 쇠퇴하고 있는 것에 비하면 정신문화적인 면에서 좋은 현상으로 나는 본다. 그런데 자발적인 헌금이나 여유 있는 경제력으로 서서히 팽창해 나가는 것이 더욱 바람직하지 않는가 하는 생각이 든다.

서민들의 연부 돈을 더 강조한다는 것은 금욕정신의 교리에도 위배되고 지나친 욕심으로 교회 신축에만 매달리면 부작용만 커지지 않을까 염려된다.

2009. 10. 7 (水)

만나는 사람마다 한 가지씩 배우자

사람이 반드시 제도적인 공부만 한다고 해서 지식과 교양을 마스터할 수 있는 것은 아니다. 내가 오래 살다 보니 일생동안 만났던 사람들의 장단점을 살펴 모두를 스승으로 삼고 배웠더라면 얼마나 풍부한 인간이 되었을까 생각해 본다.

일찍이 서양의 세르반테스나 에이브러햄 링컨 같은 사람은 정규교육을 못 받았지만 그들의 노력으로 만인을 스승으로 삼아 독학하여 자신의 목표와 목적을 달성하였다. 불굴의 명작과 위대한 정치가가 되어 휴머니스트가 된 사실을 생각할 때 반드시 정규교육을 받아야만 하는 것은 아니다. 오히려 교만심으로 대하는 사람들을 무시하고 깔보면 목적달성에 방해만 될 뿐이다.

항상 겸손하고 성실한 마음가짐으로 타인에게서 한 가지씩이라도 장점을 배워 내 것으로 만드는 것이 성공의 길을 보장받을 것이다. 사람은 견인불발한 정신력으로 불우한 환경도 얼마든지 극복할 수 있다고 본다. 누구든지 장점과 단점을 겸하고 있는지라 모두에게서 배울 점이 있다. 옛날 공자께서도 선악이 개오사라고 하지 않았던가!

2009. 10. 8 (木)

한문 글자 중에서 으뜸가는 글자는

옛날 중국에서 글을 배우는 선비가 고명하신 스승님께 한문 글자 5만 자 중에서 가장 으뜸이 되는 글자를 지목해 달라고 요청하였다. 그러자 스승은 서슴지 않고 정성 성(誠)자라고 하였다. 그 다음으로 겸손할 겸(謙)자를 지목하셨다. 수많은 글자 중에서 인간에게 꼭 필요한 글자 성겸(誠謙)을 지목한 이유는 무엇보다 성실하고 겸손한 것이 인격도야의 근본이기 때문이다.

사람은 성실에서부터 무엇이고 이루어지고 인간의 지침이 되는 것들은 모두 부지런하고 근실에서부터 시작되기에 성(誠)자를 으뜸으로 여긴 것이다. 그리고 주역에서 겸(謙)자 괘(卦)가 나오면 84개 괘 중에서 제일 하자가 없다고 여겨 길(吉)함으로 점쳤다고 한다.

그래서 사람은 성실하고 겸손하면 나무랄 데가 없이 칭송을 받는 것이다. 성실 속에는 근면과 면학도 있고 적극성 또한 모두 포함되어 있는 것이다. 또 겸손하면 남을 존중할 줄 알게 되고 자신은 항시 모자라다고 생각되어 배우려는 생각을 더욱 갖게 되므로 발전이 따르게 된다.

2009. 10. 9 (金)

후회 없는 여생을 보내자

사람이 늙어서 지나온 길을 되돌아보면 잘잘못의 삶을 반성하게 된다. 그래서 남은 여생이나마 선을 추구하며 그간 부족했던 덕을 쌓고자 스스로를 다스리며 평생 못해 본 인간수양의 공부를 해 보려 노력하고 있다.

늦게서야 깨닫고 보니 젊은 시절 그렇게 각박하게 살지 않고 남에게 좀 더 베풀며 살았어도 살아오는데 별로 지장이 없었을 테지만 그것을 모르고 나 살기에만 급급했던 일들이 옹졸하게만 느껴진다. 이 모두가 인생 공부와 수양이 부족해서 에고이즘에만 집착한 탓이다.

지금에 와서야 어리석게 지난날을 관조하며 만시지탄을 해 보지만 역시 흘러간 물에 지나지 않는다. 사람은 어차피 일회성의 생명을 가지게 되는데 가능하면 선을 추구하고 베풀다 살다가는 게 인간의 도리인 것 같다. 악독하고 인색하게 산다는 것처럼 인생을 손해보고 사는 것도 없다는 것을 깨닫고 나니 재물의 능력은 없어 정신적으로나마 선을 추구하며 여생을 보내고자 한다.

2009. 10. 10 (土)

아내 별명은 '홍어' 이다

사람마다 특징이 있으면 별명이 붙기 마련이다. 옛날에 홍어란 생선은 냄새가 특이하고 톡 쏘는 맛이 강해 전라도 지방을 제외한 다른 지방에서는 별로 선호하지 않았다. 주로 남해안 흑산도 근해에서 서식하는데 시골 장에 가면 수십 마리가 아무렇게나 나뒹굴고 있을 정도로 흔해 빠진 천하기 이를 데 없는 생선이었다. 누구라도 손칼이 있으면 꼬리 부분에 달린 불알 하나쯤 잘라 먹어도 시비하는 사람이 없을 정도여서 만만한 사람을 두고 '홍어 불알'이라고 놀려댔다.

그런데 아내도 성격상 홍어를 닮은 부분이 있다. 그래서 나는 홍어라는 별명을 짓고 혼자 웃어댄다. 글쎄 아내는 50년간을 동거한 남편에게만 무관하게 함부로 대하지 남들에게는 어디를 가나 홍어처럼 만만한 상대가 되어 준다. 뭇사람들의 오만 하소연과 넋두리들을 정감 있게 다 들어주는 것이다. 그러니 어딜 가든 누구에게든 인기가 좋고 호감을 사는 것 같다.

그러한 아량과 인내심을 가까운 남편에게 조금이라도 나눠주면 요조숙녀가 될 터인데 남들에게만 조신하게 만만한 홍어 처세를 하니 싫다는 사람이 없다. 하기야 요즈음은 홍어도 무척이나 귀해져 칠레산 홍어가 아닌 흑산도 홍어라면 한 마리에 백만 원이 가는 금어(金魚)나 다름없어졌다. 만만한 홍어 불알도 시대의 흐름 속에 이제는 옛말이 되어 버렸다.

2009. 10. 11 (日)

미국 대통령의 평화상 수상

금년 노벨 평화상은 미국의 오바마 대통령이 수상하였다. 이 평화상 수여가 세계 평화에 기여할 것은 물론이요 다시는 이라크 전쟁 같은 침략전쟁을 하지 말라는 뜻도 내포되어 있을 것이다. 사실 미국은 2차 대전 후 후진국들에게 부당한 힘의 간섭을 많이 해 온 것이 사실이다.

인류 생존에 유용하지 않는 미국과 소련의 이데올로기 대립으로 희생된 민족은 지지리도 못난 베트남과 한국일 것이다. 독일 같은 나라는 슬기롭게 분단을 극복하였고 베트남은 그런대로 통일을 이뤄 경제도약에 힘을 쓰고 있지만 유일하게 분단국인 우리나라는 아직도 핵으로 인해 전 세계의 주목을 받고 있으니 이 또한 미국이 해결해야 할 평화정책의 숙제가 아닐 수 없다.

이번 오바마 미국 대통령은 중동 평화에 기여했다는 명목으로 상을 수상했다고는 하지만 아직도 북한과 이란 등 세계 평화를 위협하는 국가에 대한 책무와 영향력이 남아 있음을 생각할 때 영광이자 부담으로 작용할 것이다. 과거 고르바쵸프와 김대중의 수상과 마찬가지로 말이다.

2009. 10. 12 (月)

기능이 점점 떨어져 가는 신체

나이가 80에 이르니 모든 신체 기능들이 조금씩 마모되어 감을 느낄 수 있다. 인간의 신체도 7~80년을 사용하면 망가질 때도 되었지만 자꾸 고장 난 부위를 약으로 수리해서 생명을 연장하고 있으니 노구를 이끌어가기란 쉬운 일이 아니다.

팔다리의 기능이 망가진 지는 이미 10년이 넘었고 한쪽 귀가 안 들린 지도 5~6년이 되었는데 이제는 눈마저 백내장이 덮여 글씨가 분간이 되질 않는다. 먼 곳을 쳐다보기라도 하면 안개가 껴 있는 것처럼 뿌옇게 보여 진찰을 받아보려고 해도 여간 머리가 무거워 고역이 아닐 수 없다. 혼자서 자유로이 거동을 할 수 없으니 어디에 가는 것조차 심난하기만 하다.

그동안 불행 중 다행으로 눈은 별 지장이 없어 독서를 할 수 있었는데 이도 복이라고 독서에까지 지장이 생기게 되니, 인생의 종착역까지 어찌 대비를 하여 갈 수 있을지 난감하기만 하다. 건강이 유지되지 못한 말년은 고통의 연속일 뿐이다. 그러나 이것이 건강을 타고 나지 못한 실존이라면 그저 감수할 수 밖에 없다.

2009. 10. 13 (火)

좋은 인생관의 정립

누구나 의식이 있는 사람은 나름의 인생관을 가지고 있다. 그러나 개중에는 올바른 인생관을 가진 사람도 있고 어리석고 유치한 인생관을 가지고 사는 사람도 있다. 그런데 이 인생관은 과연 어디에서부터 싹트기 시작하여 고정관념이 되어 사람들을 지배하는 것일까? 그것은 대부분 그 사람이 처해 있는 환경의 영향을 받게 되며 자신의 신념에 의해 고착화된다고 본다.

어린 시절 가난하지만 교양 있는 부모들의 밑에서 자란 사람은 대체로 좋은 인생관을 가지게 된다. 반면 부유함에도 가정교육이 없는 환경에서 자란 사람은 올바른 인생관을 가질 수 없다. 부자로 산 것보다는 조금 가난하게 산 것이 인간성을 발전시키며 의협심과 근면성, 성실성도 더불어 가지게 된다.

부유한 집에서 지혜 있는 가르침을 받지 못하면 자기만 아는 이기주의로 흐르기 쉬워진다. 이를 방지하고 좋은 인생관으로 세상을 살아가려면 지혜가 풍부하게 담긴 책을 많이 읽고 자신을 다스리는 것이 중요하다. 사람은 어차피 한평생을 살면서 좋은 인생관으로 살아가야 한다고 생각한다.

2009. 10. 14 (水)

사람은 능력껏 길을 안내해 주자

나의 가친께서는 백면서생의 유학자로서 넉넉한 유산을 수호하지도 못하시고 고생만 하시다가 세상을 뜨셨다. 그러한 빈곤 속에서도 자식인 나에게는 인간이 취할 수 있는 도리와 유가사상을 직접 주입시키셨다. 당시에는 그러한 교육이 곤궁했던 현실을 극복하기에는 너무 괴리가 있어 보여 속으로 무척이나 못마땅했다.

선고께서는 자신의 능력이 모자라 어려운 이웃을 보고도 돕지 못했음을 후회하시면서 나에게 이르는 말씀이 있었다. 사람은 능력이 있을 때 어려운 처지에 있는 사람들을 아량껏 도와주는 것이 인간의 도리라고 강조하셨는데 지금도 기억이 난다. 그러나 워낙 험난한 인생항로를 살아오면서 남을 도와주고 주위의 어려움을 고려하기에는 내 코가 석 자였다.

알고도 아량을 베풀 여유가 없었던 것이다. 그 와중에도 미로에서 자신의 길을 찾지 못하고 방황하던 사람이 내게 길을 물어보면 차마 뿌리칠 수 없어 아는 한도 내에서 성실하게 길 안내를 해 줄 수 있었다.

그러나 워낙 능력의 한계가 있는지라 많은 사람의 길을 안내해 주진 못했다. 물질이 아닌 정신적인 적선을 하는 일도 상당한 능력이 필요한 데 역부족을 한탄하지 않을 수 없었고 이제와서야 선고께서 하신 말씀의 의미를 어렴풋이나마 알 것 같다.

2009. 10. 15 (木)

자녀교육이란 무엇인가

나는 어려서부터 성년이 될 때까지 한학자인 아버지 밑에서 삼강오륜의 유교인륜을 주입식으로 강요당해 왔다. 옛날 봉건교육 그대로 현실과는 뒤떨어진 일방적인 지침을 들으면서 속으로는 불만과 반항의 질문이 잔뜩 쌓여갔다. 그때 꾹 참고 들었던 말씀들이 지금에 와서 생각해 보면 비록 미진하고 설득력이 부족한 교수 방법이었을지라도 안 들었던 것보다는 유익했다는 것을 느끼게 된다.

요즈음 나는 할 일이 없어 명심보감을 두 번씩이나 읽어 보았다. 그런 다음 구절들을 노트에 적어 보면서 인생 공부를 새롭게 하며 마음을 청소하고 있다. 한 구절 한 구절이 어렸을 때 가친으로부터 들은 유교의 교훈이 되는 말들이었지만 억지로 들었던 그때와는 판이하게 달리 몸과 마음에 와 닿았다.

명심보감이야말로 유교의 바이블이요 잠언집임을 알 수 있게 된 것이다. 물론 시대에 맞지 않는 구절도 있지만 모든 고전이 그렇듯 참작해서 이해하면 된다. 게다가 많은 석학들이 각 편마다 해설을 곁들여서 현대인들도 쉽게 이해할 수 있었다. 옛날식으로 너와 나의 인륜교육을 주입식으로 강요하게 되면 오히려 역효과가 일어날 것이기에 현실에 맞는 부연설명으로 이성을 자극하면 고전에 머물지 않는 살아 있는 교육이 될 것이다.

2009. 10. 16 (金)

사람은 조언자가 있어야 발전한다

일상생활 속에서도 주위에 지혜로운 사람이 있어 수시로 조언을 해 주고 일깨워 준다면 전도가 양양하고 발전된 미래를 지향할 수도 있건만 어디 그런 조력자를 옆에 두기란 그리 쉬운 일이 아니다.

대개의 사람들은 혼자서 판단하고 결정하면서 현실에만 급급해서 살기 마련이다. 그래서 젊어서도 장래를 생각하는 것보다는 눈앞의 삶에만 열중하다 보니 노후 대책도 세우지 못하고 자식들에게나 기생하는 보잘것없는 노후가 되고 만다.

나도 걸어온 길을 돌이켜 보건대 젊을 때 옆에 조언자라도 있어 늙었을 때의 일을 자꾸만 상기시켜 주고 걱정해 주는 사람이 있었다면 상가라도 하나쯤 장만할 수도 있었을 것이다. 이렇게 닥쳐올 노후를 자력으로는 예측하지 못한 우둔함을 후회해 보지만 지나간 기회는 다시는 오지 않을 강물이다.

그때는 5백만 원만 머리를 잘 썼더라면 시가 2천만 원 정도의 가게는 충분히 장만해 둘 수 있었는데 그것을 못하고 좋은 기회를 놓치고 말았으니 앞을 내다보는 조언이 없었기에 노후가 여유롭지 못한 것이다.

당시에는 나의 처지가 5백만 원 정도는 무리할 수 있어서 은행에서 천만 원을 융자받아 사면 이자는 가게 세 나온 걸로 충당하고 5백만 원은 보증금을 받으면 2천만 원짜리 가게는 잡을 수도 있지 않았을 것인가!

2009. 10. 17 (土)

종족 보존이 줄어들고 있다

세상이 문명화 될수록 인간의 사고는 이상만을 지향하고 이기주의에 빠져드는 경향이 농후하다. 그래서 남녀 간의 결혼관마저 바뀌어서 부부생활이 향락주의로 흘러가는 것 같다. 후대를 이어갈 아이 낳기를 기피하고 마지못해 하나 아니면 둘도 많다고 할 정도로 인간 본연의 희생정신마저 기피하려는 극도의 이기주의가 성행하고 있다.

요즈음 젊은이들은 공히 이상적인 배우자만을 선호하다 보니 마땅한 상대가 나타나지 않아 혼기를 놓쳐 40대에 접어들고 있는 추세이다. 모두들 진실한 인생을 터득하지 못하고 환상과 허상에 빠져 착각 속에서 꿈을 꾸며 살아가고 있다. 인생의 진가는 희생과 봉사에 있다는 것은 젊은 세대들은 깨달아야 한다.

결혼은 환상의 유토피아가 아닌 성실한 삶의 공동체인 동시에 종족 보존의 기초이고 책임감이 부여된 자연의 선물이기도 하다. 옛날 농경사회처럼 자식을 생산과 투기의 대상으로 여겨 출산할 필요는 없지만 그래도 둘 셋은 의무적으로라도 생산을 해야 종족보존의 자연법칙을 이어갈 수 있지 않을까? 인생은 어차피 고해라는 것을 인식하고 작은 배를 둘이서 열심히 노저어 항해하면 힘든 세상도 반감된다는 근실한 사고가 요망된다 하겠다.

2009. 10. 18 (日)

선(善)을 추구하기 위한 길

인간은 올바른 삶을 추구하기 위해 종교 생활을 택한다. 그러나 하나의 종교 진리나 교리로는 완전한 인간의 도리와 선을 추구하는데 있어 부족감이 든다. 그래서 우리나라 사람들은 기독교, 불교, 그리고 유교의 문화권에서 살면서 나름의 선을 추구해 온 것이다.

그런데 편협한 사람 중에는 자신이 택한 종교가 최고인 양 편견을 일삼고 있다. 이들은 심오한 인생 공부가 부족한 사람들이고 종교의 의미를 모르는 소치인 것이다. 기독교는 신을 강조한다. 신은 높은 하늘에 계시다. 인간은 낮은 땅에 있으면서 신의 구원을 요청하며 하늘의 빛을 바라는 것이 종교이다.

불교는 모든 사람의 마음 안에 불성이 있으므로 마음을 크게 깨달아 옳은 정각으로 선을 추구하는 종교이고, 유교는 너와 나의 인륜관계를 중시하며 그 속에서 사람이 행해야 할 도리를 찾으라는 것이다. 그래서 사람이 가져야 될 세 가지 룰과 다섯 가지 상호간의 관계를 강령으로 만들어 선의를 추구하는 것이니 이 세 가지 종교를 이해하고 따른다면 선은 저절로 추구하게 될 것이다. 우리 모두 종교의 진리를 알고 선을 실행하며 살아가자.

2009. 10. 19 (月)

진정한 벗은 없는 것인가?

이 사회에 신의(信義)로 맺어진 친구가 과연 몇 명이나 있을까 생각해 본다. 극히 드물 것이다. 그래서 명심보감 교우편을 보면 내 돈으로 술과 밥을 사줄 때는 형이니 아우니 하는 친구가 천 명도 넘었으나 막상 내가 위난을 당하게 되니 이를 걱정해 주는 친구가 없다고 하면서 의리 있는 친구가 드물다는 것을 경계하는 구절이 있다.

그런데 요즈음은 한 술 더 떠 얻어만 먹으려는 친구는 보통이고 인심 좋은 친구를 악용해서 등쳐 먹으려는 저질 친구들이 더러 있다는 사실이다. 세상이 각박해져 상류 지식층 사회에서도 친구지간의 의리는 찾아볼 수 없거니와 은혜를 악으로 보답하는 사람들이 비일비재하다고 한다.

뿐만 아니라 보통 사람의 경우도 산전수전 다 겪은 노인층 친구들끼리도 화투놀이에서 몇 푼이라도 따 먹겠다고 혈안이 되어 치고받는 촌극까지 벌어진다고 하니 붕우유신(朋友有信)이란 말은 잠꼬대에 불과한 말이 되어 버렸다.

우리 사회가 이렇게 타락해진 이유는 모두 인성교육의 부재와 남녀노소 할 것 없이 책읽기를 등한시한 탓이다. 이웃 일본만 가 보아도 독서인구가 많은 것을 보면 참으로 부럽다. 컴퓨터에서 매일 얻는 새로운 정보만이 능사가 아니다.

2009. 10. 20 (火)

50년의 가정생활

사람이 결혼을 하면 가정이란 게 생겨난다. 그때부터는 소주(小舟)를 둘이서 타고 망망대해의 인생 항로를 노 저어야 하는데 우리 부부가 함께 노를 저은 지도 오늘이 50주년이 되는 날이다. 사람들은 이날을 칭하여 금혼식이라고 이름 짓는다.

누구나 결혼을 하면 백년해로를 하라고 축복해 주지만 사실 백년해로한 사람은 없고 둘이서 검은 머리가 파뿌리가 되도록 오래 살라는 말이다. 옛날에는 수명이 짧아 조혼을 했다고 하지만 금혼식도 무척이나 드문 편이었는데 지금은 수명이 연장되어 금혼식이 흔해졌다.

하지만 말이 50년이지 부부가 반세기를 살아오면서 우여곡절의 개인 역사가 새겨진 세월이기도 하다. 물론 순탄한 항해를 하면서 인생을 즐겁게 보낸 행운아들도 있겠지만 대부분의 사람들은 고해 속에서 인생을 음미하게 된다. 우리 부부도 예외는 아니어서 무에서 유를 창조하면서 고생을 낙으로 삼으면서 열심히 살아왔다.

자식들을 육성시켜 모두 남혼여가를 시켰으니 여한이 없는 세월이었다고도 할 수 있다. 그래서 아무런 불만 없이 우리 부부는 이날을 자축하면서 와인 한 잔씩을 높이 들어 자축할 만하다. 그저 하느님께 감사를 드리는 바이다. 다이아몬드혼식까지 바라본다는 것은 지나친 과욕일 테니 말이다. 우리의 금혼식을 마음속으로나마 실컷 자축하고 싶다.

2009. 10. 21 (水)

진보개혁 정치란?

한 국가의 진보개혁 정치란 참으로 어려운 과제이다. 특출한 인재가 나타나서 혁신을 도모하기 전에는 낡은 틀을 깨고 새 틀을 짜기가 쉬운 일은 아님을 역사를 통해서 살필 수 있었다. 조선조 500년을 통해서도 그렇고 해방 후 오늘날까지의 예를 봐도 묵은 제도에 안주해 온 찌든 세력들을 솎아낸다는 것은 천지개벽만큼이나 어려운 난제인 것이다.

또 개혁진보 정치가 성공을 했다손 치더라도 현 북한 정권을 볼 때 과연 국민들에게 돌아오는 혜택이 생각만큼 누릴 수 있느냐 하는 것이 문제이다.

조선조 때 연산의 혼탁하고 무도한 정치체제가 붕괴되고 새로 중종이 직위하여 개혁정치를 시도한 적이 있다. 재야의 인재를 찾아낸 끝에 조광조(정암)를 발굴하여 그를 따르는 백여 명의 신진 사림들과 함께 개혁정치를 시도했지만 불과 10년도 못 가서 남곤과 심정 일파의 모함과 시기에 거품이 되고 말았다.

그 바람에 우리의 선조인 양학포 공도 이때 조정암과 손을 잡고 개혁정치에 참여하여 정사를 보던 중 함께 삭탈관직 당해 낙향하고 말았다. 한동안 은둔생활을 하고 있던 중에 조정암이 과거 동기생인 양학포의 고향인 능주로 귀향지를 택한지라 둘이는 이상을 실현치 못한 한을 한탄할 수밖에 없었다.

불행히도 조광조는 끝내 남곤 일파의 집요한 계략에 휘말려

사약으로 세상을 뜨게 되니 둘은 통한의 이별을 할 수밖에 없었던 것을 보더라도 개혁정치의 어려움을 실감할 수 있다. 정조 때에도 정약용(다산)은 실학의 바람을 타고 개혁을 시도했지만 정조의 조사(早死)로 뜻을 이루지 못했다.

급기야 보수파들의 흉계로 인해 강진 우리 외갓집 동리에서 18년간을 외롭게 귀향살이 하였으니 개혁이란 단시일 내에는 불가능한 정사이며 혁명이 수반되더라도 급진적으로 이루어져서는 절대 지속될 수 없음을 알 수 있다.

홍경래와 전봉준은 민중의 힘을 빌려 두 차례에 걸쳐 혁명개혁정치를 시도하였으나 여건의 미숙과 조직의 결함으로 결국 형장의 이슬로 사라졌다. 이성계와 박정희는 군사 쿠데타를 성공시켰지만 완전한 정치개혁과 인민을 위한 유토피아의 건설에는 실패하여 사욕의 늪에서 맴돈 것에 불과하였다.

이러한 역사적 사실들을 고찰해 보면 인류를 위한 정치개혁은 시간을 두고 수백 년간 끊임없이 연구하고 투쟁하면서 점진적으로 이루어져야만 개선되어질 수 있음을 깨닫게 된다.

2009. 10. 22 (木)

절망기를 역이용한 사람들

조선 시대에 조정에서 일하다가 모함에 빠져 남해 고도나 북쪽 오지로 유배당했던 선비들이, 오히려 그 시기를 이용해서 자신의 수신에 몰두하여 독서나 저술로 지루한 시간을 보냈던 심정을 이해할 것 같다.

그들은 수십 년간의 창살 없는 유배살이에서 그야말로 구걸이나 매한가지인 의식주 생활을 하면서도 결연히 버텨 수신을 하였다. 공부와 저작에 몰두했던 정다산이나 추사 등의 선비들은 모두 유배지에서도 작품 활동을 계속했다는 것은 불운을 역이용한 극기의 생활관이라 할 수 있을 것이다.

내가 6~7년간의 수족마비가 가져다 준 지병으로 병상에 누워 두문불출 폐인생활을 한 것이 너무나 원통해서 생각해 낸 것이 평생 마음 놓고 못해 본 공부나 해 보자는 것이었다. 소일삼아 책을 읽기 시작했고 하루 한 장씩 떠오르는 잡상들을 종이에 끼적거리기 시작했던 것이 어느덧 시간이 흘러 9권의 노트가 메꾸어졌다. 하루하루 책을 읽어 배움이 늘어나니 나 또한 역경의 시기를 배움의 기회로 이용한 것이 아닌가.

2009. 10. 23 (金)

세계화 시대의 결혼

동석이 내외가 혜선이 결혼식에 참가하고자 싱가폴로 떠났다고 한다. 신랑은 중국계 싱가폴 사람으로 선박회사에 다닌다고 한다. 비록 결혼식에는 참석하지 못해도 종손녀에게 축하의 메시지를 한마디 써 보냈다.

요즈음 같은 국제화 시대에 선남선녀가 인연이 닿아 행복을 약속하고 스위트홈을 꾸려 가면 그것으로 만족할 뿐이다. 옛날에도 우리나라는 중국과의 정략결혼을 하기도 했지만 우리 가정에서는 혜선이가 첫 개혼이다. 친구 따라 싱가폴에 가서 취업하더니 역시 친구의 소개로 배필까지 얻게 되어 인생항로의 길을 인도받은 셈이다.

사람은 좋은 인연으로 길을 인도받을수록 그에 보답을 하기 위해서라도 성실히 잘 살아야 인간 구실을 다하며 사는 것이다. 아무리 좋은 길로 인도를 해 주어도 자신이 최선을 다하지 않으면 좋은 결과를 기대할 수 없고, 길 안내자에게 원망하는 누를 범하면 결국 배신자가 되고 마는 것이다.

현명한 사람은 진로를 안내해 주었으면 그것을 천직으로 알고 열심히 최선을 다하는 사람만이 복을 받을 수 있는 것이다. 아무쪼록 혜선이도 최선의 노력으로 행복한 결혼생활을 이루기를 기원해 본다.

2009. 10. 24 (土)

상대를 인정할 줄 모르는 민족

과거 우리 민족의 문화와 정치사를 보면 그 특성이 나타난다. 우선 조선 시대 유학자들은 성리학 해석을 둘러싸고 서로 자기의 견해만 옳다고 주장하였다. 그것이 지나쳐 파당이 생기고 조정에까지 물들어 당파 싸움으로까지 발전하였다.

이러한 당파 싸움은 동서로 갈라지고 또다시 남북으로 갈라졌다. 나아가 노소로까지 갈라졌는데 상대의 이견이나 견해는 아예 무시하는 태도가 발전하여 미개하고 미숙한 악법을 이용하여 반대파들을 유배시키고 사약을 내려 독살시키기까지 하였다. 이러한 면들을 볼 때 확실히 우리 민족은 시야가 좁았고 안목이 부족함을 자인할 수밖에 없다.

유교에서의 성리학은 중국 송나라 때 주희와 정이천 등 몇 사람이 우주와 인간 심성의 원리를 가지고 논했던 철학의 일종이었는데 이러한 철학 이론을 가지고 3~4백 년 동안 색다른 철학의 사유나 창안은 하지도 못한 채 오직 성리학만을 금과옥조로 삼아 이기(理氣:이성과 기질) 학설만을 고집하면서 왈가왈부하였음은 참으로 편협한 사고에 지나지 않았다.

지정학적으로 봐서 우리나라는 해외나 외국으로의 출입이 제약을 받는 관계로 문화적 시야를 넓힐 수도 없었고, 안목 또한 부족해서 서구처럼 다양한 인간 철학이 나올 수 없는 처지였다. 그러나 하나의 철학 이론이 반드시 진리일 수는 없는 법인데도 오류가 많은 학문을 가지고 살상까지 일삼았던 과거를 볼 때 아무리 생각해 보아도 슬기로운 민족은 되지 못한다.

또 조선조 후기에 경제를 중시하는 실학이 태동하여 서광이 보이려고도 했지만 성리학 이외의 학문은 모두 이단시 되었던 풍토 속에서 결국 좌절되고 말았으니 그 책임은 당연 사대부들에게 있다. 그것을 모르고 지내다가 결국 나라가 망한 것이다. 그런데 개화가 된 오늘날에도 우리 민족은 남을 인정하는 데는 여전히 인색하다.

오로지 자기의 주장만이 옳다는 사고방식이 현 정치상황에서도 사라지지 않고 있으니 참으로 불행하고도 유감스러운 일이다. 상대를 존중할 줄 모르면 자신 또한 존중받을 수 없다는 상대성을 망각한 민족은 확실히 열등한 사고방식을 가진 민족이라는 것을 다시 한번 증명하는 것이다. 정치인들부터 먼저 반성하고 시정할 때 우리의 생활도 향상될 것이다.

2009. 10. 25 (日)

한 구의 위력이 희비를 만든다

어젯밤 야구 한국시리즈 결승전에서 SK와 KIA가 9회까지 5:5의 숨죽이는 승부를 펼쳤는데, 9회 말 기아의 마지막 공격에서 백넘버 29번의 나지완 선수의 한 방이 승부를 결정지었다.

2스트라이크 2볼 상태에서 두 번째로 나선 나지완 선수는 상대 투수가 승부수로 던진 직구를 놓치지 않고 힘껏 방망이를 휘둘렀는데 승리의 여신을 부르는 적시 홈런이 되어 일약 영웅이 되었다.

수만의 관중들은 일제히 환호성을 터뜨렸고 기아는 12년 만에 우승을 차지하는 쾌거를 이루었다. 그동안 한국 프로야구의 절대 강자였던 해태타이거즈가 재정난으로 해체되고 잔류 선수들이 뒤를 이어 기아타이거즈를 조직하였다.

해마다 부진의 늪에서 허우적거리다가 올해에는 의외의 실력을 발휘하여 왕년 해태의 맥을 이은 것이다. 사실 야구는 머리와 실력에 운이 따라야 되는 스포츠이다.

어제도 SK 투수의 순간적인 판단 부족으로 대세가 판가름나서 극적 상황이 연출되었는데 인생도 이와 같은 극적 드라마가 있으리라! 승자는 환희에 날뛰고 패자는 눈물을 흘리는 게 바로 세상사이다.

그러나 인생은 반드시 성(盛)이 있으면 쇠(衰)가 있기 마련이고 쇠가 있으면 성이 있기 마련이다. 일시의 연화나 비애를 가지고 연연하고 집착하는 것은 삼가야 할 인생의 교훈임을 잊지 말아야 한다.

2009. 10. 26 (月)

글자의 장벽

우리나라는 예부터 중국 문화를 받아들여 한자만 사용했던 시절이 있었다. 그 많은 한자를 다 외워서 사용하는 데는 적어도 10년 이상이 걸렸는지라 조선 시대의 국민들 90% 이상이 한문에 숙달치 못한 무식층이었다.

서양인들처럼 알파벳 몇 자만 알면 문장을 읽을 수 있는 문자가 아닌지라 약 5만 자 가운데 적어도 1만 자는 알아야 책을 읽을 수 있었으니 얼마나 비합리적이고 어려운 문자인가? 집안이 넉넉해서 10년 20년을 한학에 매진할 수 있었던 사람들은 한학을 일종의 긍지와 자부심으로 여겼겠지만 그렇지 못한 서민들은 일생을 책도 읽을 수 없어 무지하게 살아갈 수밖에 없었다.

이처럼 대중화되지 못한 문자로 인해 국가 발전과 국민들의 생활은 제한을 받을 수밖에 없었다. 우리의 좋은 글이 있었음에도 이를 완전히 무시하고 주체성 없이 남의 나라 글자에만 열중했으니 선견지명이 없는 민족이었음을 개탄할 수밖에 없다. 우리 집에도 선고께서 쓰신 한문 초서로 된 서한이 몇 통 남아 있으나 이를 알아볼 자손이 없으니 그저 유물로밖에 보관할 뿐이다. 진정한 서한의 가치를 알 수 없으니 유감스러울 따름이다.

2009. 10. 27 (火)

때늦은 방역 대책

금년 초여름부터 신종플루라는 독감이 멕시코에서부터 유행하더니 전 세계로 퍼져 면역력이 떨어지는 노약자들을 두렵게 하고 있다. 매일같이 오늘은 신종플루에 걸려 몇 명이 사망했다느니 몇 명이 감염되었다느니 떠드는 바람에 시중에는 보통 독감 예방약도 품귀 현상을 보일 지경이라고 한다.

그렇다고 일반 병원에서는 돈을 주고도 올해는 접종할 수가 없고, 장애인과 노약자들에 한해 우선적으로 보건소에서 예방접종을 해 준다고 하기에 휠체어를 타고 아내와 함께 가서 예방주사를 맞고 왔다. 거기에는 이미 주사를 맞으러 온 수백 명의 노인들이 운집해 있어 이번 신종플루의 전염성을 확인할 수 있었다.

일반 독감 주사액도 이렇듯 모자라는 판국에 신종 돼지독감은 연일 4천 명 이상이 감염되어 이미 수만 명이 신음하고 있는 가운데 지병이 있는 노약자들의 희생이 이어지고 있다. 그런데도 신종 독감 약은 확보가 어려운 상태여서 내년이나 되어야 일반인들에게까지 보급된다고 하니 미흡한 보건방역대책을 가지고 있는 정부당국의 무능을 여실히 보여주고 있다. 일시적인 소동이 나기 전에 유비무환임을 인식해야 민생이 안전할 수 있다.

2009. 10. 28 (水)

인간성과 동물성

사람에게 이성이라는 것이 없다면 하등 동물과 차이가 없을 것이다. 이성이 있어서 선악을 분별할 수 있고 양심이 있어 자신의 행동을 관장할 수가 있다. 인간이 집단생활을 시작하면서부터 도덕성이 필요했고 인위적인 인성 교육을 받아야 비로소 동물성이 억제되어 난폭한 행동이 자제되었다. 예의가 있어 군집생활에서 약자들도 생존할 수 있게 된 것이다.

그래도 동물성이 남아 있어 강한 자들은 본능적으로 약육강식을 일삼고 예의규범을 무시하여 법의 제재를 받기도 한다. 이 세상에 도덕규범이 없다면 질서가 무너지고 그야말로 아수라장이 될 것이다. 이를 방지하기 위해서 우리나라에서는 중국의 유교 문화를 받아들여 인간의 도리에 치중하였다.

그래서 한때는 동방예의지국이라는 평도 받았지만 지금은 도의관념이 희박해져서 인간성보다는 동물성이 팽배해지고 있다. 자기밖에 모르는 이기심이 늘어 인간성은 점차 상실되어 가고 있는 추세이다. 그래서 사회의 비행은 나날이 늘어만 가고 있는데 이 모두가 도덕 교육과 인성 교육이 제대로 이루어지지 않기 때문이라고 본다. 사람은 물질도 중요하지만 그것만으로는 만족할 수 없고 가치 추구도 중요함을 인식해야 한다.

2009. 10. 29 (木)

보궐선거의 결과

대법원에서 선거법 위반이 확정된 의원들의 보궐선거가 어제 다섯 군데에서 일제히 실시되었다. 그동안 한나라당과 민주당이 총 5석 중 3:2의 승부수로 열전을 거듭했는데 결과는 3석을 차지한 민주당의 승리였다. 한나라당은 강원도와 경상도 2석을 차지하는데 만족해야만 했다.

자유신신당과 민주노동당은 수고만 했지 그저 들러리로만 끝나고야 말았다. 이번 보궐선거에서 수도권 지역과 충청도 한 석을 놓고 여야가 집중 선거전을 펼쳤는데 역시 여당의 참패로 끝난 것을 보니 민심은 큰 절 따위에 동요되지 않는다는 것을 보여주었다. 이명박 정부의 선거공약이 지켜지지 않고 서민 경제 역시 나아진 것이 없다는 실망감은 보궐선거의 심판으로 나타났다.

국민소득이 3만 불에 이르기까지는 꾸준한 성장에만 주력을 해야지 그 안에는 4대강 운하니 개발이니 하는 사업은 시기상조라고 본다. 특히나 부존자원이 없는 우리나라는 그저 무역에 치중하는 것이 아직까지는 최대의 관건이고 목표인 것이다. 민생이 동요되는 이때에 다른 엉뚱한 계획은 한낱 이상주의에 불과하다. 서민 대중들은 고루 잘 사는 정책을 선호하고 있는 것이다.

2009. 10. 30 (金)

건전한 사고방식을 갖자

사람은 나이가 들수록 생각이 건전해야 한다. 그러기 위해선 마음을 수양하고 욕심을 줄여야 한다. 그리고 동서양의 잠언집을 옆에 두고 항시 애독해야 한다. 그래야 비로소 마음을 다스릴 수 있고 필요 없는 공상이나 망상을 쫓을 수 있다. 사람은 한가하면 망상이나 허상이 머리를 괴롭히는 법이다.

늙으나 젊으나 인간은 자기의 할 일과 갈 길이 정해지면 그 길로 매진해야 한다. 자꾸만 다른 공상을 해 보았자 허욕과 허상에 불과할 뿐이다. 다 지내 놓고 보면 쓸데없는 공염불이었고 허망한 꿈에 시달린 것에 불과했다는 것을 깨닫게 된다. 그래서 건전한 사고방식을 가지고 살자는 것이다. 원래 건전한 생각이란 현실을 직시하는 것이다.

자신의 분수를 똑바로 알고 조금도 넘침이 없이 무엇을 해야 하고 처해 있는 현재 상황이 정상인지를 자문해 보아 최선의 삶을 영위하는 것이야말로 건전한 사고방식이 아닐까 생각된다. 사람은 자신을 아는 일이 가장 중요하며 정확한 도량으로 측정해야만 비로소 건전한 사고가 우러나와 과욕 없는 평안한 삶을 유지할 수 있게 된다.

2009. 10. 31 (土)

50년이 지나고서야 부부지간의 평을

말은 먼 길을 가 봐야 그 힘을 알 수 있고 사람은 오랜 시일이 지나봐야 그 마음을 헤아릴 수 있다고 했다. 부부지간에도 오랜 세월을 겪으면서 세파에 부딪치고 시달려 봐야 그 진가를 알 수 있는 것이다. 그런데 우리 부부는 50년간의 세월을 무덤덤하게 살아오면서 사치스럽게는 살지 못했지만 그렇다고 찌들리는 극한의 가난 속에서도 살아본 기억이 없다.

그리고 부부의 정도 그렇게 나쁘지 않았고 짜릿하게 좋지도 않은 중간 정도를 유지하면서 한결같이 지내왔다. 크게 다툰 적도 없이 아이들 셋을 낳아 별 탈 없이 육성하여 모두 제 할 일하고 살아가고 있으니 다행으로 알고 하느님께 감사하고 있다. 나는 결혼 50년 동안 한 번도 남에게 아내에 대해서 좋다 나쁘다 평을 해 본 적이 없다.

원래부터 유교 정신이 배어 있어서인지 설령 아내의 장점이 있어도 칭찬에는 정말로 인색한 편이었다. 그러나 아내는 심성이 착한 편이다. 나보다는 월등한 처세술로 그간 대인관계를 해 왔기에 내 자신이 푼수란 평을 받지 않으려 아내의 평을 일부러 하지 않았다.

지금 와서 얘기하자면 여자로서 80점짜리는 되었다고 자평하고 싶다. 거기에 교양과 교육만 더 갖추어졌다면 90점 이상의 여자 자격은 있었을 것이다.

2009. 11. 1 (日)

작고 힘없는 나라의 비애

우리나라는 조선 시대부터 대국인 중국의 명나라와 청나라의 간섭과 지배를 받아왔다. 게다가 스스로를 지킬 힘이 없어 일본의 침략도 당한 것이 사실이다. 그러나 지금에 와서도 미국의 눈치를 살피며 이라크나 아프가니스탄에 파병을 하는 문제를 가지고도 논란이 많다.

2년 전에도 아프가니스탄 반군들에게 우리나라의 민간인 두 명이 살해되었고, 나머지 인질들을 구출하기 위해 막대한 뒷돈을 주고 빼온 지가 얼마 되지 않았다. 그런데 그런 나라에 또 다시 미국의 음성적인 요구가 있다고 해서 명분 없는 파병을 해야 한다는 것은 주권국가로서의 주체성이 결여된 처사가 아닐 수 없다.

6~70년대 월남 파병은 용병들이 흘린 피의 대가로 경제개발과 국토건설에 이바지라도 했다지만 근래의 이라크나 아프가니스탄 파병은 아무런 국익 없이 강대국의 들러리 병으로 출전하는 꼴이니 당사국조차 곱게 봐주는 사람이 적어 테러와 인질극을 일삼고 있다. 이러한 일련의 제반 문제는 근본적으로 나라의 힘이 없는 탓이다.

과거 위화도회군과 병자호란의 교훈을 되새겨 보고 국력을 기르는 것만이 자주성을 확보하는 길임을 명심해야 한다. 이스라엘과 일본은 작은 나라지만 힘이 있기에 강대국들과 상존하며 국제사회에서 주체성을 행사하고 있음은 본받을 만하다.

2009. 11. 2 (月)

인생 유한(人生有限)

사람은 좋든 싫든 간에 한정된 삶을 살다 간다. 그러나 대부분의 사람들은 이런 평범한 진리를 의식하지 않고 전성기 시절을 마구 살면서 오점을 남겨 세인들의 빈축을 사기 일쑤이다. 생각해 보면 다시 있을 수 없는 단 한 번의 정해진 인생을 살면서 기왕이면 보다 현명하게 선적을 쌓는 것이 사람들의 추앙을 받을 것인데 자기 욕망에만 도취되어 씻을 수 없는 오점만 남기고 세상을 하직하는 사람들이 있다.

과거 박정희 대통령의 장기 집권 시절 권력과 아부와 충복의 3인방 중 한 명이었던 이후락 씨가 엊그제 향년 85세로 외롭게 생을 마감했다고 하니 권력과 인생무상을 동시에 실감할 뿐이다. 그나마 천수를 다 누린 것이 3인방 중에서는 이지적인 덕이 아닌가 싶다. 나머지 두 사람의 권력자는 비명횡사로 비참하게 생을 마친 것에 비하면 불행 중 다행이라고 볼 수도 있겠다.

사후에는 권력의 전성기 때와는 판이한 게 세상의 인심인지를 모르고 그리도 날뛰던 두 사람 중 하나는 현직에서 사살당하고 또 한 사람은 미국으로 도망갔다 결국 파리에서 저승길을 떠났으니 얼마나 허무하고 어리석은 생이었는가를 세인들은 기억할 것이다. 유한 인생을 그렇게 악명 높게 살고 가서야 어디 인간의 참다운 욕망이었다고 할 수 있겠는가?

2009. 11. 3 (火)

채근담과 명심보감을 다시 읽어 보며

젊을 때 한 번씩 상식으로 읽어 보았던, 그때는 옛사람들의 도의교육이려니 하며 별 의미 없이 읽었던 책들이 나이 들어 다시 읽어 보니 몸에 와 닿는다. 나도 이제는 나이가 어지간히 들어 인생의 옳고 그른 도리를 어느 정도는 터득한 것 같다.

옛날 나의 부친께서 늘상 하시던 말씀들이 전부 수록되어 있는 것을 보면 선친의 시대에도 이러한 동양철학교육을 몸에 익히도록 이수하신 까닭에 자식들에게도 그토록 강조하셨던 것 같다. 이제야 선친의 뜻이 짐작되지만 당시에는 워낙 철이 없어 시대에 뒤떨어지는 말들로만 여기고 한 쪽 귀로 듣고 한 쪽 귀로 흘려버렸었다.

이제 와서야 그 진의를 알고 보니 인간 본연의 도리와 진리가 다분히 내포되어 있음을 발견할 수 있어 비망록에 두 책들의 개요를 적어 두었다. 나이 어린 사춘기 때에는 모든 사물을 부정과 반항으로 일관했던지라 아무리 인생에 귀중한 명언일지라도 경청할 수 없었던 것은 어찌할 수 없는 숙명의 반항이었다.

2009. 11. 4 (水)

어떤 삶이 잘 사는 것인가?

젊어서부터 영악하게 자기 가족만 위하고 남에게는 물 샐 틈 없이 인색하게 살아 모은 재산을 보고 잘 살아왔다고 할 수 없는 것이 그동안 7~80년을 살아오면서 내가 느낀 세상 경험의 해답이다. 사람은 성실하게 살되 거기에다 덕행이 가미되어야 참으로 잘 살 수 있는 비결이다. 그러면 덕행이란 무엇인가? 한 마디로 말해 훈훈한 인정이자 인심을 말한다.

이 인정과 인심이 말과 행동으로 나타나는 덕행이 되는 것이다. 불철주야로 이웃들은 아랑곳하지 않고 오로지 자신과 가족들을 위해 온 정성을 다 쏟고 살아본들 복이란 후하고 덕이 있는 곳으로 몰리는지라 재산은 모이지 않고 종국에는 암 같은 몹쓸 병을 얻어 비극으로 끝나는 가정이 허다함을 보아왔다.

그저 인생을 잘 산다는 것은 적당히 남에게 베풀기도 하고 내가 손해도 보면서 덕을 쌓는 것이 결국엔 가족과 자손을 위하는 길이기도 하다. 옛날 어른들이 강조했던 말들이 늙은 지금에서야 하나도 틀림이 없음을 실감할 뿐이다. 그래서 사람은 모름지기 남을 위해 베푸는 것이 자신과 후세들에게도 복이 됨을 깨달아야 한다.

2009. 11. 5 (木)

공부를 해야 수명이 오래 간다

이 세상에 무슨 직업을 가지든지 그 방면의 공부를 계속하지 않으면 오래 지속할 수 없게 된다. 사람이 직업을 갖기 위해서는 그 방면에 전공한 공부가 있어야 하고 그 직업을 충실히 수행하기 위해서는 지속적인 연구개발을 해야 한다. 그런데 사람들 중에는 이러한 기본원리를 망각한 채 안일하게 살아가면서 스스로 자기 직업의 수명을 단축시키는 사람들이 허다하다.

이 세상의 어떤 직업을 막론하고 지속적인 노력 없이는 살아남을 수 없다고 본다. 학자로부터 기술자, 연예인, 노동자, 상인에 이르기까지 그 분야와 전공에 대하여 계속적인 연구와 공부를 하지 않으면 중도에 도태되거나 탈락되고 만다. 사람은 평생을 배운다는 차원에서 공부하지 않으면 그 인격의 본질 역시 차질을 입는다는 것을 자각해야 한다.

흔히들 대학을 나와 일정한 자격만 취득하면 더 이상의 공부는 필요 없는 걸로 착각하는데 그런 사고로 살아가는 인간들은 발전성이 없는 사람들이다. 인간의 품위와 직업의 발전을 꾀한다면 일생을 공부한다는 생각을 늦춰서는 안 된다. 사람은 평생 교육의 이념을 가지고 사는 것이 몸에 배야 한다.

2009. 11. 6 (金)

심야의 벨 소리

어젯밤 잠결에 전화벨 소리가 울려 잠에서 깨었다. 아내가 수화기를 받고 보니 정화에게서 온 전화였다. 시간을 보니 11시 30분을 가리키고 있었다. 참 좋은 세상이다. 지구의 어느 쪽에 있든 마음만 먹으면 10초 이내로 원하는 상대와 대화를 할 수 있는 세상이 되었으니 말이다.

전화로 10분이고 30분이고 시간에 구애받지 않고 서로의 소식을 주고받으며 정보를 교환하고 있으니 지구의 반대쪽 미국과의 거리감도 그다지 멀게 느껴지지 않는다. 해마다 여기서 고향의 토산품인 고춧가루와 김 종류를 보내 주면 거기서는 쓰디쓴 나무열매와 광물성 약품 류를 보내 주어 서로 즐거운 마음으로 선물을 교환하고 있다.

밥만 먹고는 부족한 늙은 몸의 영양분을 보충하라고 보내 주어 사나흘마다 먹고 있으니 불과 몇 십 년 전과 비교해도 기적 같은 세계에서 살고 있는 셈이다. 이 모두가 인간이 개발해 낸 과학의 발전 덕이고 앞으로는 더욱 시간과 거리가 단축된 세상이 될 것이다.

서로의 얼굴을 마주보며 대화할 수 있는 영상통화가 실용화되면 지구촌은 그야말로 한마을처럼 될 것이다. 이러한 문명의 혜택은 인간이란 동물만이 누릴 수 있으니 인간으로 태어난 것에 무한한 감사를 해야 할 것이다.

2009. 11. 7 (土)

알밤 선물

정은이가 석우가 수능 시험 준비에 지쳐 있을 거라면서 알밤을 사서 보내왔다. 밤은 예부터 과실 열매 중에서 제일 영양이 풍부해서 장복하면 잔병도 없어지고 머리도 좋아진다고 했다. 지금은 시골마다 밤나무를 많이 재배해서 흔한 게 밤이지만 옛날에는 귀한 날만 조금씩 썼던 귀한 과실이었다.

혼인식 때 아들딸 많이 낳으라고 밤과 대추를 신부의 치마폭에 던져 주기도 했고, 제사 때는 반드시 올려야 하는 과실 중의 하나이기도 했다. 여하튼 이 알밤은 쪄서 먹든 구워 먹든 맛있는 과실이다. 특별히 고모가 석우의 인생 첫 관문인 시험 공부를 할 때 영양보충을 하라고 보내준 것이니 더욱 고마운 일이다.

마침 오늘은 토요일이라서 석우가 기숙사에서 나오는 날이다. 또한 18번째 맞는 생일날이기도 하니 삶아서 먹으라고 해야겠다. 지금으로부터 50년 전에 나는 겨울 내내 동대문 시장에서 밤을 사다 주는 심부름을 했었다.

병원집의 병훈이가 어려서 젖을 떼자마자 밤마다 잠을 안 자고 보챘는데 알밤 몇 알씩을 쪄서 주면 아무 소리 없이 잘 자곤 했는데 지금은 아주 건강하게 잘 커서 좋은 대학을 나와 수원대학의 교수로 있다고 한다. 아무튼 밤은 건강식품이고 선물로서도 좋은 과실이다. 고모의 성의를 석우는 잊어서는 안 될 것이다.

2009. 11. 8 (日)

일정한 식생활이 건강을 유지케 한다

사람은 항시 규칙적인 식생활을 해야 한다. 특히 늙어서는 매일 일정한 식생활과 영양 공급이 필요하기에 식단을 정해 놓고 있다.

아침에는 수십 년 지속해 왔던 과실을 간 우유 한 컵과 빵 한 조각으로 해결한다. 그것도 시간을 맞추어 6시 30분에서 7시 안에 끝마친다. 잠시 책을 보다가 9시경에 치즈 한 장과 주스 반 컵으로 간식을 든다.

점심은 11시 30분에서 12시 사이에 먹는데, 근래에는 채소나물 7~8가지를 김치와 함께 가위로 잘게 잘라 보리밥에 계란 한 개를 프라이 해 넣어 고루 비벼 먹는다. 비빔밥 두 공기를 만들어 아내와 나눠 먹는데 비빔밥은 반찬을 고르게 먹을 수 있어 영양은 물론 먹기에도 편하다.

밥은 아내의 당뇨수치 조정 때문에 꼭 보리밥을 먹어야 되는데 맨 보리밥만 먹는 것보다는 비빔밥으로 먹는 게 여러모로 편하고 우리 부부에게 합리적인 식사인 것 같다. 일정한 양을 소량으로 먹어도 영양 면에서 부족함이 없기에 고기와 생선류는 일주일에 두세 번 정도 비빔밥에 섞어 섭취한다.

오후 3시쯤 되면 다시 간식으로 과실주스 반 컵과 쿠키 두 조각을 먹고 저녁은 5시에서 5시 30분 쯤에 점심과 똑같이 소량으로 하는 것이 우리 부부의 하루 식생활이다.

이렇듯 과식은 피하면서 일정한 양을 조절해 가며 먹는 것이 늙어서도 건강을 유지하는 방법인 것 같아서 아내와 합의를 하고서 이렇게 지속하고 있다.

2009. 11. 9 (月)

불로쾌락기(不老快樂器)

나이가 들어 황혼 길을 달리다 보니 무언가 허전한 생각이 그지없다. 이럴 때 마음에 맞는 말벗이라도 있어 재미있는 대화를 하며 시간을 보내면 하는 마음 간절하지만 그리 쉬운 문제가 아니다.

이렇게 쓸쓸하고 마음이 울적할 때는 흘러간 트로트 유행가나 간드러진 목소리의 여가수 노래가 흘러나와 마음을 달래준다면 기분 전환도 되고 절로 스트레스도 해소될 것 같다. 그리 되면 늙지도 않겠다는 생각이 문득 든다.

그러나 이를 준비하기 위해서는 기존의 기계장치를 이용하면 상당히 복잡하고 시간도 오래 걸린다. 요즘 같은 디지털 시대에 원터치나 투터치로 간편한 오락기라도 있으면 나이 들어 무료한 사람들에게 얼마나 유용하겠는가 싶어 '불로쾌락기'를 한번 구상해 본다.

젊은 시절 나는 전자공학을 조금 배웠기에 이론상으로는 얼마든지 설계할 수도 있지만 이제야 부질없는 발상이고 앞으로 누군가가 나의 생각과 같은 불로쾌락기를 만들어서 즐겁고 활기찬 인생을 가져다주기를 기대할 뿐이다.

소형 미니 TV장치에다 영상 CD 10장 정도를 장착하여 자기가 좋아하는 가수의 노래를 듣고 보고 싶은 영화를 보면서 노래방 기능까지 겸할 수 있는 전자오락기가 나온다면 시장점유율도 높을 것이다.

이런 것은 아무래도 일본에서 먼저 착안해 만들지 않을까 생각해 본다. 전자제품은 일본이 앞서 있기 때문이다.

2009. 11. 10 (火)

참외밭 아가씨의 인상

사람의 만 가지 상 중에서 마음상이 제일이라고 한다. 마음이 너그럽고 온화하면 그 인상부터가 다르다. 물론 성격 역시 다르다. 항시 싱글싱글 웃는 얼굴에 만사를 긍정적으로 받아들이는 사람은 언제나 즐겁다. 이러한 사람은 참으로 선택받고 복 받은 자이다.

그래서 관상 중에서도 마음상이 으뜸인데 지난주 아침 TV 프로 '인생극장'에 나온 경상도 성주에서 참외농사를 짓던 아가씨의 마음상이 그렇게도 좋아 보였다.

32세의 처녀인데 힘든 농사일을 하면서도 항시 얼굴에는 미소를 잃지 않고 트랙터를 직접 몰면서 남자 못지 않게 일도 잘 하였다. 열심히 일한 참외 수확으로 짭짤한 수익을 올려 중산층 생활을 하면서 홀어머니에게도 효녀임을 볼 때 보는 사람으로 하여금 절로 행복감을 들게 하였다.

사람이 같은 일을 하면서도 불평불만에 쌓여 짜증만 내는 것보다는 참외아가씨처럼 긍정적인 마음으로 현실을 받아들이는 것이 훨씬 행복에 가까워지는 길일 것이다. 그러고 보면 복이란 것도 스스로가 만들어 내는 것이 아닌가 싶다. 아무튼 나이 어린 아가씨 농부에게서 인생의 배울 점이 많아 TV에까지 나온 것 같다. 사람은 자기 자신을 알 때 비로소 발전의 문이 열리는 것이다.

2009. 11. 11 (水)

동서양의 고대철학

동양철학이나 서양철학은 모두 기원전 5~6세기경에 시작되었다. 서양은 국가 수가 많고 왕래가 빈번한 관계로 철학이 계승발전하기에 유리한 지리적 조건을 갖추고 있었다. 그 무렵 동양에서는 공자와 석가가 각기 유교와 불교의 도리를 제시했고 후에 유교철학은 맹자와 순자 묵자로 이어졌다.

그러다 AD 14~15세기 경에야 주자와 정자의 이기 성리학설이 구체적으로 대두되어 우리나라에까지 영향을 미쳤으나 사유 범위가 협약하여서 대우주의 자연철학에까지는 깊이 파고들지 못했다. 주로 인간의 심성론을 논했으며 인간의 이기론에만 치중하여 자연계의 이기론에는 다소 소홀함을 보여 주었다.

그러나 서양철학은 같은 시기에 그리스로부터 자연철학이 태동하여 동양과 연조를 같이하면서 '탈레스'와 '아낙시메네스', '헤라클레이토스' 등이 각각의 자연철학을 내세우면서 이 세상의 근본은 물과 불, 공기라도 주장하기도 했다.

그 후 아테네 철학자인 '소크라테스', '플라톤', '아리스토텔레스'로 이어져 본격적인 인간의 이성과 자연에 대해 활발한 논의가 이루어졌다. '소크라테스'는 공자와 석가처럼 구두로 대화함으로써 제자들을 가르쳤는데 아쉽게도 저서를 남기지 않았다.

예수도 마찬가지이지만 성인들은 저서를 남기지 않는 게 특징이다. 서양철학은 그 후 중세철학을 거쳐 근세, 현대철학에 이르기까지 많은 철학자들이 나와 종교, 관념, 비판, 염세, 물질, 실존, 실증철학에 이르기까지 다양한 철학들이 나와 제각기 주장을 한 것이 동양을 압도했다.

2009. 11. 12 (木)

수능 시험생의 심정과 에피소드

금년에도 67만여 명의 수험생들이 응시한 가운데 고교 3년간의 실력을 겨루느라 초조한 마음을 안고 9시간 정도의 시험을 치르고 있는 것이다.

수능 시험은 요즘 아이들의 사회 첫관문 격이다. 금년에는 손자 석우도 응시를 했다. 세월은 빨라서 내가 환갑 때 100일 남짓 되어 유모차를 타고 회갑연에 참석했고, 돌이 지나 스프링 백마를 굴리며 즐거워했던 어린 석우가 이젠 대학을 가려고 수능시험을 치렀으니 지나가는 세월을 붙들 수는 없다.

손자 석우는 다행히 성격이 침착하여 그런대로 안심이 된다. 실력의 한도 내에서 정도에 맞추어 대학에 들어가 무난히 공부를 끝내고 제 구실을 해 주길 바랄 뿐이다. 사람이 너무 기대를 하는 것처럼 헛된 것도 없는데 이를 모르는 학부모들은 지나친 기대를 하면서 각종 에피소드를 낳고 있는 것을 볼 수 있다.

이를 악용하고 이용해서 교회나 절들이 학부모의 기도로 성시를 이룬다고 한다. 자식들에게 무관심보다는 낫다고는 하지만 근본적인 교육관이 요망된다.

우리나라의 GNP가 올라간 덕이지만 지나친 과잉보호 아래 자녀의 교육이 이루어지고 있어 응시자의 반 정도가 대학을 들어가고 졸업한 수의 반 정도는 일자리를 챙길 수 없는 현실이다 보니 국가적인 문제가 아닐 수 없다.

이러한 교육문제가 우선 해결될 때 수능 시험생들의 초조한 심정도 해소되리라 생각된다.

2009. 11. 13 (金)

반민족 친일파의 명단이 나왔다

우리나라가 일제강점기에 있을 때 반민족적 행위를 하며 일신의 영달을 꾀했던 친일파들의 명단이 이제야 완성이 되어 세상에 공표되었다. 이러한 사업은 해방 직후 건국 정부가 특별법을 제정하여 민족반역자로 바로 처단을 했어야 정의로운 일인데 뒤늦게야 하고 보니 뒷말이 많은 것 같다.

속담에 처녀가 애를 낳아도 할 말이 있다는 격으로 이 명단에 오른 대부분의 인물들은 이미 작고하고 세상에 없으니 그 자손들은 오히려 명예훼손으로 소송을 제기하겠다고 한다. 사실 명단에 있는 사람 중에는 과거 부통령과 대통령을 지냈던 사람이 있는가 하면 건국에 이바지한 사람들도 적잖이 포함되어 있다.

왜정시대에 고등경찰과 고위 군인을 지냈던 사람들은 건국에 뛰어 들어 모두 출세가두를 달린 반면 해외로 망명하여 피나는 독립운동을 했던 사람들은 거의 도태 되었으니 그들이 볼 때는 참으로 넌센스일 것이다. 해방 당시 색출을 하였더라면 하급관리로서 일본인들에게 충성을 했던 사람들까지 합쳐 줄잡아 남한에서만 2~3만 명이 넘었으리라.

우리가 어린 나이에 보기에도 일본에 아부했던 민족의 반역자들이 너무나 많았다. 친일파 숙청사업은 오히려 남한보다 북한이 앞서 민족정기를 찾았던 것이 아닌가 싶다.

2009. 11. 14 (土)

내 인생을 뒤돌아보며

젊은 시절에는 가족과 더불어 생활에 열중하느라 공부를 하거나 책을 볼 엄두를 내지 못했다. 다 늦게서야 독서할 수 있는 여가가 생겨 책 몇 권씩이라도 읽을 수 있어 위안으로 삼고 지내고 있다. 책 읽기에 심취하다 보면 그 즐거움을 알 수 있어 학자들이 일생을 책과 생활하며 행복을 찾았던지를 알 수 있을 것 같다.

내가 그동안 말년에라도 책 몇 줄을 읽어 보니 나도 이 세상에 태어나 아무런 흔적 없이 사라진다는 것은 너무나 허무하다는 생각이 들어 책 몇 권을 써 보았지만 역시 실패였다. 다른 사람들은 제대로 체계적인 공부를 하고도 글이 되지 않아 고민하는데 나는 몇 년간 책 몇 권을 읽었다고 해서 직접 책을 쓴다는 자체가 넌센스인지도 모른다.

굳이 지금의 내 심정을 한문으로 표현하자면 일모도원(日暮途遠)에 의다사(意多思)요 미실급영(未實及盈)에 불성탄(不成嘆)이라고나 할까? '날은 저물어 가는데 갈 길은 멀고, 뜻과 생각은 많은데 그 열매가 차지 못하고 미치지 못해 이루지 못함을 탄식할 뿐이다'. 이것이 나의 솔직한 지금의 심정이라 할 수 있다. 그래도 말년에 책이라도 읽으며 공부할 수 있는 것은 두문불출의 와병을 역이용한 덕이라 생각하니 조금이나마 위안이 된다.

2009. 11. 15 (日)

사람이 달인(達人)이 되려면

이 세상에는 직종(職種)이 2만 가지가 넘는다고 한다. 수많은 직업들 중에서 그 직업을 보다 능숙하고 민첩하게 잘하는 사람들을 칭하여 달인이라고 한다. 이 달인이 되기 위해서는 취미에 맞는 직업을 선택하여 10년 이상 꾸준히 노력하여 손에 익혀야만 가능하다. 마지못해 시간만 때운다는 식으로 일하면 일평생을 해도 달인은 될 수가 없다.

모든 일이 마찬가지이지만 자기가 하는 일에 만족을 느끼고 그 일에 있어서는 일인자가 되겠다는 의욕으로 일을 해야 능률이 올라가고 비로소 달인이 될 수 있다고 본다. 이러한 사람들에게는 사회적으로도 보장이 되어야 하는데 우리나라에는 아직까지 미흡한 상태이다. 기능올림픽에서 메달을 딴 자만이 조금의 혜택이 있는 실정이다.

요즈음 TV프로에 직종별로 달인들이 나와 자기의 기량을 선보이는 것을 보면 참으로 부럽다. 사람으로서 자기 직업에 충실한 것처럼 아름답고 선택받은 일도 없을 것이다. 우리들은 모두 달인이 된다는 각오와 정신으로 자신의 직업에 임해야 행복한 것이다. 파랑새는 언제나 가까이 있기 때문이다.

2009. 11. 16 (月)

명문 대학과 사람의 구실

반드시 명문 대학을 나와야만 사람 구실을 하는 양 대부분의 학부모들이 착각을 하고 있다. 학생들 본인보다 오히려 부모들의 욕심이 커 보이는 데 보기에도 안타깝다. 사실 일류 대학을 나왔다 하여 사회에서 두각을 나타내고 인간다운 명성을 얻은 자가 얼마나 되는가.

도대체 인간다운 존경을 받으며 살아가는 사람이 얼마나 되기에 돈 깨나 있는 고학력의 부모들은 일류 대학 콤플렉스에 빠져 허우적대는지 모르겠다. 교육에 있어 그보다는 자녀가 얼마나 내실 있는 인간이 되고 장래 인간다운 인간이 되느냐 보다는 얼마나 좋은 직장을 얻어 밥 벌어 먹기가 편하느냐에 모든 초점을 맞추고 있는 것 같다.

일류대학을 가기 위해서는 우선 학생 자신이 공부벌레가 되어야 하고 4당 5락의 각오로 고생을 해야 겨우 월급 몇 푼을 더 타다가 남보다 안일하게 호의호식하자는 것인데 그러한 노력을 기울이고도 진척이 없을 바에는 무의미하다고 본다.

그렇게 부모들이 극성을 피우지 않아도 뜻있는 공부를 한다면 얼마든지 인간답게 사람구실을 할 수 있는 길들이 절로 열리지 않을까 생각된다. 일류대학을 나와야만 사람구실을 제대로 하는 것은 아니다.

2009. 11. 17 (火)

관광객 유치에 적신호

수일 전 부산의 한 사격 연습장에서 불의의 화재가 발생하여 일본인 관광객 13명 중 7명이 사망하는 참사가 발생하였다. 한국인 종업원 3명 역시 화마에 희생되었다고 하니 또 한 번의 안전 불감증이 가져온 참사가 아닐 수 없다. 도대체 우리나라 국민들은 안전에 얼마나 무관심하기에 대형 참사를 여러 차례 겪고도 아직도 정신을 못 차리는지 모르겠다.

이번 사건으로 말미암아 국제적 망신까지 사게 되었음에도 관계 당국은 개선의 여지를 보이지 않고 안일하게 대처하고 있다. 아직도 화재의 원인조차 파악하지 못하고 있다 하니 말로만 대통령 이하 관계자들이 유감을 표명하며 대책을 강구하고 있다.

재발 방지책이 확고하지 않는 한 외국인들의 관광사업에 막대한 지장을 가져올 수밖에 없다. 베트남에서 관광 수입을 올리기 위해 개발한 사격 오락 프로를 모방하여 일본인들을 상대로 부산에서 성황리에 영업 중이었는데 워낙 허술한 시설 탓으로 이번의 참사를 불러온 것이다.

관광사업 역시 운이 따라야지만 그보다는 세심한 안전대책과 치밀한 계획이 수반되어야만 한다. 국민들의 안전의식과 관계 당국의 특별한 관리감독이 합쳐질 때 한국의 관광사업도 발전할 수 있을 것이다.

2009. 11. 18 (水)

나이에는 정신력도 따르지 못한다

한 달에 한 번씩 만나 그간의 회포도 풀고 담소도 나누는 친척 집안 누님들의 모임이 매달 셋째 월요일에 이루어지고 있다. 함께 만나 근처 식당에서 점심을 사 먹고 집에 돌아와 놀다들 가시는데 이번에는 미아리 누님이 불참을 해서 그 사정이 몹시 궁금했다. 그런데 글쎄 오후 5시가 다 되어 아파트 경비에게서 전화가 걸려와 아내가 나가 보니 우리 아파트까지 오셔서도 우리 동을 못 찾아 헤매셨다고 한다.

아침 9시 반에 용인 집에서 출발하여 시내를 돌아다니시다가 택시를 타고 4시 30분쯤에 우리 아파트에 도착하신 것 같다. 미아리 누님뿐만 아니라 서교동 누님도 같은 88세의 고령인데 밤에 성당에 가시면 집을 못 찾는 일이 종종 있다고 하셨다. 두 분은 젊어서부터 정신력이 좋으셨는데 워낙 고령의 나이인지라 정신력의 한계를 느낀 모양이다.

그런데 이런 고령의 노인들을 부양하고 있는 자식들은 누구하나 노인의 입장을 이해하려 들지는 않고 활동만 제지하려하지 노인을 위한 편의를 도모해 주진 않는다. 세상이 이러하니 노인들은 정신을 똑바로 차려 자구책을 강구하는 것이 현명한 일이고 살 길임을 명심해야 한다.

자신도 못하는 일을 자식들에게 바라서는 안 되는 것이다. 한겨울 얼음 위로 물고기가 저절로 튀어 나왔다는 전설 속의 효자는 없다는 것을 잊어서는 안 된다.

2009. 11. 19 (木)

안일한 성장은 발전이 적다

사람은 되도록 자랄 때 고생을 해 봐야 성장에 촉진제가 된다. 어려서 안일하게 자극 없이 성장하면 커서도 인생의 진가를 모르는 사람이 태반임을 나는 경험했다. 부모의 생활이 넉넉하여 자녀들이 아무런 어려움 없이 호의호식하며 안일하게 성장기를 보내면 커서도 난관을 이겨내는 힘이나 독립심이 떨어지게 된다.

자녀들에게 고생을 안 시키는 것이 부모의 의무를 다한 것은 아니라는 뜻이다. 자고로 절제 없이 넉넉한 가정에서 고생을 해 보지 않고 자란 자녀치고 제대로 사람 구실을 이행하는 사람은 드물다. 인생의 자극을 받지 못해 인간미를 배울 기회가 없었던 이들은 어쩔 수 없이 이기주의자로 성장할 수밖에 없다.

그래서 옛날부터 자녀의 올바른 교육을 위해서는 고생을 사서라도 시켰던 것이다. 고생이란 인내심이 있어야 할 수 있고 당장은 쓰라림이 있지만 그 대가는 후에 충분히 보상해 주는 법이다. 이를 두려워하는 사람은 절대로 인생의 참맛을 알 수 없다.

요즈음은 자식들을 사랑한다고 너무나 과잉보호를 하는 경향이 있는데 머지않아 후회할 날이 돌아올 것이다. 자식을 진정으로 사랑하거든 고생을 시켜야 함을 인식해야 한다.

2009. 11. 20 (金)

미국 대통령의 방한 의미

일본과 중국에 이어 한국을 방문한 미국 오바마 대통령이 이명박 대통령과 정상회담을 가졌다. 시급한 현안인 북핵 문제에 대한 긴밀한 양국의 협조와 한미 FTA 비준 문제를 논의하고 청와대에서 기자회견을 가졌다. 북핵 문제를 해결하기 위해서 다음 주 북한에 특사를 파견한다는 것과 한미 무역의 불균형을 해소하는 방안이 회담의 주요 골자였다.

그러나 북핵 문제를 해결하기 위해서는 미국의 많은 양보와 인내가 우선 필요하며 평화정착을 위해서는 한미 양국의 경제적인 희생 또한 따르리라 예측된다. 북한이 노리는 것은 풍부한 경제적 혜택에 있는 것이다. 이 경제적인 보상 없이는 핵을 절대 포기하지 않을 것 같은데 이를 순리로 해결하려면 돈과 핵을 기술적으로 맞바꿀 수밖에는 도리가 없다.

빈대를 없애기 위해 초가삼간을 불태울 수는 없으니 북한은 바로 그 점을 노리는 것이 아닌가 싶다. 또한 한미 FTA 문제도 한국이 미국에다 자동차를 자유경쟁 원리로 팔듯 미국산 쇠고기도 한국에서 자유경쟁을 보장해 달라는 것이다.

한국에서는 이제 자동차와 쇠고기를 놓고 수지균형을 따져 택할 문제이다. 이제는 제국주의란 용어는 사라지고 자유무역의 원칙만이 남아 있는 때이다.

2009. 11. 21 (土)

자유와 인권을 누릴 수 없는 국민

지구상에 몇 남지 않은 전체주의 국가에서는 아직도 국민들의 거주 이전의 자유가 없다. 물론 여행의 자유도 없어서 국외여행이 제한되고 있는 실정이다. 그래서 북한 같은 나라에서는 국외를 탈출하는 탈북자들이 속출하고 있는데 이를 막기 위해 발각된 자들은 심한 제재를 가한다고 하여 UN에서는 북한을 인권 탄압 국가로 지정했다고 한다.

한 나라에서도 분단이 되어 체제가 다르다 보니 안타깝기 그지없지만 이것도 국가적인 운명으로 받아들일 수밖에 없다. 민주주의 국가와 전체주의 국가의 국민들이 누리는 혜택은 천양지차이다. 통치자의 권력을 만끽하는 전체주의는 국민들의 권리 측면에서 차라리 군주국가보다 훨씬 못하다.

과거 나치 정권이나 무솔리니의 파쇼정권, 일본의 군국주의 정권이 모두 전체주의를 지향하다가 멸망하였는데 북한은 지구상에서는 드문 독재로 정권을 유지하는 특수한 나라임이 틀림없다. 말하자면 변질된 사회주의와 공산주의가 아닌가 싶다. 정치도 무상한 것이니 언젠가는 변화가 있으리라 본다.

2009. 11. 22 (日)

미국의 대북 정책 발표를 보고

오바마 대통령이 방한을 하고 돌아간 즉시 힐러리 클린턴 국무부장관이 공식 발표를 했다. 북한이 6자 회담에 다시 복귀하고 핵을 완전히 포기하면 국교 정상화와 함께 경제원조를 지속하겠다고 한 것이다. 이제 공은 북한으로 넘어가 북한의 태도 여하에 따라 한반도 평화정착 여부가 달려 있다. 더불어 낙후된 북한의 경제개발 여부에도 선택의 기회가 온 것이다.

부디 북한은 이러한 기회를 놓치지 않았으면 하는데 그들의 속내는 도무지 알 수 없다. 한국도 이번 기회에 북미 관계가 호전되어 적극적인 원조를 할 수 있도록 힘을 기울여 주는 것이 장차 통일을 위해서도 바람직할 것이다. 이제는 북이고 남이고, 좌익이고 우익이고 간에 모든 국민들이 잘살게 될 때 비로소 이념의 앙금이 희석되어 통일이 촉진될 것이다.

앞으로는 보다 높은 차원에서 남북통일의 길을 찾아야 할 것이다. 타의에 의해 분단이 되었으면 이제는 우리의 지혜와 힘으로 통일을 이룩하여 보수와 진보 모두 균형 있게 발전하는 것이 우리의 소망일 것이다. 북한 역시 심기일전 했으면 한다.

2009. 11. 23 (月)

4대강 개발 사업

어제 영산강 개발 기공식을 필두로 4대강 사업이 시작되었다. 앞으로 금강, 한강, 낙동강 순으로 이명박 대통령의 착안 사업이 추진될 것 같다. 한 나라의 치수 사업은 누군가 해야 할 일이지만 민생이 아직 해결되지 않는 마당에 대공사를 하는 것이 과연 타당하냐며 반대함에도 불구하고 임기 안에 청계천 사업처럼 완공하겠다는 이명박 정부의 강행은 국민들을 혼란스럽게 하고 있다.

그럼에도 나라의 치산치수(治山治水)는 누군가가 언젠가는 해야 될 일이다. 강은 나라의 젖줄이다. 강물이 없으면 인간은 살 수 없기에 그동안 부분적으로는 치수 사업이 이루어졌지만 이번처럼 근본 대책을 세우는 일은 처음이라서 천문학적인 예산이 소요되기에 야당은 반대를 하는 모양이다.

또한 이 사업이 운하사업의 기초가 아닌가 하는 우려를 나타내고 있는 것이다. 그러나 치산치수가 완벽하게 잘 된 나라라야 살기 좋은 나라이고 일류 선진국이 될 수 있는 것만은 사실이다.

모든 일에는 긍정과 부정이 따르기 마련이고 요는 시일이 지나야 그 성패를 결정하는 것이다. 사람들의 진위는 나중에 드러나기 마련이니 국민들은 기다렸다가 평가를 내릴 수밖에 없다. 용감하고 적극적인 뒤끝은 성과가 있었지만 소극적이고 공론에만 그친 뒤끝은 언제 어느 시기를 막론하고 보잘것이없었다.

2009. 11. 24 (火)

문명의 역풍 현상

우리나라 농촌에는 시집 올 여자가 모자라 농촌 총각 3명 중 1명은 동남아에서 여자를 수입해 장가를 드는 기현상이 퍼진 지 이미 오래이다. 이제는 우리 농촌에서도 예전처럼 심한 노동을 안 해도 되고 머리만 쓰면 도시 못지 않는 수입을 얻을 수 있는데도 젊은 여자들은 왜 그리도 농촌을 기피하는 걸까? 그것은 한마디로 말해서 일하기 싫어서이다.

인간 본연의 임무를 망각하고 일부 도시의 퇴폐적인 생활 풍조가 만연되었기 때문이다. 인간은 원래 건강하면 노동하는 것처럼 신성한 것이 없고, 또한 노동이야말로 건전한 삶의 바탕인데 몰지각한 사람들의 사조가 편하게 붓대로 일하는 서비스업에만 종사하려고 하니 농촌을 기피하는 것이다. 이러한 풍조는 문명이 가져다 준 잘못된 생활관이 분명하다.

문명이 떨어졌을 때는 우리 민족처럼 부지런하고 순수한 사람들이 드물었는데 문화와 교육 수준이 발달할수록 인간성은 거꾸로 황폐화되고 있는 것이다. 18세기 프랑스의 루소가 '자연으로 돌아가라' 고 인간들에게 외친 이유를 알 수 있을 것 같다.

문명의 역조 현상이 비단 우리 농촌뿐만 아니라 온 나라 곳곳에 만연하여 이제는 결혼 자체를 기피하는 사람들까지 생겨나고 있으니 종족보존의 의무는 누가 이행하려는지 걱정이다.

2009. 11. 25 (水)

미국에서도 동양 문화를

한국에서 대학을 마치고 미국과 유럽으로 이민 간 사람들에게 나는 우리의 문화를 잊지 말라고 가끔 우리나라 책 한 권씩을 보내주고 있다. 오늘도 명심보감 한 권을 미국에 사는 이당 질녀에게 보내 주었다. 이대 영문과를 나와 곧바로 미국으로 건너가 자리 잡고 산 지도 벌써 45년이 넘었지만 지금도 고국의 향수를 잊을 수가 없을 것이다.

지금은 나이 70이 되었지만 남편은 일찍 타계하고 자식들 남매를 두었음에도 외로운 생활에 관절염까지 심하다니 얼마나 고독한 생활이겠는가 싶어 가끔 편지와 책을 보내 주고 있다. 내가 서울에 올라왔을 때 중학교 3학년이었는데 이제는 호호백발 노인이 되어 지내고 있으니 세월의 무상함과 가는 세월을 어찌하랴!

내가 이모님 댁에 있으면서 7년간을 한집에 살았는데 농담도 잘 하고 깔깔대고 웃던 기억이 지금도 아련하게 떠오른다. 이제는 모두가 황혼 길에 접어들어 쓸쓸한 말년을 보내고 있으니 인생이 덧없이만 느껴질 뿐이다.

이모님 손녀가 셋인데 밑으로 둘은 프랑스에 살고 있으니 모두가 외국에서 생활하고 있는 셈이다. 그래서 나는 한집에서 지낸 정보다는 부모 없이 자란 것이 안쓰러워 지금도 편지나마 유대관계를 유지하고 있는 것이다.

2009. 11. 26 (木)

영화(榮華)와 돈은 뜬구름이다

사람이 살아가는 데 있어 돈과 영화는 뜬구름이나 같다. 누구나 한때의 전성기는 있기 마련이어서 이런 기회를 잡았다 하여도 영구히 머무르는 것도 아닌 것이 바로 돈과 영화인 것을 모르고 우리는 살고 있다.

왕년에 코미디 왕이었던 배삼룡이 와병으로 신음하다 사경을 헤매게 되었는데 많은 빚더미 속에서 고통 받고 있다 하니 화무십일홍이다. 그도 전성기 때는 돈을 우습게 알고 부귀영화가 한없이 지속되리라 믿었으리라! 그 사람 뿐 아니라 사람은 누구나 전성기와 호시절을 맞아 뒷날을 예견하여 지각(知覺)을 잘 챙기는 사람은 드물다.

그 시절은 한때 지나가는 과정인 줄을 모르고 객기를 부리는 사람도 있고 방탕하는 사람도 적지 않다. 영화나 돈은 잡기도 어렵거니와 잡았다 하여도 처세하기가 여간 어려운 것이다. 잘 활용하고 운영을 하면 빛이 나지만 그렇지 못하면 오욕의 나락으로 추락하기 십상이니 한때의 꿈에 지나지 않는다. 그래서 인생살이가 어렵다는 것이다.

돈과 명예를 잡으려고 노력하는 것도 중요하지만 잡은 다음에 이를 활용하고 처세하는 것이 더욱 중요하다. 그러기 위해서는 나름대로 인생철학이 필요하다.

2009. 11. 27 (金)

이기주의와 이타주의

사람은 이기주의를 떠나서는 살 수 없지만 그렇다고 너무 이에 치우쳐도 안 된다. 자기를 위해서 잇속을 챙긴다지만 남을 고려하지 않으면 배척당하는 것은 당연한 일이다. 그렇다고 남만을 위하고 자기를 돌보지 않아도 실속이 없는지라 우리는 이기와 이타를 적절히 조절하는 중용의 도를 지켜야 한다.

며칠 전에 상가 세입자로부터 전화가 걸려왔다. 이달 임대료를 못 부쳤다면서 가게 세를 또다시 인하해 달라는 의도인 듯 싶다. 작년에도 불경기 때문에 장사가 안 된다고 임대료를 인하해 달라고 해서 깎아 주었는데 얼마 되지 않아 또 요구하니 이는 일방적인 이기심이 아닌가 싶다.

장사가 정 수지타산이 안 되면 그만 두어야지 가게 세만 내려달라고 하면 사리에 맞지 않는 일방적인 요구에 지나지 않는다. 원래 임대료 책정이란 일방적으로 정하는 것도 아니고 양인의 합의와 상가의 위치에 따른 가치도에 의해 결정되는 것이다.

장사란 특출난 아이디어와 상술에 자본이 잘 어우러져야 수지타산을 맞출 수 있는 것이지 아무나 한다고 해서 되는 직업이 아니다. 우리 같은 처지는 임대수익이 말년 생활의 원천이 되고 있으니 장사를 잘 할 수 있는 사람이 필요하다.

2009. 11. 28 (土)

무 배추의 과잉 생산

금년에는 김장거리가 도처에 넘쳐나는 모양이다. 기후 조건이나 작황이 좋아 생산지에서는 처분의 어려움이 있는 모양이지만 여전히 서울에서는 비싼 가격이 유지되고 있다.

물류비용과 인건비와 이윤이 있어야 소비자의 손에까지 들어오게 되니 배추는 한 포기에 평균 천 원에서 천오백 원, 무는 큰 것 기준으로 개당 천 원을 가는 셈이다. 이 가격이 아마도 최저 수준인 듯싶다.

차가 있어 시골 생산지에 가면 그저 얻다시피 한다니 가격변동이 심한 모양이다. 그해 작황에 따라 동일한 면적에서의 생산량 또한 배로 불어나기도 하고 1/3로 줄어들기도 하는 것이 농사에 있어 자연조건이다.

지금은 부분적으로 기술농을 실시하여 인위적인 재배법도 개발되었다지만 일부분이고 으레 풍년과 흉년이 있기 마련이어서 이로 인해 농촌경제가 좌우되는 것이다.

금년에는 우리도 주위에서 갖다 주는 사람들 덕에 채소 값은 별로 들이지 않고 냉장고를 채울 수 있었다. 이도 자연의 혜택이 아닌가 싶다. 농촌의 생산자와 도시의 소비자는 언제나 희비가 엇갈리는 존재인가 보다.

2009. 11. 29 (日)

대학 입시 요강

대학 입시 제도가 자꾸만 바뀌어 요즈음은 중견 대학의 논술 시험을 수능점수 발표 이전에 학교별로 보는 것 같다. 우리 석우도 오늘 서강대를 마지막으로 무려 여섯 군데에서 논술 시험을 치렀다. 최상위권에 들지 못한 학생들은 이렇게라도 여러 군데를 봄으로써 합격의 당락을 결정할 수 있다고 한다.

그러니 최상위권에 드는 학생이라야 서너 군데 정도는 논술을 보게 되니 그 폐단이 막심하다. 대학별로 일일이 필기시험을 보지 않고 학생들을 선발할 수 있는 차선의 기본이 논술시험이라면 할 수 없는 시련의 관문으로 받아들여야 하나 보다.

12년간이나 제도권 교육을 받은 결과의 최종 시험을 과연 가장 공평하게 치른 나라는 어느 나라일까? 국가에서는 나름대로 최선의 길을 택해 인재를 추려 내려하고, 학생들은 최선을 다해 자신의 진로를 선정하려는 경쟁과정이 바로 시험이라는 제도인 것이다.

인생은 어차피 경쟁이고 도전이다. 대학 시험부터 한바탕 전쟁을 치른 셈이지만 앞으로 사회에 나가면 더욱 크고 작은 전쟁이 기다릴 것이다. 여기에도 손자병법에서의 '지피지기면 백전불패'가 적용될 것이다.

2009. 11. 30 (月)

저질 쾌락주의

19세기에 영국에서 공리주의가 고개를 들어 최대 다수의 최대 행복을 가져오기 위해서는 쾌락주의를 추구해야 한다고 주장하였다. 그렇지만 지금 우리나라의 일부, 특히 여자들을 보게 되면 너무나 쾌락주의에 빠져 저질로 흘러가고 있는 것이 아닌지 염려된다.

우리 민족은 원래부터 흥이 많고 끼가 있는지라 일본의 가라오케 문화가 흘러 들어온 이후 노래방이나 관광지 등 아무데서나 술을 마시고 마이크로 노래를 불러 대는 퇴폐풍조가 늘어나고 있다. 이러한 퇴폐 쾌락문화는 세계 어느 곳에서도 볼 수 없는 광경이다.

원래 쾌락이란 생업을 열심히 하는 가운데 짬짬이 즐기는 데서 보람을 찾는 것이지 때와 장소를 가리지 않고 즐긴다는 것은 활력소는 고사하고 저질 쾌락주의에 지나지 않는다. 인간은 본능적으로 쾌락을 선호하면서 생을 영위하지만 그래도 도를 넘지 않는 선에서의 절제된 쾌락을 즐기는 것이 문화인이라고 할 수 있을 것이다.

2009. 12. 1 (火)

와병에 인사절

옛날부터 몸이 병들면 인사를 챙길 수가 없다는 말이다. 내가 두문불출한 몸이 되다 보니 친척들이고 친구 간에 애경사가 있어도 참석하지 못한다. 아내마저 간병 때문에 불참하는 경우가 많다 보니 부득이 인편으로 축의금이나 부의금으로 답하는 것이 상례로 되어 버렸다.

오늘도 외사촌 윤재협이가 여식을 여운다고 청첩장을 보냈는데 갈 수가 없어 축의금으로 인사를 하고 보니 어쩐지 다 된 인생처럼 느껴진다. 하기야 80이 가까운 사람이 건강해도 애경사에 나다닌다는 것도 쑥스러운 일이지만 꼭 가 볼 만한 데도 가지 않으면 결례가 된다. 우리나라는 서양 풍속과는 달라 애경사에는 상부상조하는 것이 예의로 되어 있다. 이것도 미덕이라면 미덕이다. 지나친 과욕이나 허욕이 아니면 조금씩 도와가면서 산다는 것이 얼마나 좋은 일인가? 여기에서도 허례허식은 삼가야 한다.

가령 환갑이나 칠순이나 팔순에 자식들이 잔치에 초청해 놓고 축의금을 받는 것이 옳은 일인가는 생각해 볼 문제이다. 차라리 그럴 바에야 잔치를 안 하는 것이 떳떳한 일일 것이다.

2009. 12. 2 (水)

어린 시절에 들었던 선고의 한탄

내가 어린 시절 모질게도 가난한 농촌에 살면서 고된 일을 하면서도 절망하지 않았던 것은 부모님으로부터 희망을 잃지 말라는 한탄 섞인 말을 자주 들었기 때문이다. 사춘기 시절 논에서 일을 마치고 집에 들어왔는데 우연히 선고께서 친구 분과 담소하시며 한탄하는 얘기를 들은 적이 있었다.

언뜻 엿들었더니 하시는 말씀이 저 애를 가르쳤으면 쓸모 있는 사람구실을 할 터인데 가운이 비색하여 못 가르친 것이 한스럽다고 하시는 것이었다. 그러면서 내가 간밤에 호롱불 밑에서 남원 누님께 써 놓았던 편지를 보시면서 배운 것이 없어도 이 정도의 문장을 쓸 수 있다는 칭찬 섞인 한탄을 하셨을 때는 마음에 자긍심이 생겼던 기억이 난다.

한글도 제대로 배우지 못해 독학의 실력으로 누님께 편지를 썼는데 그 글이 얼마나 조리 있게 썼겠는가마는 그래도 부친에게는 대견하셨던가 보다. 결국 '무항산이라 무항심'이라는 한탄으로 자책을 하는 것이 부모의 심정이었을 것이다. 그러나 배우지 못했으니 문장가가 될 리 만무했으며 능력을 발휘할 수 없는 무용지물의 인생을 보내게 된 것이 서글프기만 하다.

2009. 12. 3 (木)

아견독본록(我見讀本錄)

늙어서 지난 인생을 회고해 보니 아쉬웠던 점도 많다. 그 정도는 내 능력으로도 성의만 있었다면 충분히 가능하지 않았나 하는 생각들이 드는 것이다. 그런 차원에서 이번에 손자 석우의 고등학교 졸업 선물로 무엇이 좋을까 생각 끝에 노트 한 권을 사 주었다. 표지에다 '我見讀本錄'이라 적어서 "네가 일생 동안 보고 읽은 책들은 이 노트해 기입해 보아라"라고 했다. 이 노트가 일생 동안에 모두 메꾸어지면 또다시 네 손자에게 전해 주면 좋은 선물이 되고 가정의 보물이 될 수도 있으리라고 얘기해 주었다. 일생을 열심히 책을 읽고 지식을 쌓고 인격 도야에 힘써 보라고 격려해 준 것이다.

나도 그맘때 누군가가 정신적으로 깨우쳐 주었더라면 오늘날보다는 나은 위치에 있지 않을까 하는 부질없는 생각을 해 본다. 앞으로 수연이나 태한이에게도 고등학교를 졸업하면 똑같은 선물을 해 주어야겠다. 독서의 필연성을 촉진하기 위해서도 이런 성의쯤은 할애비로서 해 줄만 하다고 여겨진다.

이 노트가 다 메워지기 위해서는 적어도 2,500권 이상의 독서량이 필요할 것이고 그 정도 책을 읽으면 한 인간이 완성되리라 믿는다. 그러나 이러한 내 생각도 아이들의 자각이 없으면 늙은이의 헛된 욕심과 푸념에 지나지 않을 것이다.

2009. 12. 4 (金)

대조적인 우리 부모님의 성격

부부지간의 성격이 같을 수는 없지만 우리 부모님처럼 판이하게 다른 성격을 가진 분들도 드물다고 여겨진다. 부친께서는 성격이 유하시고 소극적인 기질에 도덕군자다운 면모의 소유자이셨고, 모친께서는 괄괄한 성격과 적극적인 기질을 가지고 있어 성질은 아무래도 이성적일 수는 없었지만 무에서 유를 창출할만한 능력의 소유자이셨다.

부친께서는 이지적인데다 학덕도 갖추고 계셨지만 생활면에서는 능력이 부족하여 부모에게서 받은 유산을 지키지 못한 분이셨으니 이렇게 판이한 개성이 만나기도 드물 것이다. 자연 부부 생활은 원만할 수가 없었다. 모친께서는 언제나 결과에 고분고분 승복하시지 않고 역으로 도전하시곤 하셨다.

반면 부친께서는 결과에 순응하고 운명론에 반항하지 않는 염세적 기질을 가지신 분이셨다. 그래서 현실을 두려워 하셨던지라 궁핍은 면할 수가 없었다. 부모의 기질은 아무래도 자식들에게 유전으로 전해지기 마련이다.

우리 6남매 중 둘은 부친의 기질을, 둘은 어머니 기질을, 둘은 부모의 기질을 반반씩 닮은 편이다. 그중 나는 반반의 기질을 타고 났지만 모계를 약간 더 닮은 것 같다. 우리 모친은 내가 어렸을 때 힘에 부쳐 일을 피하려고 하면 여지없이 다그치셨다. “네가 어디가 어때서 남들이 다하는 일을 안 하려고 하느냐” 하시며 스파르타 교육을 하신 덕에 모진 서울살이도 견뎌냈는지도 모르겠다.

2009. 12. 5 (土)

사유하면서 살자

인간은 생각하는 동물이라고 어느 철학자가 말했던가! 데카르트는 생각하므로 존재할 수 있다고 했듯이 사람은 무항심으로는 살아갈 수가 없는 것이다. 인간은 누구나 자신에 관해서 제일 많이 생각하고 지낸다고 한다. 그러나 자기 자신에 대해서 진정으로 사유하는 사람은 그리 많지 않다.

모두가 소극적인 관심만 가지기에 소기의 목적을 이루지 못하는 것이 아닐까 생각해 본다. 올바른 정신력으로 자기에 대한 사유를 한다면 자신의 앞날도 예견할 수 있고 선견지명도 생겨나 인생의 실패도 줄일 수 있지 않겠는가! 이러한 사유방식은 청소년 시절부터 훈련과 연조를 쌓아 나가야 참다운 이성으로 발달할 수 있을 것이다.

사유라 해서 아무렇게나 생각하는 방식은 유치한 방법이고 보다 세련되고 진취적인 사유방식을 택하려면 역시 이성과 지성이 뒷받침되어야 한다. 인간만이 사유할 수 있는 동물답게 충분히 심사숙고하는 것만이 보람 있는 인생이 아닐까 생각해 본다.

2009. 12. 6 (日)

돈의 유혹

돈이란 유혹의 물질이다. 상당한 지조와 철학이 있기 전에는 강한 돈의 유혹을 뿌리치기 어렵다. 고위 공직자들이 대가성 뇌물을 받아 패가망신 당하는 꼴을 종종 보면 유혹이 얼마나 강한지를 짐작할 수 있다.

높은 자리에 있으면 업자들로부터 자연 청탁이 들어오고 정실에 치우치다 보면 뇌물이 오고 가는 것이 지금까지 우리의 정경유착 과정의 실태이다. 노무현 전 대통령도 이 뇌물로 인해 희생이 되었음에도 국회의원들의 로비 개입설은 끊이지 않고 있다. 심지어 지방의 시장 한 사람은 뇌물사건이 불거지자 목숨을 끊기에 이르렀다.

이처럼 돈의 유혹이 얼마나 무서운 지는 체험해 보지 않는 사람들은 실감하지 못할 것이다. 이 세상에는 비밀이 존재하지 않는다는 철칙을 알고 정당한 돈이 아니면 반드시 불행이 따른다는 것을 모든 이들은 명심해야 한다. 부당한 방법의 일확천금은 꿈꾸어서도 안 된다.

2009. 12. 7 (月)

추억은 아름답다

누구나 어린 시절의 추억이 있다. 나이가 들어 어린 시절이 생각날 때는 어떤 특별한 계기가 있을 때이다. 몇 년 전에 아는 사람이 일본을 다녀오면서 CD 한 장을 선물했는데 그동안 플레이어가 없어 방치해 두었다 최근에야 들어보게 되었다. CD에는 왜정시대 때의 군가가 18곡이나 들어 있었는데 모두가 아주 귀에 익은 노래들이라서 절로 따라 부를 정도로 기억에 선명했다.

왜정 때의 초등학생들은 누구나 일장기를 손에 들고 매일처럼 따라 부르던 노래였는데 철없는 아이들인지라 아무 것도 모른 채 신이 나서 불러대곤 했다. 지금 와서 그 가사를 음미해 보니 애조가 서려 있는 듯 전쟁터에 나가 죽기를 바라는 노래들이지만 그래도 철부지 시절의 아련했던 추억이 연상되는 것은 어쩔 수 없다.

예전에 명륜동에 살 때 보성고등학교 수학 선생이 어린 시절을 일본에서 살다가 해방과 더불어 나왔는데 그분께 일본 유행가를 들려주었더니 눈물을 주르르 흘리는 것을 보더라도 추억은 아름다운 현상임에 틀림없다.

2009. 12. 8 (火)

건강관리의 소산

요즈음은 어디를 가나 노인들이 넘쳐난다. 노인 인구가 일본처럼 기하급수적으로 늘어난 덕이다. 옛날 같으면 질병과 영양부족으로 모두 사라질 사람들이 문명의 혜택으로 수명이 연장되어 이제는 8~90도 보통 축에 들었다. 확실히 식생활이 향상되고 의료기술이 발달한 덕분이다.

그러나 아직까지 해소되지 못한 것이 있다면 노인들의 건강관리이다. 건강관리란 일조에 되는 것이 아니라 어릴 때부터 꾸준히 영양관리나 운동습관을 해야만 할 수 있다.

지금의 노인들은 대개 자신의 몸을 돌볼 수 있는 시대에 태어나지 못했던지라 몸을 함부로 혹사하고 영양 면에서도 부실했다. 그래서 늙어서 건강하지 못하고 각종 만성질환에 시달리고 있는 것이다.

건강관리는 청소년기부터의 균형 있는 식단이 우선되어야 한다. 여러 음식을 고루고루 섭취하는 것이야말로 보약이고 건강의 비결이다. 부모들이 이러한 이치나 원리에 관심을 기울인다면 그들이 노인세대가 되었을 땐 훨씬 나은 건강을 지닐 것이다.

2009. 12. 9 (水)

한국의 경제가 바뀌고 있다

며칠 전에 가족끼리 모여서 외식을 하였다. 일식을 먹게 되었는데 미리 예약을 했음에도 불구하고 이미 만원이 되어 있어 20분 이상을 기다려야만 했다. 기다리다 저녁을 들고 왔는데 놀라운 것은 평일인데도 드넓은 위 아래층의 홀에 백 명이 넘는 사람들이 식도락을 즐기고 있는 광경이었다.

옛날과는 사뭇 달라진 풍경이 아닐 수 없다. 지금은 대형 음식점들이 먹자거리에 즐비하게 진을 치고 있어 유명세를 과시하며 손님들을 호객한다. 그러니 영세 식당들은 잘 될 리가 만무하다. 비단 음식뿐만 아니라 일용품들도 대형마켓에 밀려 영세업자들은 설 자리를 잃고 아우성들이다.

이러한 현상들은 경제성장의 부작용으로써 관계당국의 균형 있는 발전 유도가 필요한데도 당국은 뒷짐 지고만 있으니 안타깝기만 하다. 이렇게 대형화된 재벌들에게만 몰리는 경제정책은 확실히 문제가 있음에도 이렇다 할 묘수를 찾지 못한 채 소상인들만 몰락하고 있다.

2009. 12. 10 (木)

호연지기(浩然之氣)를 기르자

사람답게 살기 위해서는 호연지기가 있어야 한다. 누구나 기(氣)를 길러야 한다는 것을 알면서도 행하지 못하는 것은 그 뜻조차 정확히 알지 못하기 때문이다. 하기야 그 말을 만들어낸 맹자조차도 기(氣)의 뜻을 한마디로 표현하기가 어려웠다고 하였으니 우리 같은 범인이야 정의를 내릴 수는 없다.

대략 어진 마음과 옳은 길을 좇아 행동에 있어 주저함이 없는 넓고 태연한 온몸의 기를 말한 것이 아닌가 싶다. 이 호연지기가 있어야 큰일을 도모할 수 있고 남을 위한 희생정신도 발휘할 수 있다. 그러나 아무나 이 호연지기를 원한다고 해서 가질 수 있는 것은 아니다.

평소 의로운 생각과 마음이 차곡차곡 쌓이도록 꾸준한 지적인 노력이 있어야 비로소 호연지기가 싹튼다고 본다. 호연지기는 휴머니즘으로도 이어진다. 동양의 인의(仁義)주의는 서양의 인도주의에 해당하며 인간은 이를 본받아 발전을 도모하면 된다고 본다. 그러기 위해서 호연지기를 기르고 갖도록 끊임없는 노력을 해야 하는 것이다.

2009. 12. 11 (金)

젊어서 고생은 보약이다

고생을 안 해 보고 젊은 시절을 보낸 사람은 인생의 진가를 알 수 없다. 그래서 젊어 고생은 사서라도 한다는 말이 나온 것이다. 고생해 보지 않는 사람은 세상물정에 어두워 인간미도 없거니와 남을 배려할 줄도 모르고 자기 자신밖에 모르는 이기주의에 빠지기 쉽다. 그리하여 사회생활에 잘 적응하지 못하고 소외되기 일쑤이다.

고생은 사람에게 자극을 주어 어지간한 난관쯤은 수월하게 극복할 힘을 주는데 온실 속의 화초마냥 자란 사람은 조금만 어려움이 닥쳐도 지레 겁을 먹고 포기해 버리는 경우가 많다. 젊어서 고생은 우리 삶에 있어 보약이고 난관을 극복할 수 있는 지혜도 마련해 주기에 필수적이라 할 수 있다.

고생을 해 본 사람만이 인간성 또한 발달하는 법이니 정말로 자녀들을 위한다면 고생을 경험할 수 있는 적당한 계기를 만들어 주는 것이 진정한 교육이다. 참 인생을 모르는 근시안적인 사랑만으로는 자녀들의 값진 인생을 만들어 주기에 부족하다.

2009. 12. 12 (土)

적극적인 사람과 소극적인 사람

세상을 살면서 사람들을 살펴보면 적극적인 사람과 소극적인 사람이 있다. 물론 성격의 차이겠지만 이 둘의 성격은 사회생활 함에 있어 큰 차이를 보여준다. 보통 소극적인 사람보다는 적극적인 사람의 성취율이 높게 나타난다. 어린 아이들에게 심부름을 시켜 보아도 이 둘은 확연한 차이가 난다.

예를 들어 문방구에 가서 문구 하나를 사 오라고 시켰을 때 소극적인 아이는 한 군데만 가 보아 그 문구가 없으면 그대로 돌아와 버린다. 반면 적극적인 아이는 온 동네 문방구를 다 돌아다니면서 자기의 목적을 달성하려 든다.

이런 한 가지 예만 보아도 성공의 기회가 과연 누구에게 다가갈 것인지 알 수 있다. 적극적인 성격은 사람의 능력으로 발전하고 남에게도 더욱 신뢰감을 주게 된다. 소극적인 사람은 자기가 하고 싶은 일도 한 번 시도해 보고 마음대로 되지 않으면 쉽게 포기해 버리지만 적극적인 성격의 소유자는 설령 잘 안될지라도 기필코 목적을 관철시키려는 노력을 하므로 성공에 보다 가까이 다가가게 된다.

성격이란 부모에게 물려받는 유전도 있겠지만 인위적인 변화도 얼마든지 가능하다. 스스로를 극기하려는 인내심과 끊임없는 자기 수양이 따르면 성격 역시 좋은 쪽으로 변화시킬 수 있는 것이다.

2009. 12. 13 (日)

음악의 필요성

사람이 생활함에 있어 음악은 반드시 필요한 생활의 활력소인 것 같다. 그래서 옛날 공자 같은 성인도 음악을 중히 여긴 것이 아닌가 싶다. 음악의 힘은 인간의 감성을 순화시키고 정서 함양에도 도움이 된다는 것을 공자께서는 갈파하신 것이다. 음악에는 여러 가지가 있겠지만 음악을 좋아하는 사람치고 악인은 드물다.

인간의 신체 구조상 음악을 들으면 마음이 차분해지고 때로는 신이 날 때도 때로는 희열이 솟기도 한다. 음악에는 조용한 클래식도 있고 성악도 있지만 이는 서양인들의 전통음악이다. 요즈음은 서양음악도 국가별로 다르지만 팝송이나 재즈, 샹송이나 락이나 하는 것이 시대별로 유행되는 것 같다.

나는 서양 음악보다는 우리의 전통음악인 트로트나 민요, 창을 선호하는 편이다. 아무튼 음악은 종류를 가리지 않고 자신의 취향에 맞게 즐기면 된다. 하루 한 시간씩이라도 음악 감상을 하게 되면 삶의 활력소도 되고 스트레스 해소에도 도움이 된다.

우울할 때 명곡 클래식을 조용히 감상해도 좋고, 추억 속의 흘러간 가요 몇 곡을 들어도 기분 전환이 된다. 책만 읽다가 멋진 음악 한 곡 듣는 것도 새로운 삶의 청량제로 작용하여 지루함을 잊을 수 있어 좋다.

2009. 12. 14 (月)

오만과 교만은 인간의 죄악이다

사람은 원래 마음이 간사하다. 그래서 조금이라도 남보다 우월하다 싶으면 우월감에 자기보다 못한 사람을 보고 무시와 멸시를 하게 된다. 그것이 발전하면 오만과 교만으로 이어진다. 사람이 권력을 가졌다든가 돈이 많다든가 아니면 지식이 남보다 많다고 생각하는데서 교만과 오만의 싹은 돋아 겸손을 잃게 됨을 우리는 주위에서도 흔히 볼 수 있다.

사람들은 그런 사람들을 불쾌하게 생각하고 그 인격의 미숙함을 안타깝게 보지만 정작 본인들은 교만과 오만에 감염되어 있는 사실조차 알지 못하는 경우가 많다. 넓은 범위에서 보면 미미한 차이의 우열을 가지고 사람을 업신여기는 사실이 얼마나 죄악인지를 모르는 것은 차라리 무지하고 아무런 힘도 없는 무산자보다도 더 불쌍한 존재임을 알아야 한다.

장기적으로 볼 때 이 세상에서 겸손하고 성실해서 손해 보는 경우는 없다. 누구누구를 지칭할 게 아니라 나부터서 실천하는 습관을 기르는 것이 만인에게 현명한 일이 될 것이다.

2009. 12. 15 (火)

욕심을 줄이는 것이 편안한 길이다

2천6백 년 전부터 석가는 인간의 모든 괴로움은 욕심에서 시작된다고 갈파하고 중생구제에 힘썼다. 그러나 인간으로서 욕망과 욕심이 전혀 없는 사람은 한 사람도 없을 것이고 또한 불가능한 일이다. 그래서 인간은 자기의 분수에 맞추어 되도록 과욕을 피하고 욕심을 줄이는 것만이 마음의 평온을 유지하는 길이 아닐까 생각한다.

해마다 이맘때면 대학 입시 문제로 수험생이나 학부모들이 마음을 졸이게 된다. 모두가 지나치게 분수 밖의 명문 대학만 원하기에 더욱 심한 고민과 불안에 시달리는 것 같다. 한때의 시기를 지나 냉철한 이성으로 판단해 보면 부질없는 집착이었고 허욕이었음을 깨달을 것이다.

일 년이면 적어도 전국에서 수만 명의 수재들이 배출되는데 그 대열에 끼려고 안간힘을 쓰다 거기에 미치지 못해 고뇌에 쌓인 자들이 얼마나 많은가? 모두들 부질없는 헛된 고통들을 스스로 청하고 있는 것이다. 사람은 입시의 결과만이 인생을 좌우하는 것도 아니고 그저 성실히 살아가면 얼마든지 살 수 있는 길은 열릴 것이다.

2009. 12. 16 (水)

미국이란 나라는?

미국이란 나라는 다른 나라와는 다소 차이가 있는 나라이다. 그토록 멸시와 천대를 해 온 흑인을 유례없이 대통령으로 당선시킨 것을 보면 자질과 능력만 있으면 인종과 관계없이 출세가 가능하다는 것을 확인시켜 주었다.

물론 지금껏 흑인들이 멸시받고 백인들의 노예생활을 한 것은 미개해서 악용 당했지만 이제는 미국의 흑인들의 인권은 법률로써 보장을 받고 있는 실정이다. 보다 앞선 사고방식을 가진 자들이 많은 나라이기에 흑인을 대통령으로 선출할 수 있었고 세계 제 1의 생산고를 올리고 있는지도 모르겠다.

또한 미국은 세계 후진국들의 경찰국이 되어 세계정세를 좌지우지 논하고 있다. 그들은 건국 이래 청교도 정신과 개척 정신을 곁들여 철저히 자국의 이익을 도모하면서 세계 2차대전을 승리로 이끌어 지금까지 힘의 균형을 유지하며 또 다른 세계대전을 막아내는 역할을 하고 있다.

그럼에도 필요 없는 간섭으로 베트남과 이라크에서는 쓰라린 경험도 한 나라이기도 하다. 이번에 오바마 대통령에게 돌아간 노벨 평화상은 앞으로도 평화 수호에 앞장서고 더 이상의 인명피해를 막아달라는 간접적인 염원이 담긴 상인지도 모르겠다.

2009. 12. 17 (木)

체험은 좋은 가르침을 준다

사람은 자신이 직접 체험을 해 봄으로써 전혀 몰랐던 사실을 터득하는 경우가 있다. 부모와 자식 간의 관계도 마찬가지이다. 직접 부모가 되어봄으로써 비로소 부모의 심정을 헤아릴 수 있다. 체험을 해 보아야만 지각이 생겨 내 부모도 이럴 때 이런 심정이었겠구나 알 수 있다.

그래서 늦게라도 부모에게 소홀했었다는 것을 반성하게 되지만 이미 부모는 세상에 안 계시니 허탈해할 수밖에 없는 것이 인간지사이다. 물론 일찍 지각이 생겨 깨달은 사람들은 부모의 심정을 잘 헤아리겠지만 이는 선택받은 사람 축에 속하고 보통은 뒤늦게 부모의 심정을 감지하게 된다.

그러나 이런 생각마저 못하고 자식을 양육하는 사람들은 우자 중에 우자라고 할 수 있다. 인생을 그저 무감하게 살아가는 별 볼일 없는 인간이 아닌가 싶다. 그래서 사람에게는 체험과 경험이 그만큼 소중한 것이다. 백번 보고 듣는 것보다 직접 체험해 보는 것이 최고의 공부라 할 수 있다.

2009. 12. 18 (金)

퇴계형과 율곡형의 공부 머리

흔히 사람들은 '나는 왜 공부를 잘 하지 못할까' 하고 탄식 어린 푸념을 하지만 공부는 기질에도 매인 것 같다. 공부는 노력으로 한다지만 노력을 해도 특별한 성과를 거두지 못하고 좌절하는 사람도 많다. 공부하는 기질에는 대개 퇴계형의 지성형과 율곡형의 힘이 덜 드는 형이 있다. 공부란 여러 조건이 맞을 때 비로소 빛을 발휘할 수 있다.

첫째, 성실해야 하고 둘째, 끈질긴 저력이 필요하다. 머리가 영리하면 금상첨화이겠지만 그렇지 않아도 인문계통의 공부는 성실과 끈질긴 저력만 뒷받침되어도 정점에 도달할 수 있어 자신이 이루고자 하는 목표에 도달할 수 있다.

퇴계는 성실과 저력으로만 대성한 사람이고, 율곡은 거기에 한 가지를 더해 머리까지 영리했다. 이러한 형은 인문학보다는 자연과학이나 또는 이공계 방면으로 진출하면 더욱 성공을 거둘 수 있을 것이다.

사람은 개개인의 소질에 따라 살아가게 되지만 성실과 저력은 필수적이다. 공부뿐만 아니라 사람이 사는 기본이 성실과 저력이다. 이 두 가지만 있으면 만사를 헤쳐 나갈 수 있으니 인위적으로라도 갖추도록 노력해야 한다.

2009. 12. 19 (土)

불행을 역으로 극복하는 지혜

모든 사람이 인생을 살다 보면 일생에 한두 번의 불행을 겪게 된다. 그러나 이를 극복하지 못하고 좌절하는 사람들이 많다. 용기와 지혜가 있는 사람들은 이 불행한 시기를 적절히 이용하여 슬기롭게 넘긴다.

인도의 간디는 영국 제국주의의 팽창으로 조국이 침략을 당한 불행 속에서도 절대로 분개하지 않고 평화적인 비폭력 저항운동인 '사티아 그라하'를 전개하여 결국 강자를 굴복시켰다. 그는 수십 년에 걸친 평화적인 저항으로 감옥 생활을 했는데 오히려 그 기간을 이용해 수많은 책을 읽은 것이다.

우리나라의 정치인인 김대중 씨도 민주화 투쟁을 하다 정적의 박해를 받아 감옥을 자주 드나들었는데 수감 중에 많은 양의 책을 읽었다고 한다. 그 덕에 상당히 박식해졌다고 술회한 적이 있다. 모두가 불행을 역이용해서 자신에게 유리한 기회로 전환한 사람들이다.

나와 같은 미미한 존재도 5~6년간의 두문불출 속에서 책이라도 쉬지 않고 읽을 수 있었던 것은 무식을 면할 수 있는 좋은 기회가 되었다. 만약 책마저 읽지 않았더라면 얼마나 삭막하고 지루한 와병의 세월이었을까 생각해 본다.

2009. 12. 20 (日)

역사란 인간에게 무엇을 제시하나?

역사란 조상들과 국가의 발자취를 후세 사람들이 인식하고 감지하는 학문이자 기록이다. 우리는 이 역사를 보고 수백 년 혹은 수천 년 전의 일들을 짐작할 수 있는 것이다. 사람이 과거를 모르고는 미래도 예측할 수 없는지라 역사를 배우는 것이다.

과거 사람들의 행적을 모르고서는 현재를 슬기롭게 살 수 없다. 그래서 영웅달사들은 특히나 역사책을 즐겨 읽었던 것 같다. 그러나 역사란 반드시 명확하고 정확하다고는 볼 수 없다. 모든 사물의 정의(定義)가 그렇듯 역사도 개연성에 입각하여 파악하면 된다고 본다.

예를 들어 눈앞에서 목도한 사건도 보는 사람이 둘이면 각자의 안목에 따라 다른 견해가 나타나는 법이다. 하물며 수천 년 전에 일어났던 일들을 문헌 한 쪽이나 유물 몇 점으로 추리해서 짜 맞추는 식이 많은 역사에는 무수한 개연성이 존재하는 것이다.

모든 지식도 사람의 능력으로는 완전무결할 수 없는지라 토론을 할 때도 열을 올리고 자기주장만이 옳다는 식은 미숙한 사고일 뿐이다.

토론할 때도 나의 견해와 주장은 이렇다 식으로 끝이 나야지 일방적인 주장이나 견해를 상대에게 관철시키려고 애를 쓸 필요는 없는 것이다.

이런 신념으로 역사책을 보게 되면 옛날 이야기책 보듯 재미가 있다는 것을 알 수 있고 그 속에서 합당한 진리만 흡수하면 된다.

2009. 12. 21 (月)

마르크스는 앞을 내다보았는가?

독일의 철학자 마르크스는 19세기 후반에 변증법적 유물론과 자본론을 발표하여 유럽 사상계의 주목을 받았다. 이 영향으로 인해 20세기 초에는 소련에서 공산사회주의 혁명이 일어났고 온 세계에 마르크스 사상은 확산되는 듯했다. 변증법적 유물론은 헤겔의 대상적 변증법에서, 자본론은 아담 스미스의 국부론에서 기초하였는데 노동자의 생산 이득을 자본가들이 착취한다는 비판 이론이다.

그가 예언하기를 앞으로 100년 후에는 자본주의가 모두 멸망하고 무산 노동자들의 사회가 도래한다고 했다. 그러나 그가 죽은 지 100년이 지났는데도 자본주의는 여전히 건재한 반면 오히려 공산주의는 몰락의 길을 걸었다.

물론 그의 사상을 도입한 소련이나 중국에서 한때는 성공을 거두려 했으나 역시 완전하지 못한 사상 체계는 70여 년 만에 붕괴되고 말았다.

인간의 자유가 없는 그의 사상으로 정치를 하면 자연 전제정치란 독재가 따르기 마련이고 인간 본연의 욕구 충족이 상실된다는 것을 미처 생각하지 못했던 것이 아닌가 싶다.

그는 영국에서 망명 생활을 하면서 당시 영국이 인도를 지배한 것을 당연한 사명감이라고 판단하기도 했다. 약육강식이 당연한 사명감이라면 자본가들이 기업을 운영해서 잉여 이익을 얻는 것도 당연한 사명감이란 말인가?

말년의 마르크스는 그동안 얻은 명성마저 잃을까 봐 편견과 오류로 인도 침략을 정당화 하였는데 그의 궤변은 그야말로 용납할 수 없는 망언이 아닐 수 없다.

2009. 12. 22 (火)

자존심이란 무엇인가

자존심이란 자신의 모든 것을 남에게 굽히지 않고 품위와 인격을 지키는 것을 말한다. 그러나 세인들은 자존심을 잘못 이해하고 있다. 무리하게 이를 지키려고 가식으로 포장하고 금방 탄로 날 거짓으로 일관하려 하는데 당장 그 자리에서는 상대가 속아 넘어갔다는 쾌감에 도취되어 그것이 자존심인 양 우쭐대는 사람이 있는데 이는 알고 보면 아주 자존심이 없는 비열한 인격의 소유자이다.

세상에는 비밀이 없는지라 언젠가는 발각이 되고 면전에서야 표시를 안 하겠지만 속으로는 경멸의 대상이 될 것이다. 자존심을 참으로 지키는 사람은 자기 자신을 거짓으로 포장하는데서 찾지 않고, 있는 그대로의 자신을 솔직하게 내보이는 것을 진정한 자존심으로 간주한다.

예의범절이나 신의를 깍듯이 지키면서 남들이 함부로 매도하지 못하도록 처신을 삼가고 남에게 동정 받는 일 따위는 '노땡큐'로 여길 것이다. 공짜나 좋아하고 바라는 사람, 즉 필요 이상의 호의나 동정심은 고마움보다는 굴욕감을 자아내게 하므로 서양 사람들은 우리들과는 달리 분명한 자존심의 한계를 가지려 한다.

그러나 우리의 자존심은 동정을 받을망정 천한 일은 안하는 것이 자존심을 지킨다고 착각을 하니 자존심의 본질을 왜곡하는 셈이다.

2009. 12. 23 (水)

낙천(樂天)은 인생의 축복

사람이 하느님으로부터 선택 받아 태어날 때 낙천적인 기질을 타고 나면 그 인생은 그것으로 행복하다 할 수 있다. 그런 사람들은 항시 부정적인 생각보다는 긍정적인 생각으로 삶에 임하니 하는 일이 즐겁고 얼굴에도 미소가 떨어지질 않는다.

사람들은 되도록 낙천적으로 살려고 노력을 하지만 선천적인 기질이 없으면 상당히 힘이 든다. 많은 인생 공부와 수양이 필요하니 우리네 같은 인생은 어렵고도 역부족이다. 그런데 지난주 TV '인간극장'에 나온 충북 청원에 사는 김 옹은 83세의 나이에도 평생을 만물상을 하면서 항시 미소를 잃지 않고 열심히 사는 모습에서 다시 한번 인생을 배울 수 있었다.

그렇게 백수(白壽)를 살아도 긍정과 낙천으로 인생을 살 수 있다면 행복자이다. 아쉽다면 끝까지 부부가 해로하지 못한 것뿐이다.

2009. 12. 24 (木)

늙어서는 가족이 많은 것이 좋다

늙으면 마음부터 외로워지는 것 같다. 그래서 가족이 많으면 좋을 것 같다. 우리 시대에도 산아를 조절해야 선진국으로 향할 수 있다는 말이 떠돌아서 보통 4~5명의 자녀를 둔 가정이 많았다. 자녀가 많으면 당시에는 양육이 버거웠겠지만 각자가 독립해서 나가면 그런 행복이 없을 것이다.

예전에 큰누님 댁에 명절날 가 보면 7~8명의 남매들과 자손들이 한자리에 모이면 얼추 5~60명의 되어 온 집안에 훈기가 돌고 사람 사는 집처럼 느껴졌다. 지금도 형제남매간이 많고 우애가 돈독해서 부모를 알뜰하게 모시는 집안은 남 보기에도 행복하게 보이지만 그렇지 못하고 형제남매 간에 알력과 갈등만 자자한 집안은 그 부모의 마음이 편치 못할 것이다.

식구 간에 화목하지 못한 집안은 리더 격인 중심인물이 부재해서이다. 아예 그럴 바에야 식구가 적은 가족만도 못한 것이다. 한 집안을 이끌고 우애 있게 지내려면 희생정신이 있는 리더가 있어야 부모에게도 효도를 하지 옹졸한 이기심만 있으면 불가능한 것이다.

2009. 12. 25 (金)

크리스마스를 보내며

세상에 사랑을 실천하고 자신의 생명까지도 바치고 희생하신 예수 그리스도는 인류의 성인 중에 성인이기에 그분의 탄생일을 우리는 축복으로 맞이하는 것이다. 사람에게 가장 소중한 생명까지도 바쳐 우매한 인류를 구원하기 위해 희생하신 자체가 거룩한 것이다.

나중에 부활을 하고 하느님의 아들까지는 접수하지 못한 사람이 있을지라도 참다운 희생정신과 사랑의 실천만으로도 종교의 지도자요 메시아가 되기에 충분하다고 여겨진다. 그러기에 온 인류의 2/5 이상이 그분을 흠모하고 그분의 탄신일을 오랜 세월 동안 기리는 것이 아닌가!

유럽이나 미국을 비롯한 기독교 국가에서는 크리스마스를 국가적인 축제일로 알고 자선사업을 통해 이웃사랑을 실천하고 있다. 모든 인류에게 종교는 필수적인 선의의 행사이다. 그러나 인간들은 그 선의 교리를 제멋대로 해석하는 오류를 범해 온 것이다. 그래서 약육강식의 전쟁이 그치지를 않는 역사 속에서 살아온 것이다. 우리 인간들은 예수 탄생의 의의를 되새겨 보고 진정한 인간의 길을 찾는데 주력해야 한다.

2009. 12. 26 (土)

인생 말년의 회고 한시(漢詩)

이 세상을 살면서 자신의 생애를 돌아보고 만족을 느낀 사람이 과연 몇이나 될까? 극소수를 제외한 대부분의 사람들은 말년에 생각해 보면 아쉬웠던 일들이 많은 게 인지상정이리라! 그러나 모두가 지난 세월이다 보니 돌이킬 수 없는 과거사는 탄식으로 그칠 뿐 이미 때는 늦고 젊음을 되돌릴 수 없는 숙명이다.

나는 책에서나 TV에서 멋진 인생을 사는 사람들을 대할 때마다 부럽기 그지없다. 나는 왜 저렇게 못 살았을까? 하는 의미에서 한시 한 수를 즉석에서 나열해 보았다.

지다사영실미급(志多思盈實未及)하니 일모도원불성정(日暮道遠不成程)이라. 택만학야행금상(擇晩學夜行錦裳)이요, 초심급지여명호(焦心急至黎明虎)라. 선호낙천심부동(選好樂天心否動)이요, 무락황혼와병고(無樂黃昏臥病苦)라.

TV 화면 속 주인공 노인의 낙천적인 모습이 부럽기에 즉석에서 옛 시인 흉내를 내보았지만 워낙 조예가 없기에 엉터리 한시가 아닐 수 없다.

뜻인즉 '생각과 뜻은 많지만 실력이 차지 못하여 길은 멀고 날이 저무니 성취하지 못하는구나! 늦게야 배움을 택했지만 비단 옷 입고 밤길 걷는 격으로 소용이 없고, 급하게 이룰 수 없는 초조한 마음은 새벽 호랑이를 연상케 하고 낙천을 선호하려 하나 마음이 움직여 주지 않고 병든 몸이라 황혼을 즐겁게 보

낼 수가 없구나!'

그러나 한문은 어려워서 그 뜻을 잘 전달할 수 없음은 공부가 부족한 소치임을 자인해 본다.

2009. 12. 27 (日)

정경 유착의 고리는 언제나 끊길까?

정권이 바뀔 때마다 우리나라는 대통령의 의지에 따라 전(前) 정권에 대한 정경 유착의 비리가 드러나고 있다. 그때마다 야당 측에서는 정치 보복성 흠집 내기라고 반발하는 것을 보면 그냥 넘어갈 수도 있는 것이 그동안의 관행이었던 것 같다.

우리나라에는 원래 청백관리가 적은 관계로 국민들도 비리와 부정에 대해서는 불감증에 걸려 그다지 분개나 당혹감을 느끼지 못한다. 비리에 연루된 정치인이나 기업인들 역시 모욕감이나 모멸감 따윈 별로 의식하지 않는 눈치이다.

이번에 노무현 전 대통령에 이어 한명숙 전 총리가 재임 시절 로비 명목의 5만 달러 수수설을 놓고 검찰과 한명숙 간에 마찰을 빚어오다 결국 법원에 체포영장을 신청하는 상황에까지 이르렀다. 한명숙은 검찰의 소환에 응하지 않았고 모든 것을 걸고 당당히 싸워 나가겠다고 하고 검찰은 불구속 기소를 하여 결국 재판에 회부되었는데 앞으로의 재판 결과가 주목된다.

국민이 검찰을 불신하는 이유는 그동안 법과 원칙을 무시하고 권력의 시녀역할을 해 왔기에 신임도가 훼손된 것이다. 선진국일수록 검찰은 중립적인 독립권을 가지고 부정척결에 앞장서서 반발이 없는데 우리나라는 그렇지 못하기에 법의 권위가 서지 않고 따라서 부정부패도 항시 백년불청(百年不淸)인 것이다.

2009. 12. 28 (月)

부질없는 허욕은 고뇌의 씨앗

편안하게 잘 사는 사람들도 허욕을 부려 급기야 극심한 고통을 받는 경우를 많이 보아왔다. 배우나 연예인들이 명예와 떼돈을 벌어보겠다고 영화 제작에 손을 댄다든가, 증권을 해서 배로 늘려 보겠다든가, 정상적인 방법이 아닌 투기로 일확천금을 노리다가 인생의 좌절을 맛보게 된 사람들 모두는 욕망과 욕심이 불러온 씨앗이 이토록 호될 줄을 상상이나 했겠는가?

그냥 안일하게 분수를 지키며 착실하게 살았더라면 의식주 걱정은 하지 않아도 될 터이다. 좀 더 부자가 돼 보려는 허욕이 수렁으로 밀어 넣어 버린 셈인데 그나마 나이가 젊으면 재기의 기회가 있겠지만 황혼이 가까운 나이에 그 지경이 되면 그야말로 산 너머 산일 것이다.

그래서 인생은 많은 지혜와 경험이 필요한 것이다. 모험이란 것도 젊은 시절 주어진 기회이지 나이 들어 한다는 것은 돈키호테이자 허욕임을 알아야 된다. 고생 역시 젊어서는 약이 된다지만 사양길에 접어들어 고생을 하게 되면 추한 꼴만 보여줄 뿐이다. 허욕 없이 의식주를 해결하고 안빈낙도를 즐기는 것이 분수를 지키는 유일한 길이다.

2009. 12. 29 (火)

세모(歲暮)의 측은지심(惻隱之心)

맹자는 사단칠정(四端七情)을 논하면서 사람은 본래부터 측은지심이 있기에 남의 아픔을 알 수 있다고 했다. 이러한 마음이 있기에 남에게 사랑과 선을 베풀수 있다고 생각된다. 그러나 우리 사회는 아쉽게도 남에게 베푸는 마음이 인색한 것 같다.

그 실례로 세모(歲暮)만 되면 자선냄비다 이웃돕기 캠페인이다 하여 인위적으로 적선을 벌이는 것을 보면 알 수 있다. 물론 춥고 배고플 때 못 가진 자들을 도와주는 것이 효과적일 수 있겠으나 남에게 베푸는 것은 연말에만 할 것이 아니라 1년 내내 하여도 모자람이 없다.

물심양면으로 남에게 베풀어 본 사람은 그 기쁨의 진가를 알 수 있다. 그런데 우리나라의 소위 가진 자들은 그러한 나눔의 기쁨을 실감할 줄 모르는 것 같다. 미국의 가진 자들이 여유돈을 사회에 서슴없이 기부하는 것을 보면 그들은 진정 돈의 철학과 나누는 기쁨을 아는 것 같다.

자발적이 아닌 분위기에 휩쓸려 연말연시 성금을 내는 것은 선심도 아니고 보시도 될 수 없다. 성경에도 오른손이 한 일을 왼손이 모르게 하라고 하지 않았던가. 남을 위해 베푸는 것이 어찌 저물어가는 세모에만 필요하겠는가!

2009. 12. 30 (水)

인생은 백지 한 장 차이

사람이 출세를 하고 못 하고 잘 살고 못 살고를 대별하면 종이 한 장 차이가 아닌가 싶다. 그래서 세상만사가 유심조(唯心造)라고 하지 않았던가! 애초에 마음먹기에 따라서 공부도 잘할 수 있고 돈도 벌 수 있는데 사람마다 이를 하지 않겠다고 마음먹기에 나부터서도 성취를 못하는 것이다.

그런데 사람들은 이런 당연한 진리를 깨닫지 못하고 성취한 사람들을 대단하게 여긴다. 실은 예부터 일근천하무난사(一勤天下無難事)라고 했다. 한 번 부지런하게 마음을 굳히면 세상에 어려움이 없다고 선각자들은 갈파한 것이다. 마음먹은 바를 하느냐 마느냐의 백지 한 장 차이에 따라 인생이 달라진다는 것이다.

여기에는 분수와 그릇에 맞춰 행하는 것이 관건이다. 그 외에는 의욕과 노력만 있으면 소기의 목적은 달성할 수 있지 않나 하고 이제와 생각해 보지만 만시지탄일 뿐이다. 내가 다시 태어날 수만 있다면 종이 한 장 차이의 벽을 깨고 싶은 생각뿐이다. 이는 패자의 변이 아니라 늦게나마 깨달은 원리이자 증거이다.

2009. 12. 31 (木)

또 한 해를 보내며

2009년의 세월도 몇 시간만 지나면 제야의 종소리와 함께 영원히 돌아오지 않는 시간이 될 것이다. 금년에도 하는 일 없이 세월만 보내고 지병은 조금도 차도가 없이 새해를 맞이할 것 같다. 이제 늙은 몸이라 희망마저도 가질 수 없는 처지가 그저 안타까울 뿐이다.

몸이 늙고 자유롭지 못해 자구책으로 책이라도 읽고 잡상을 한 토막씩 끼적거려 보지만 모두가 신통치 않는 소일거리에 지나지 않는다. 책을 읽어도 젊을 때처럼 기억장치가 온전치 못하고 매일 떠오르는 잡상도 조리 있게 엮어나갈 실력이 못 되니 그날그날을 보냈다는 표적으로밖에는 무슨 가치를 찾겠는가!

말년의 시간을 보람 있게 보내지 못하고 땜질하는 기분으로 소일하고 있음이 안타까울 뿐이다. 젊어서 많은 업적이라도 쌓은 노년기는 황혼의 여울이 되어 아름답겠지만 빈털터리 말년은 쓸쓸하기 그지없다. 말년의 자구책으로 하는 것이라곤 임시변통의 동족방뇨밖에 되지 못한다.

인생이 고작 이런 식으로 끝난다는 생각을 하면 더욱 허무해지지만 흘러 간 물줄기를 타고 종착역까지 다다라서야 탄식한들 무슨 소용이 있겠는가? 그러나 사람들은 젊어서는 말년의 상황을 의식하지 못함이 안타깝기만 하다.

그동안 나는 5~6년간의 병상 생활을 하면서 얻은 것이 있다면 진합태산(塵合泰山)이라는 진리를 터득한 것이다. 너무나 무료해서 하루 한 가지씩 떠오르는 생각들을 노트에 적다 보니 어느새 8~9권의 노트가 메워져 책자를 만든다면 5~6권이 엮어지겠다는 생각을 해 보니 그야말로 티끌 모아 태산인 것 같다.

돈도 이렇게 조금씩이라도 매일 저축을 했더라면 큰돈이 되었겠다는 확고한 신념을 이제야 가져보지만 만시지탄일 뿐이다. 나의 말년에 와서야 진합태산(塵合泰山)의 진리를 터득한 것이 모르고 죽는 것보다는 득이 될런지 또 내년에는 새로운 마음가짐으로 신년을 맞이해 보겠다.

■ 후기

후손들의 타산지석이 되기를 바란다

6년여의 세월을 병상에서 지내면서 하루에 단 한 쪽이라도 끼적거리는 시간이 있었기에 그나마 지루함을 견딜 수가 있었다. 처음 척추 마비가 심할 때는 수족을 전혀 쓸 수가 없어 펜을 잡는 것조차 어려웠다. 겨우 간병인의 도움을 받아 펜을 쥐는 연습부터 수개월을 한 결과 어렵사리 글자의 모양을 그릴 수 있게 되었다.

기회를 틈타 하루 한 페이지씩 끼적거려 본 것이 시초가 되어 어언 5년여의 세월이 지난 셈이다. 글씨 연습 삼아 써 본 것이라서 내용의 체계나 조리는 찾아볼 수 없는 횡설수설 투성이지만 무려 1,800여 일이 쌓이고 보니 방대한 양이 되었다. 워낙 계획도 없고 검토도 해 본 적이 없는지라 중복되는 사연들도 많으리라 생각된다.

한 주제를 얘기할 때는 적어도 3~4페이지는 메워야 글의 체계가 서고 내용도 조리가 있을 터인데 단 한 쪽 분량으로 맞추다 보니 사연들이 얼마나 가치가 있겠는가! 그래도 내가 생존했다는 흔적이라도 되고 훗날 자손들 중에 누구라도 내 일지를 볼 기회가 있다면 타산지석(他山之石)의 교훈은 되리라는 생각에 펜을 놓지 않았다.

아무리 시시한 남의 잡석일지라도 누군가에게 옥돌을 연마하는 데는 쓸모가 있으리라 본다. 남의 생각을 받아들이고 조상의 행적을 더듬어 자기 발전에 도움이 된다면 이를 마다할 필요가 없다고 본다. 나 역시 이런 생각으로 남들의 행적과 조상들의 흔적들을 찾는 데 관심을 가지게 된 것이다.

비록 시시하고 별 볼일 없는 사연들일지라도 오랜 시간이 흐르면 역사가 된다는 것을 스스로 깨닫게 되었으며 이렇게 해서 우리의 인생이 이어지고 있는 것이 아닌가 생각해 보았다. 아무튼 나는 5년여 동안 있는 생각 없는 생각을 총동원해서 적는 바람에 주제가 궁했던 것도 사실이지만 내가 하고 싶은 말과 내가 알고 있는 것은 전부 펼쳐본 것이다.

인간은 망각의 동물이기에 메모와 기록이 반드시 필요하다. 다행히 이렇게라도 손을 움직일 수가 있어 글씨라도 적을 수 있음에 하느님께 무한한 감사를 드린다. 그리고 내 보잘것없는 삶의 기록들을 컴퓨터에 옮겨 디스켓을 만들어 준 이질인 변재현 군에게 고마움을 표하는 바이다.

2009년 세모에

만청(晩晴) 씀

만청 양휘승 일지 **6** (2009. 2. 15~2009. 12. 31)

破閑雜想錄 파한잡상록

초판 발행 2012 년 1 월 16 일

지은이 | 양 휘 승
펴낸이 | 윤 해 규
주 간 | 김 효 열
편집장 | 김 경 희

펴낸곳 | **을지출판공사**

등록번호 | 제 2-741 호
등록일자 | 1985 년 2 월 14 일
주 소 | 서울시 마포구 양화로6길 27-5(서교동) 301호
우편번호 | 121-840
전 화 | 02) 334-4050 · 4090
팩시밀리 | 02) 334-4010
E-mail : ejp4050@hanmail.net

값 30,000원

ISBN 978-89-7566-132-7 03810